한국전통
연희총서
08

한국전통
연희총서

08

판소리

김기형

민 속 원

전통연희傳統演戲라는 명칭은 전통공연예술傳統公演藝術, 민속연희民俗演戲, 전승연희傳承演戲, 민속예능民俗藝能, 민속예술民俗藝術, 민속놀이, 전통예능傳統藝能, 전통예술傳統藝術 등과 혼용되고 있다. 그러나 이 용어들은 그것이 포괄하는 연희종목들을 통해볼 때, 의미상 정확하게 일치하지 않는다. 각각의 용어가 포괄하는 연희종목들이 일부 또는 상당부분 겹치기는 하지만, 완전히 겹치지는 않기 때문이다.

전통연희는 근현대 이전의 전통사회에서 전승되던 줄타기·솟대타기·땅재주·환술 등 산악散樂·백희百戲의 종목들과 가면극·판소리·창극·꼭두각시놀이 등 연극적 양식의 종목들로서, 직업적인 연희자들이 특정한 시기와 관계없이 영리를 목적으로 관중들을 위해 연행하는 공연물을 가리킨다. 이외에 고려시대에 중국으로부터 유입되어 조선조를 거쳐 현재까지 전승되고 있는 교방가무희(궁중정재), 무속의례인 굿에서 연행되는 무극巫劇(무당굿놀이), 불교의례에서 연행되는 범패梵唄·작법무作法舞, 그리고 남사당패 등 직업적 유랑예인집단들의 풍물 등도 전통연희의 범주에 포함된다.

원래 전문적·직업적 연희자들이 전승하던 전통연희 종목을 농어민·하급관속 등 비직업적인 사람들이 배워서 공연하는 경우도 있었다. 이들의 일부는 관중을 위해 공연하는 경우도 있었기 때문에 준전문적인 성격을 띠기도 했다. 그래서 이런 연희들은 민속연희와 공연예술의 중간적인 성격을 갖고 있다. 경기도의 별산대놀이, 황해도의 해서탈춤, 경남의 야류와 오광대가 대표적인 예이다. 원래 서울의 애오개, 사직골의 산대놀이가면극은 전문적인 놀이꾼들이 전승하던 것이다. 이것을 양주와 송파의 주민들이 배워서 양주별산대놀이와 송파산대놀이를 성립시켰다. 또 경남의 야류와 오광대는 대부분 합천 밤마리 시장의 전문적 놀이패인 대광대패의 가면극이 농촌 주민들에게 전파된 것이다.

그러나 줄다리기, 고싸움, 연날리기, 횃불싸움 등 세시풍속의 하나로 마을 주민인 농어민들이 자족적으로 즐기기 위해 전승하던 연희들을 전통연희라고 부르는 것은 어울리지 않는다. 이런 종목들은 민속놀이라고 부르는 것이 적합하다. 민속놀이가 전승과 공동체성에 초점을 맞춘다면, 전통연희는 공연과 전문적인 기예에 집중한 용어라 할 수 있다.

우리나라에서 백희·백희잡기·잡희·산대희 등으로 불렸던 연희들을 중국에서는 산악散樂 또는 백희 등으로 불렀고, 현대에 와서는 잡기雜技라고 부른다. 곤극, 경극과 같은 전통연극들은 희곡戲曲이라고 칭한다. 그리고 잡기와 희곡을 함께 포괄하는 용어로 희극戲劇을 사용한다.

일본에서는 산악·백희에 해당하는 연희들을 산가쿠散樂·사루가쿠猿樂라고 불렀고, 현대에 와서는 이런 연희들은 물론이고 가면극인 노能, 인형극인 분라쿠文樂, 가무극인 가부키歌舞伎 등 연극적인 갈래들도 포함시켜 예능藝能이라고 부른다. 그러므로 중국의 희극이나 일본의 예능에 해당하는 우리 용어는 전통연희 또는 전통공연예술이 가장 적당한 듯하다.

삼국시대부터 우리의 공연예술은 주변 여러 나라와의 교류를 통해 그 독자성과 우수성을 갖추어왔다. 고구려·백제·신라는 중국과 서역의 공연예술을 받아들여, 우리의 공연문화를 풍부하게 가꾸어 나간 것으로 나타난다. 또한 우리는 삼국·고려·조선시대에 이르기까지 계속 외래 공연예술을 수용하여 공연문화를 풍부하게 영위하면서, 그것을 우리의 취향에 맞게 개작하여 한국화하고, 나아가 새로운 공연문화를 창출해 왔다.

동아시아에서는 불교·유교·한자 등이 동아시아 문화권 공동의 문화유산으로서, 한·중·일 각국에서 이 공동의 문화유산을 자국의 문화로 가꾸어 나갔다. 이는 공연예술의 경우도 마찬가지였다. 산악 또는 백희라고 부르는 동아시아 공동의 연희가 한·중·일 각국에서 자국의 연희로 변용·발전·재창조되었다.

우리나라에는 삼국시대에 중국·서역으로부터 산악·백희가 전래하기 이전부터 자생적인 전통의 산악·백희 종목들이 존재했을 것이다. 그리고 새롭고 수준 높은 산악·백희의 종목들이 중국과 서역으로부터 다수 유입됨으로써, 기존에 존재하던 연희 종목들도 중국·서역의 뛰어난 연희자들에 의해 공연되는 수준 높은 연희의 영향으로 인해 더욱 발전했을 것이다.

전문적이고 직업적인 연희자들이 흥행을 위해 관중을 상대로 공연하던 전통연희는 종목별로 크게 (1) 곡예와 묘기, (2) 환술幻術, (3) 각종 동물로 분장한 가면희, (4) 동물 재주 부리기, (5) 골계희滑稽戲, (6) 가무희歌舞戲, (7) 악기 연주, (8) 인형극, (9) 가면극, (10) 판소리와 창극, (11) 종교의례 속의 연희 등으로 나눌 수 있다.

전통연희 가운데 산악·백희에 해당하는 종목들은 한국·중국·일본 등 동아시아 국가들이 공동으로 보유했던 동아시아 공동의 공연예술 유산이다. 산악·백희에 주목함으로써 한국 전통연희의 동아시아적 보편성을 밝힐 수 있을 뿐만 아니라, 고구려의 고분벽화나 각종 문헌에 정착된 전통연희 자료들의 계통적 일관성을 밝힐 수 있다. 아울러 산악·백희에 대한 고찰을 통해, 이 연희들을 담당했던 연희자들에 대한 일관된 해명도 가능하다. 그리고 전통연희는 요즘 우리들이 자랑스럽게 생각하는 한류의 발전을 위해 그리고 현대공연예술의 한국화를 위해 창작자원을 제공할 수 있는 문화콘텐츠이다.

지금과 같은 한류열풍은 처음 있는 일이 아니다. 이미 삼국시대에도 중국과 일본에서 인기를 끌었던 한류가 있었다. 고구려의 고대 한류는 당나라의 십부악十部樂 가운데 고구려기인 호선무와 광수무, 중국에서 유명했던 고구려 인형극, 고구려춤을 흉내 냈던 당나라 재상 양재사의 경우 등을 통해 살펴볼 수 있다. 백제인 미마지가 중국 남조 오나라에서 배워 612년 일본에 전했다는 기악은 백제의 대표적 고대한류이다. 신라의 경우는 신라악 입호무와 신라박이 대표적인 고대 한류이다. 우리는 삼국시대부터 조선시대에 이르기까지 끊임없이 외래 연희를 수용하여 공연문화를 풍부하게 영위하면서, 그것을 우리의 취향에 맞게 개작하여 한국화함으로써 새로운 공연예술을 창출해 왔던 것이다.

더 나아가 이제는 전통연희가 영화, 연극, 애니메이션, 서커스, 무용 등 여러 분야의 문화콘텐츠로 활용되고 있고, 앞으로 그 수요가 더욱 증대될 것이다. 2005년 영화 〈왕의 남자〉가 크게 흥행하여 1,000만이 넘는 관객을 동원했는데, 이 영화는 조선후기의 떠돌이 놀이꾼인 두 연희자를 중심으로 스토리가 전개되기 때문에 영화 속에서 많은 전통연희 종목들이 공연되었다. 영화 〈서편제〉는 판소리를 다룬 내용으로 크게 성공한 작품이다. 사물놀이는 전통적 양식의 풍물을 개작하여 크게 성공한 사례이다. 북한의 경우, 1952년 설립된 평양교예단이 세계적으로 유명한데, 이 서커스는 바로 우리의 전통연희를 창작자원으로 활용한 것이다.

더욱이 전통연희는 새로운 한국적 현대연극의 창출을 위한 창작자원으로서의 의의도 갖고 있다. 현재 연극계에서는 우리의 전통연희를 활용한 한국적 현대연극을 창작하여 공연하는 연극단체들이 여럿 생겨났고, 이들 중 일부는 상당한 성공을 거두었다. 국립창극단의 창극, 극단 목화·연희단 거리패·민족예술단 우금치·극단 민들레의 연극, 극단 민예의 마당놀이, 한국민족극운동협회 산하 단체들의 민족극 등을 예로 들 수 있다. 그러나 이런 시도는 예술적 완성도 측면에서는 아직 갈 길이 먼 것도 사실이다. 앞으로 전통연희를 창작자원으로 활용하여 좀더 수준 높고 재미있는 한국적 현대연극을 창출하는 것이 과제로 남아 있다.

필자가 기존에 저술했던 『한국의 전통연희』(학고재, 2004)는 '한국전통연희사'에 해당한다. 그래서 『한국의 전통연희』 증보개정판을 내면서 『한국전통연희사』(학고재, 2020)로 서명을 바꿨다. 이 책과 짝을 이루는 것이 『한국전통연희사전』(민속원, 2014)과 이

번에 출간되는 『한국전통연희총서』(전8권)이다.

　『한국전통연희총서』는 한국전통연희론의 성격을 띠고 있다. 이 총서는 전통연희의 각 종목에 대해 기원과 발전 과정, 교류 양상, 연희 방식, 연희 내용, 연희 담당층, 중국 및 일본 연희와의 비교 등 종합적인 고찰을 시도하는 방향으로 집필되었다. 『한국전통연희총서』는 주로 나의 지도학생들과 고려대학교에서 함께 공부한 동학과 후배들이 함께 집필했다. 지난 수년간 모두 열심히 집필에 참여했고 훌륭한 성과를 냈다.

　이제 10여 년에 걸친 공동 작업의 결과 한국전통연희사, 한국전통연희론, 한국전통연희사전 등 전통연희와 관련된 전반적 연구를 완성하게 되었다. 이 총서에는 전통연희와 관련된 도상 자료가 다수 수록되어 있다. 그리고 우리 전통연희와 관계되는 중국과 일본의 전통연희 도상 자료도 상당수 실렸다. 이 도상 자료가 우리 전통연희를 이해하는 데 많은 도움을 줄 것으로 기대한다.

　도판이 많아 편집에 어려움이 많았음에도 이처럼 좋은 책을 만들어준 민속원에 감사드린다. 마지막으로 한국학중앙연구원(한국학진흥사업단) 한국학총서사업의 지원을 받아 위와 같은 여러 작업을 충실하게 진행할 수 있었음을 밝히며 감사를 전한다.

2020년 11월 30일
전경욱

목
차

판소리

Ⅰ. 서론

판소리는 소리꾼이 고수의 북 반주에 맞추어 소리(창), 말(아니리), 몸짓(발림/너름새) 등을 섞어가며 서사적인 이야기를 음악적으로 표현하는 공연예술이다.

소리꾼은 서서 소리 하며, 고수는 앉아서 북 반주를 담당한다. '판소리'는 '판'과 '소리'가 결합한 말로, 이를 뒤집으면 '소리판'이 된다. '판'은 다수의 행위자가 같은 목적을 위하여 필요한 과정을 수행하며 어우러지는 자리 또는 행위를 의미하는데, '씨름판', '놀이판', '춤판' 등에서 그 용례를 확인할 수 있다. '소리'는 판소리를 비롯하여 민요 등 민속악에 속하는 가창 예술을 가리키는 말이다. 판소리를 지칭하는 명칭은 문헌에 따라 다양하게 나타난다. 소리, 광대소리, 창, 본사가本事歌, 타령, 잡가, 창악唱樂, 극가劇歌, 창극조 등이 그것이다. 이와 같이 다양한 명칭이 공존한 가운데, '판소리'가 대표적인 갈래 명칭으로 널리 사용되기 시작한 것은 20세기 이후의 현상으로 보인다.

인간의 희로애락을 음악적으로 표현하는 공연예술인 판소리에는 다채로운 인간 경험과 사상·감정이 표현되어 있다. 소리꾼은 소리판에서 그동안 갈고닦은 기량을 발휘하여 "완급장단緩急長短과 억양반복抑揚反復을 법도에 맞도록 창거창래唱去唱來"하며 청중에게 일정한 미적 체험을 가능하게 한다. 창-아니리의 교체, 비장-골계의 교직을 통한 긴장-이완, 즉 맺고 풀기를 지속해서 반복하는 가운데 청중을 울리고 웃기는 것이다. 판소리는 기쁨과 슬

품뿐만 아니라 장중함, 화평함, 유유함도 맛보게 해 준다. 다시 말하면 다채로운 감정의 촉발을 경험하게 하여 예술적 감흥을 맛보게 하는 것이 판소리의 본질이라 할 수 있다.

전통사회에서는 소리꾼을 광대廣大, 창우唱優 등으로 지칭했다. 판소리는 장단에 맞춰 노래하는 '소리'(혹은 '창')와 이야기하듯 말하는 '아니리', 그리고 소도구인 부채 및 다양한 몸짓과 표정 등으로 극적인 상황을 그려내는 '발림'(혹은 '너름새', '사체四體')으로 구성되어 있다. 이는 소리꾼의 몫이다. 소리꾼은 판을 이끌어 가는 주체로서, 매우 중요한 역할을 한다. 그러나 이것만으로 판이 성립되는 것은 아니다. 여기에 고수의 북장단과 청중들의 추임새가 더해질 때 비로소 진정한 '판'이 성립된다. '일고수 이명창'이라는 말이 있듯이, 고수의 역할 또한 매우 중요하다. 소리꾼과 호흡을 맞추며 소리의 이면에 맞게 북반주하는 것이 고수의 가장 중요한 몫인데, 때에 따라서는 연출가의 역할을 하며 '추임새'를 통해 소리꾼의 기운을 북돋우기도 한다. 추임새는 '추어 준다'라는 말에서 비롯된 것으로, '얼씨구', '좋다', '잘한다', '그러지', '아먼' 등이 있다. 청중 또한 추임새를 통해 판에 참여하는데, 추임새를 멋스럽게 제대로 구사할 수 있는 안목을 가진 청중이 바로 '귀명창'이다.(도판 1)

판소리에 대한 학문적 관심은, 1930년대에 김태준,[1] 김재철[2] 등에 의해 촉발되기 시작했다. 1940년에 최초의 본격적인 판소리

1　김태준, 『(증보)조선 소설사』, 학예사, 1939(초판 1933), 199~200쪽.
2　김재철, 『조선 연극사』, 학예사, 1939, 164~167쪽.

도판 1. 『기산풍속도첩』(독일 함부르크 민족학 박물관 소장)에 실린 〈가객 소리하고〉의 판소리 연행 장면

저술이라 할 수 있는 정노식의 『조선창극사』가 발간되었는데,[3]-
이 책은 저자의 경험 및 당시 생존하고 있던 판소리 관계자들의
구술 증언 등을 토대로 엮은 일종의 명창 열전이다. 명창의 출생
지 등과 관련하여 오류도 적지 않지만, 자칫 역사의 뒤안길로 사

<hr />

3-   정노식, 『조선창극사』, 조선일보 출판부, 1940.

라질 뻔한 명창들의 삶과 예술세계 등을 기록하고 판소리의 기원, 계보, 유파, 장단, 악조 등에 관한 전반적인 개관을 제시했다는 점에서 그 의의가 크다. 근대 학문이 본격적으로 전개되기 시작하는 해방 이후, 판소리에 관한 연구는 상당 기간 주로 국문학자들에 의해 수행되었다. 반면에 음악적 측면에서의 판소리 연구는 찾아보기 어려운데, 이는 '국악'이 분과 학문으로 미처 정립되어 있지 못한 시대 상황에 기인한 바 크다.

판소리는 '판'의 예술이다. 창자와 고수, 관객, 무대 등으로 구성되는 판소리의 현장성은 시공간의 제약을 받을 수밖에 없다. 현장이 사라지고 나면, 판소리를 구성하는 제반 요소들은 당시의 모습을 잃게 된다. 게다가 판소리는 구전심수로 전승되었기 때문에, 판소리의 역사적 실상을 보여주는 문헌이나 자료는 그리 많지 않다. 식자들이 남긴 단편적인 기록이나 소리꾼들이 학습 과정에서 정리한 소리책 그리고 독서물화 된 판소리계 소설 등이 있어서, 그나마 판소리에 관한 역사적 연구가 어느 정도 가능할 수 있었다. 판소리 연구가 주로 국문학자들에 의해 수행되고, 판소리 사설을 중심으로 한 계통 연구나 작품 분석 등이 연구의 중심을 이룰 수밖에 없었던 이유가 여기에 있다. 문학적 관점에서의 판소리 연구가 중심을 이루는 상황에서, 판소리는 고전소설이나 희곡, 구비문학의 한 하위 장르로 인식되었으며 그에 대한 논의도 근원설화나 삽입가요 연구, 이본 사설 비교 등에 한정되는 경우가 많았다.

문학적 관점에서의 판소리 연구를 지속해 온 국문학자들은 기존의 연구 성과에 기반하여 더욱 심도 있는 논의를 전개해 왔다.

그렇다 해도, 사설을 중심으로 한 판소리 연구가 전통연희로서의 판소리가 가지는 총체성을 규명하기에 미흡하다는 문제의식은 비교적 이른 시기부터 있었다. 판소리 연구가 문학적 연구에 머무르지 않고, 음악, 민속, 연극, 공연, 역사, 사회학 등으로 자연스럽게 그 저변이 넓어진 것은 이러한 문제의식의 산물이라 할 수 있다.

1984년에 문학, 음악, 연극 연구자들이 중심이 되어 전국 규모의 판소리학회가 결성되면서 명실상부한 판소리 연구 인력의 결집이 이루어졌는바, 여러 전공의 연구자들이 한자리에 모이는 가운데 학제 간 연구 및 이론-실기의 소통도 자연스럽게 시도되어 현재에 이르고 있다. 판소리 연구의 방법론과 주제는 더욱 다양화되고 있으며, 판소리 관련 자료에 대한 발굴과 정리 작업도 꾸준히 지속되고 있다. '전통' 판소리뿐만 아니라 그로부터 파생된 창극과 창작판소리도 주요한 연구 대상이 되고 있으며, 판소리의 세계화나 교육, 문화콘텐츠, 스토리텔링과 같은 실용적 측면, 무형문화재 지정 등과 관련한 제도적 측면 등으로도 학문적 관심이 확장되고 있다.

이러한 판소리 연구의 성과는 그동안 김동욱,[4] 조동일,[5] 김흥규,[6] 최래옥,[7] 최동현,[8] 정병헌,[9] 노복순[10] 등에 의해 정리된

---

[4] 김동욱, 「판소리史 研究의 諸 問題」, 『인문과학』 20, 연대 인문과학연구소, 1968, 1~28쪽.
[5] 조동일, 「고대소설 · 판소리 研究史」, 『국어국문학』 58-60, 국어국문학회, 1972, 368~372쪽.
[6] 김흥규, 「판소리 연구사」, 『한국학보』 7, 일지사, 1977, 150~166쪽.
[7] 최래옥, 「판소리 연구의 반성과 전망」, 『한국학보』 35, 일지사, 1984, 206~238쪽.
[8] 최동현, 「판소리연구사」, 『판소리의 바탕과 아름다움』, 인동, 1986, 11~47쪽.
[9] 정병헌, 「판소리 연구의 성과와 전망」, 이화여자대학교 한국문화연구원 편, 『전통문화 연구 50년』, 혜안, 2007, 433~469쪽.
[10] 노복순, 「공연-미학적 관점에서 본 판소리 연구사 검토와 판소리 연구의 새로운 방향」, 『한

바 있다. 이상 주요 판소리 연구들을 쟁점별로 간략히 살펴보면 다음과 같다.

첫째, 판소리 형성과 기원에 관한 연구 가운데 전자는 김동욱,[11] 김학주,[12] 성현자,[13] 정원지,[14] 이혜구,[15] 김헌선,[16] 이보형,[17] 손태도,[18] 전경욱[19] 등에 의해 수행되었다. 이 가운데 판소리 기원에 대한 학설로, 설화 기원설, 무굿 기원설, 서사무가 기원설, 광대소리 기원설, 광대 소학지희笑謔之戱 기원설, 중국 강창문학 영향설 등이 제기되었다. 판소리의 변모에 관한 연구는, 백대웅,[20] 유영대,[21] 정병헌,[22] 배연형,[23] 김석배,[24] 김종철,[25] 인권환[26] 등에 의해 이루어졌다. 주요 연구 성과 가운데, 동편제, 서편제, 중고제 등 각 유파의 성립과 변천, 창을 잃은 판소리의 실전

국민속학』 44, 한국민속학회, 2015.

11_ 김동욱, 「춘향전 이본고」, 『중앙대 논문집』 30주년 기념호, 중앙대학교, 1955; 김동욱, 「춘향전의 창자 광대」, 『논문집』 2, 서울대학교, 1955.

12_ 김학주, 「중국의 강창문학과 판소리」, 『동아문화』 6, 서울대학교 동아문화연구소, 1966.

13_ 성현자, 「판소리와 중국의 강장문학의 대비연구」, 『진단학보』 53 · 54합집, 진단학회, 1982.

14_ 정원지, 「중국 고대시가 전통과 설창 예술 양식을 통해서 본 한국 판소리의 발생 배경에 관한 고찰」, 『판소리연구』 14, 판소리학회, 2002.

15_ 이혜구, 「송만재의 관우희」, 『중앙대학교 30주년 기념논문집』, 중앙대학교, 1955.

16_ 김헌선, 「판소리의 발생론과 영향론」, 『판소리연구』 2, 판소리학회, 1990.

17_ 이보형, 「창우집단의 광대소리 연구」, 『한국전통음악연구』, 고려대학교 민족문화연구소, 1990.

18_ 손태도, 『광대의 가창문화』, 집문당, 2003.

19_ 전경욱, 『春香傳의 辭說形成原理』, 고려대학교 민족문화연구소, 1990.

20_ 백대웅, 「판소리 무가기원설의 재검토(1)」, 『한국음악사학보』 11, 한국음악사학회, 1993.

21_ 유영대, 「판소리의 무가기원설에 대한 반론」, 『한국음악사학보』 17, 한국음악사학회, 1996.

22_ 정병헌, 「이날치판 심청가의 성격과 판소리사적 위치」, 『국어교육』 53 · 54합집, 국어교육연구회, 1985.

23_ 배연형, 「판소리 중고제론」, 『판소리연구』 제5집, 판소리학회, 1994.

24_ 김석배, 「허흥식 소장본 심청가의 성격과 가치」, 『구비문학연구』 8, 한국구비문학회, 1999.

25_ 김종철, 『판소리의 정서와 미학: 창을 잃은 판소리를 중심으로』, 역사비평사, 1996.

26_ 인권환, 『판소리 창자의 실전사설 연구』, 집문당, 2002.

배경과 전승 양상에 대한 논의가 특히 주목할 만하다. 현대판소리 및 판소리 파생 갈래에 관한 연구는 유영대,[27]- 김기형,[28]- 신동흔,[29]- 백현미[30]- 등에 의해 전개되었다.

둘째, 판소리 장르의 성격 및 본질에 관해 의미 있는 연구 성과를 제출한 대표적인 연구자로, 김태준,[31]- 조윤제,[32]- 강한영,[33]- 조동일[34]- 등을 꼽을 수 있다. 판소리의 장르 규정 문제는 학회 학술대회의 주제로 다루어질 만큼 중요한 연구 쟁점이었는데, 희곡 장르, 구비서사시, 음악 등으로 보거나 판소리 독자 장르로 보는 등 다양한 견해가 제기되었다.

셋째, 판소리 명창, 고수, 청중 등 판소리 담당층에 관한 연구는 『조선창극사』이래 꾸준히 이어지고 있다. 창자 가운데는 송홍록, 모홍갑, 김세종, 권삼득, 강도근, 김동준, 김정문, 정춘풍, 정정렬, 김소희, 박봉술, 박초월, 송만갑, 김창환, 박록주, 박동실, 장재백, 이화중선, 김연수 등에 대한 조명이 이루어졌으며, 생존해

27_ 유영대, 「20세기 창작 판소리의 존재 양상과 의미」, 『한국민속학』39, 한국민속학회, 2004; 「창극의 특성과 대중화」, 『판소리연구』 9, 판소리학회, 1998.
28_ 김기형, 「창작 판소리 사설의 표현 특질과 주제의식」, 『판소리연구』 5, 판소리학회, 1994; 「창작 판소리의 사적 전개와 요청적 과제」, 『구비문학연구』 18, 한국구비문학회, 2004; 「또랑광대의 성격과 현대적 변모」, 『판소리연구』 18, 판소리학회, 2004; 「판소리와 창극소리의 상관성」, 『판소리연구』 31, 판소리학회, 2011.
29_ 신동흔, 「창작 판소리의 새로운 길을 찾아서」, 서대석 외, 『한국인의 삶과 구비 문학』, 집문당, 2002.
30_ 백현미, 『한국 창극사 연구』, 태학사, 1997.
31_ 김태준, 『조선소설사』, 학예사, 1933.
32_ 조윤제, 『춘향전』, 을지문화사, 1957, 166쪽; 「조선소설사개요」, 『문장』 18호, 1940.
33_ 강한영, 「신재효의 판소리사설 비평관」, 『동양학』 2, 단국대동양연구소, 1972, 107~108쪽; 129~130쪽.
34_ 조동일, 「판소리의 장르규정」, 『어문논집』 1, 계명대 국어국문학회, 1966, 34쪽; 「판소리의 전반적 성격」, 『어문논집』 1, 계명대 국어국문학회, 1966, 24쪽.

있는 현대 명창들에 관한 연구[35]-도 발표되었다. 고수와 관련하여
서는 강한영,[36]- 정병욱,[37]- 이보형,[38]- 최동현,[39]- 송미경,[40]- 김기
형[41]- 등이, 청중과 관련하여서는 서종문,[42]- 이국자,[43]- 최동현,[44]-
김익두,[45]- 서유석[46]- 등이 의미 있는 성과를 냈다.

넷째, 판소리 작품의 구조 및 미학을 밝히는 문학적 연구는 최
진원,[47]- 조동일,[48]- 김흥규,[49]- 김대행,[50]- 서종문,[51]- 김병국,[52]- 이
헌홍[53]- 등에 의해 진행되었다. 판소리에 내재된 구조 원리를 구

35_ 판소리학회 편, 『판소리 명창론 : 20세기 판소리 명창 18人』, 박이정, 2010.
36_ 강한영, 『판소리』, 세종대왕기념사업회, 1977, 42~43쪽.
37_ 정병욱, 『한국의 판소리』, 집문당, 1984, 82~83쪽.
38_ 이보형, 「판소리고법(1)」, 『문화재』 10, 문화재관리국, 1976; 「판소리고법(2)」, 『문화재』 11, 문화재관리국, 1976; 「판소리고법(3)」, 『문화재』 12, 문화재관리국, 1979.
39_ 최동현, 『판소리 연구』, 문학아카데미사, 1991, 83~111쪽.
40_ 송미경, 「창자와의 관계에서 본 판소리 고수의 공연학」, 『공연문화연구』 23, 공연문화학회, 2011.
41_ 김기형, 「여성 고수의 활동양상과 위상」, 『판소리연구』 48, 판소리학회, 2019.
42_ 서종문, 「판소리의 개방성」, 정양 · 최동현 편, 『판소리의 바탕과 아름다움』, 인동, 1986, 51~72쪽.
43_ 이국자, 『판소리 연구』, 정음사, 1987, 76~146쪽.
44_ 최동현, 『판소리 연구』, 문학아카데미사, 1991, 112~130쪽.
45_ 김익두, 「판소리의 현전성과 그 공연학적 의미」, 『판소리, 그 지고의 신체 전략』, 평민사, 2003, 85~137쪽.
46_ 서유석, 「연회에서 예술로: 판소리 청중의 탄생과 변모의 의미」, 『판소리 연구』 32, 판소리학회, 2011.
47_ 최진원, 「판소리 문학고」, 『대동문화연구』 2, 성대 대동문화연구원, 1966; 「춘향가의 합리성과 불합리성」, 『판소리의 이해』, 창작과 비평사, 1978.
48_ 조동일, 「홍부전의 양면성」, 『계명논총』 5, 계명대학교, 1968; 「심청전에 나타난 비장과 골계」, 『계명논총』 7, 계명대학교, 1971.
49_ 김흥규, 「판소리의 서사적 구조」, 『판소리의 이해』, 창작과비평사, 1978; 「판소리의 이원성과 사회적 배경」, 『창작과 비평』 31호, 창작과 비평사, 1974.
50_ 김대행, 『한국시가구조연구』, 삼영사, 1976; 「판소리소설의 희극상과 풍자상」, 『선청어문』 6, 서울대 국어교육과, 1976.
51_ 서종문, 「판소리의 개방성」, 『경남대논문집』 7, 경남대학교, 1980.
52_ 김병국, 「구비서사시로 본 판소리 사설 구성방식」, 『한국학보』 27, 일지사, 1982.
53_ 이헌홍, 「수궁가의 구조(Ⅱ)」, 『국어국문학』 20, 부산대 국문과, 1983.

명하는 과정에서, '고정체계면과 비고정체계면', '부분의 독자성', '긴장과 이완', '장면 극대화 현상', '장면충족의 원리', '개방성', '구비공식구' 등이 핵심적인 분석 방법론으로 제시되었다. 미학연구의 측면에서는, 비장미, 골계미, 기괴미, 신명풀이 등에 관한 논의가 깊이 있게 이루어졌다. 음악적 연구는 조, 장단, 음향, 성음, 선율 분석 등을 중심으로 전개되었는데, 대표적인 연구자로 이보형,[54] 백대웅,[55] 성기련,[56] 김혜정,[57] 신은주[58] 등을 들 수 있다. 연극적 측면에서는 전신재,[59] 허규,[60] 김익두[61] 등의 성과를 주목할 만한데, 판소리의 너름새 혹은 공연적 제 요소를 중심으로 그 미학적 특질을 탐구한 점이 특징이다.

한편 중국에서의 설창 연구는 1930년대부터 시작되었는데, 이는 1920년대 말, 1930년대 초부터 시작된 문예대중화운동, 민족주의문예운동, 민족문예논쟁, 민족형식논쟁 등 당대의 정치·사회적 배경과 무관하지 않다. 설창은 중국의 반외세 정서와 부합

54_ 이보형, 「메나리조」, 『한국음악연구』 제2집, 한국국악학회, 1972; 「판소리 염계달 추천목론」, 『노산이은상박사 고희기념 민속문화논총』, 노산이은상박사 고희기념논문집간행위원회, 1973; 「판소리 제에 관한 연구: 동편제·서편제·중고제 전승을 중심으로」, 『한국음악학논문집』, 한국정신문화연구원, 1982; 「한국민속음악장단의 리듬형에관한연구」, 『민족음악학』 16, 서울대학교음악대학 부설 동양음악연구소 1994; 「장단리듬형의 형태구조 및 통사구조와 그 변화」, 『민족음악학』 19집, 서울대학교음악대학부설 동양음악연구소 1997.
55_ 백대웅, 「판소리에 있어서 우조 평조 계면조」, 『한국음악연구』 제8·9집 합병호, 한국국악학회, 1979; 「명창과 판소리의 미학」, 『판소리의 바탕과 아름다움』, 인동, 1986; 『전통음악의 이면과 공감』, 지식산업사, 2004.
56_ 성기련, 『1930년대 판소리음악문화연구』, 서울대학교 박사학위논문, 2003.
57_ 김혜정, 『판소리 음악론』, 민속원, 2009,
58_ 신은주, 『판소리 중고제 심정순家의 소리』, 민속원, 2009.
59_ 전신재, 「19세기 판소리의 연극적 형상」, 『고전희곡연구』 1, 한국고전희곡학회, 2000; 「판소리 공연학 총론」, 『공연문화연구』 23, 공연문화학회, 2011, 159~183쪽.
60_ 허규, 『민족극과 전통예술』, 문학세계사, 1991.
61_ 김익두, 『판소리, 그 지고의 신체 전략』, 평민사, 2003.

할 뿐 아니라 일반 농민이나 노동자들도 쉽게 이해할 수 있는 평이한 수준의 언어와 형식을 특징으로 했기에, 여러 학자들의 관심을 끌었다. 특히 주목할 만한 연구로, 설창을 중국 속문학俗文學[62]의 일종으로 파악하여 소개하고 그것의 문학사적 위상을 제고한 정진탁의 논의가 있다. 그는 설창을 변문變文, 제궁조諸宮調, 보권寶卷, 탄사彈詞, 고사鼓詞, 유희문장遊戲文章 등 6가지로 나누어 설명했다.[63] 이 책에서는 정진탁의 분류를 주요한 기준으로 삼으면서, 김학주의 『중국문학의 이해』에 제시된 '강창' 분류,[64] 김영구 외의 『중국공연예술』에 제시된 '강창 곡예' 분류,[65] 김우석의 「제궁조 연구」[66]에 제시된 '강창 또는 곡예' 분류를 참조했다. 최근 안상복,[67] 정유선,[68] 이정재[69] 등이 관련 연구를 발표했으며, 정선경·민관동·유승현이 공동 작업으로 중국 고전극 및 탄사와 고사에 대한 연구사 검토를 수행했다.[70]

일본 조루리에 대한 국내 연구는 주로 한국의 판소리와 일본

62_ 중국 문학사에서 속문학이라는 개념을 처음 제기한 사람은 정진탁(鄭振鐸)으로, 그는 『중국속문학사(中國俗文學史)』에서 속문학의 개념 및 특징을 제시했다. 그에 따르면, 속문학이란 통속적인 문학이며, 민간의 문학이며, 또한 대중의 문학이다. 다시 말해 '대아지당(大雅之堂)'에 오르지 못한 것'으로서, 선비나 사대부들에게 중요하게 인식되지 못한 채 민간에 유행하면서 민중이 애호하던 문학이라 할 수 있다. 그 특징으로 첫째, 민중에 의해 창작된 점, 둘째, 작자의 신분이 밝혀지지 않은 점, 셋째, 구비전승의 형식을 띤 점, 넷째, 내용적으로 신선하면서도 다소 저속한 점, 다섯째, 상상력이 풍부하게 구현된 점, 여섯째, 새로운 것들을 과감히 흡수한 점을 들 수 있다. 鄭振鐸, 『中國俗文學史』 上, 上海書店, 1984, 1~6쪽 참조.
63_ 같은 책, 11~13쪽.
64_ 김학주, 『중국 문학의 이해』, 신아사, 1993, 395~427쪽 참조.
65_ 김영구 외, 『중국공연예술』, 한국방송통신대학교 출판부, 2009, 70~92쪽 참조.
66_ 김우석, 『諸宮調 硏究 : 연행예술적 성격을 중심으로』, 서울대학교 박사학위논문, 1996.
67_ 안상복, 『명청시대 지역사회와 공연예술』, 연극과인간, 2013.
68_ 정유선, 『중국 설창예술의 이해』, 학고방, 2014.
69_ 이정재, 『중국 구비연행의 전통과 변화: 고사계강창 연구(1644~1937)』, 일조각, 2014.
70_ 민관동·정선경·유승현, 『(中國古典小說 및 戱曲) 硏究資料 總集』, 학고방, 2011.

의 조루리를 비교하는 방식으로 이루어졌으며,[71] 인형극이라는 공통점을 바탕으로 한국의 꼭두각시놀음과 일본의 분라쿠를 비교한 논의도 있다.[72] 그 외 중국의 공안소설과 원잡극, 일본의 헤이쿄쿠와 근세 고전극, 한국의 이야기꾼 우희와 골계 전통을 대상으로 동아시아에 분포하는 서사적 공연예술에 나타난 스토리텔링 구조를 분석한 연구,[73] 조루리의 성립 및 각 분파에 관해 소개하고 정리한 연구[74] 등이 있다.

이 책에서는 판소리의 역사적 전개 양상, 연희자의 특징, 구체적인 연행 양상과 작품 세계, 판소리의 현재적 전승 양상 등을 중점적으로 고찰하고자 한다. '판소리의 기원과 역사적 전개'에서는, 판소리 기원의 문제를 비롯하여 통시적 변모양상을 체계적으로 서술하려고 한다. '판소리의 연희자'에서는 판소리의 전승 주체인 '창자唱者'의 성격적 특질과 활동상 그리고 전승 계보 등을 논할 것이다. 판소리는 고도의 전문성을 요하는 예술이라는 점에서, 전승 주체인 창자의 역할이 절대적으로 중요하기 때문이다.

---

71 천이두, 「한국의 판소리와 일본의 가타리모노」, 『한의 구조 연구』, 문학과 지성사, 1993; 요시오카 히로또, 「판소리와 說經節·淨瑠璃의 비교연구 - 문학사 展開樣相을 중심으로」, 『동아시아고대학』 6, 동아시아고대학회, 2002, 133~194쪽; 박영산, 『『춘향가』와 『소네자키신주(曾根崎心中)』의 비교연구」, 고려대학교 박사학위논문, 2004; 서연호, 「판소리와 조루리의 현대화과정에 대한 비교연구」, 『동서 공연예술의 비교연구』, 연극과 인간, 2008, 40~75쪽; 박영산, 「일본 가타리모노(語り物)의 양식화(樣式化)와 판소리」, 『판소리연구』 26, 판소리학회, 2008, 47~81쪽; 「한일 구비연행서사시의 희곡화(戲曲化) 비교연구」, 『비교민속학』 48, 비교민속학회, 2012, 373~397쪽.

72 박진태, 「꼭두각시놀음과 일본 분라쿠의 비교」, 『한국 인형극의 역사와 미학』, 2017, 296~307쪽.

73 강춘애, 「동아시아 스토리텔링의 구조와 장르적 특성」, 『공연문화연구』 30, 한국공연문화학회, 2015, 256쪽.

74 이지선, 『일본전통공연예술』, 제이앤씨, 2009.

'판소리의 연회 내용'에서는, 판소리에서 가장 중요한 연행 요소라 할 수 있는 사설, 기예, 음악, 연행 공간, 연행 도구를 중심으로 그 특징적 양상을 살펴보려고 한다. '판소리의 작품 세계'에서는, 전승 5가와 실전 7가를 비롯하여 창작판소리 작품까지 망라하여 각 작품의 특징과 주제의식 등을 고찰할 것이다. '판소리의 현재적 전승 양상'에서는, 전통판소리와 창작판소리의 전승 현황 및 판소리가 영화, 오페라, 창극, 무용 등 다양한 갈래로 변주된 양상 그리고 새로운 작품으로 변용되고 재창조된 사례 등에 대해 살펴보고자 한다.

말과 노래의 교차 반복, 또는 노래만으로 한 편의 서사를 연행하는 구비서사시의 전통은 세계 곳곳에서 확인된다. 이 책에서는 그 가운데서도 동아시아 강창예술講唱藝術 혹은 구비연행서사시口碑演行敍事詩로 분류 가능한 중국의 설창說唱 및 일본의 조루리淨瑠璃를 한국의 판소리와 함께 비교론의 관점에서 다루고자 한다. 동아시아 문화 권역 내 한국, 중국, 일본에서 전개된 강창예술 혹은 구비연행서사시의 전반적인 양상과 특징을 살펴보는 과정을 통해, 동아시아 강창예술 혹은 구비연행서사시의 보편성은 물론 한국의 판소리, 중국의 설창, 일본의 조루리가 각기 지니는 독자적인 특수성도 더 명확히 드러날 것이다.

Ⅱ. 판소리의 기원과 역사적 전개

1. 판소리의 역사

1) 판소리의 기원

판소리가 언제 어떻게 발생했는지에 대해 정확하게 말하기는 어려우나, 17세기 중·후반 무렵에 서민층을 기반으로 하여 생겨났다고 보는 것이 통설이다. 판소리의 정확한 발원지나 최초 연행자에 대한 기록은 전하지 않지만, 한동안은 판소리의 발생 지역을 호남으로 보는 시각이 우세했다. 이는 20세기 이후에 활동한 판소리 창자나 고수 대다수가 호남 출신이었고 판소리가 음악적으로 남도의 육자배기토리와 유사한 점이 많았기 때문이다. 그러나 최초의 본격적인 판소리 연구서라고 할 수 있는 정노식의 『조선창극사』에 기록된 초기 명창들을 보면 경기·충청 출신이 적지 않다. 이러한 점에 주목하여, 판소리가 본래는 전국적인 분포를 보이면서 발생했으며, 호남이 판소리의 거점으로 자리매김하게 된 것은 비교적 후대의 일이라고 보는 시각도 있다.(도판 2)

도판 2. 정노식의 『조선창극사』
(조선일보 출판부, 1940) 표지

　　판소리의 기원 문제는 학계에서 판소리의 성립과 관련해 오랫동안 쟁점이 되어온 주제이다. 연구자들은 자신의 전공 분야와 학문적 관심에 따라 다양한 학설을 제시했다. 문학 연구자들은 판소리의 사설에 관심을 두고 그 기원을 설화나 서사시에서 찾고 자 했으며, 음악 연구자들은 판소리의 장단 및 악조의 기원을 구 명하기 위해 시나위나 영산, 민요 등에도 주목했다. 판소리 연행 자인 소리광대의 출현에 초점을 맞추어 호남 지역의 무풍巫風이나 창우 집단의 가창 문화에서 판소리의 기원을 찾는 시도도 있었다. 지금까지 제기된 판소리 기원설로, 설화 기원설,[75]- 문장체 소설 선행설,[76]- 무굿 기원설,[77]- 서사무가 기원설,[78]- 창우 집단의 광대 소리 기원설,[79]- 광대 소학지희笑謔之戲 기원설(우희優戲 영향설),[80]- 중국 강창문학講唱文學 영향설[81]- 등을 들 수 있다. 최근에는 판소 리의 기원을 경기도 화랭이의 서사무가, 재담소리 등에서 찾는 논 의도 제출되었다.[82]-

---

75. 김동욱, 『한국가요의 연구』, 을유문화사, 1961; 인권환, 「토끼전의 근원설화 연구」, 『아세아 연구』 25, 고려대 아세아문제연구소, 1967.

76. 김태준, 『조선소설사』(증보판), 학예사, 1939; 조윤제 교주, 『춘향전』, 을유문화사, 1957; 사 재동, 「심청전연구서설」, 『어문연구』 7, 어문연구회, 1971; 성현경, 『한국옛소설론』, 새문사, 1995.

77. 정노식, 『조선창극사』, 조선일보사 출판부, 1940; 설성경, 「춘향전의 형성과 계통」, 정음사, 1986; 박경신, 「무속적 제의에서 본 변강쇠가」, 서울대학교 석사학위논문, 1986; 김헌선, 「판 소리의 역사적 연구」, 『구비문학연구』 5, 한국구비문학회, 1997.

78. 장주근, 『한국의 신화』, 성문각, 1961; 서대석, 「판소리의 전승론적 연구(서사무가와의 대비 에서)」, 『현상과인식』 3, 한국인문사회과학원, 1979.

79. 이보형, 「창우집단의 광대소리 연구 - 육자백이토리권의 창우집단을 중심으로」, 『한국전통 음악논구』, 고려대민족문화연구소, 1990.

80. 김동욱, 『한국가요의 연구』, 을유문화사, 1981; 전경욱, 「우희와 판소리·가면극의 관련 양 상」, 『한국민속학』 34, 한국민속학회, 2001.

81. 김학주, 「중국의 강창문학과 판소리」, 『동아문화』 6, 서울대동아문화연구소, 1966, 208~210 쪽; 사재동, 「佛敎系 講唱文學의 판소리적 展開」, 『불교문화연구』 3, 한국불교문화학회, 2004; 성현자, 「판소리와 중국 강창문학의 대비연구」, 『진단학보』 53-54, 진단학회, 1982; 장주근, 「한국의 판소리와 중국의 강창문학」, 『경기어문학』 2, 경기대학교 국어국문학과, 1981.

82. 손태도, 「조선시대의 '광대'와 '판소리'에 대한 몇가지 논의들」, 『판소리연구』 36, 2013.

설화 기원설은, 판소리 사설의 근원이 되는 설화가 존재했고 이 근원설화로부터 판소리가 발생했다고 보는 학설이다. 설화에 근간을 두어 〈춘향가〉·〈심청가〉·〈흥보가〉·〈수궁가〉·〈옹고집타령〉 등의 판소리가 형성되었고, 이것이 독서물화 하여 판소리계 소설이 되었다고 보는 것이다. 가령 〈춘향가〉의 경우, 근원설화로 거론되는 작품이 매우 다양하다. 관리가 권세를 이용해 민간의 여인을 강제로 취하려 한다는 내용의 관탈민녀官奪民女 설화를 비롯하여. 〈노진盧禛 설화〉·〈김우항金宇杭 설화〉·〈박문수 설화〉·〈성이성成以性 설화〉 등 암행어사가 탐관오리를 비롯한 포악한 자들의 횡포를 징계하여 다스린다는 내용의 암행어사 설화, 〈박색처녀 설화〉·〈아랑 설화〉·〈향랑 설화〉·〈심수경 설화〉 등 원한을 품고 죽은 여인의 넋을 달래준다는 내용의 신원伸冤 설화, 〈명경明鏡 교환 설화〉·〈옥지환 교환 설화〉 등 거울이나 반지를 신표로 나눠 가졌다가 훗날 그것을 맞추며 재회한다는 내용의 신물교환信物交換 설화 등이 이에 해당한다.

그러나 판소리 기원으로서의 근원설화에 대한 탐색은 주로 소재적 차원에서 판소리 사설의 원천을 탐색하는 방식으로 이루어졌다. 판소리 사설과 전체적으로 혹은 부분적으로 유사한 설화가 발견되면 별다른 구분 없이 판소리의 근원설화로 제시하는 경우도 있었다. 그러나 유사 설화와 근원설화는 분명히 구분되어야 한다. 또 설화와 판소리는 구연자가 청중 앞에서 몸짓과 표정을 지어가며 흥미 있는 이야기를 연행하는 구비문학 갈래라는 점에

211~266쪽.

서 공통되지만, 설화는 말로만 구연되는 데 반해, 판소리는 말과 창이 고수의 북장단에 맞춰 구연된다. 따라서 말로만 구연되던 이야기가 어떠한 상황에서 무슨 이유로, 말과 노래를 교차하며 동작까지 곁들이는 판소리로 바뀌게 되었는가의 문제가 밝혀져야 한다.

문장체 소설 선행설은 문장체 소설이 판소리에 선행하여 판소리의 발생에 영향을 미쳤다고 보는 학설이다. 독서물인 소설에 기반하여 판소리가 성립되었다고 보는 것으로, 김태준이 『조선소설사』에서 "춘향전의 고본은 옛날 이야기책 모양으로 전해 오던 것을 광대들의 입으로 옮기기 시작하였다"라고 주장하면서 문장체 소설 선행설이 본격화되었다. 즉 간단한 설화적 이야기가 소설로 구성되고, 이것이 희곡적 형태로 재구성된 것이 판소리라고 보는 관점이다.

문장체 소설 선행설을 입증하는 가장 대표적인 사례로 판소리 〈적벽가〉를 꼽는다. 〈적벽가〉가 중국 소설 『삼국지연의』를 기반으로 판소리화된 것은 분명한 사실이다. 하지만 일부 이야기의 골격만 수용했을 뿐 세부적인 묘사나 대화는 독자적인 방식으로 구성했다는 점, 그리고 소설 완판본 〈화용도〉는 판소리 〈적벽가〉 이후에 성립된 독서물이라는 점 등을 고려한다면, '소설→판소리'라는 단순 도식으로만 설명하기 어렵다는 사실을 알 수 있다. 〈춘향가〉, 〈흥보가〉, 〈수궁가〉의 경우는 판소리가 선행했다고 보는 것이 정설이며, 〈심청가〉의 경우는 문장체 소설 선행설과 판소리 선행설이 팽팽히 맞서 있다.

무굿 기원설은 굿판에서 연행되었던 무굿으로부터 판소리가 발생했다고 보는 학설이다. 정노식은 『조선창극사』에서 신라의 화랑에까지 거슬러 올라가 판소리의 유래를 찾았다. 그리고 전라도 무녀가 연행하는 살풀이·축원 등 여러 굿소리의 조調와 너름새가 판소리 광대의 창조唱調와 흡사하다고 보고, 일부 비가비를 제외한 대부분의 옛 명창들이 재인 혹은 무계巫系 출신이라는 사실에 주목했다. 아울러 가장 대표적인 판소리 작품인 〈춘향가〉의 발생과 관련하여, 억울하게 죽은 춘향의 원혼을 위로하기 위해 남원과 그 인근에서 치렀던 무녀의 살풀이굿이 그 기원이 된다고 주장했다.

서사무가 기원설은 호남 지역에서 연행되었던 서사무가로부터 판소리가 발생했다고 보는 학설이다. 정노식이 『조선창극사』에서 '무녀의 굿 → 광대의 창극조唱劇調 → 소설화'했다고 주장한 판소리의 무굿 기원설도 서사무가 기원설과 연관이 있다. 판소리의 서사무가 기원설은 판소리와 서사무가 간 구연 형태상의 유사성, 시나위권이라는 특정 지역 서사무가와 판소리의 관련성 등을 근거로 한다. 판소리와 판소리 명창의 분포 지역이 무가의 시나위권과 일치하는 점, 판소리와 무가 모두 쉰 듯한 성음으로 노래하고 판소리의 발림이 시나위권 무당들의 살풀이 춤사위와 비슷한 점, 판소리 창자나 고수 가운데 시나위권 무당 가계 출신이 많은 점, 판소리의 내용이 시나위권 무가의 살풀이적 성격과 통하는 점 등을 들어 시나위권역 무당들의 노래에서 판소리의 기원을 찾기도 한다.

구비연행서사시라는 장르 특성이나 연행을 주관하는 담당층의 성격만 보면, 판소리의 기원으로 무굿이나 서사무가에 주목하는 견해도 일견 타당해 보인다. 실제로 서사무가 기원설은 한동안 판소리의 기원을 설명하는 대표적인 통설로 인정받아왔다. 그러나 시나위권역의 서사무가에서 판소리의 기원을 찾는 주장에 대해서는, 이미 변질되어 애초의 기원으로부터 멀어져 버린 20세기의 판소리가 호남 지역의 서사무가와 비슷하다는 피상적인 관찰에서 나온 결론에 불과하다는 반박이 제기되기도 했다. 성음이나 악조의 측면에서 『조선창극사』에 묘사된 18세기, 19세기 판소리의 모습이 20세기 이후 판소리의 모습과 다르다는 점도 서사무가기원설을 논박하는 근거로 제시되었다. 그에 따르면, 판소리가 시나위권의 서사무가에서 탄생한 것이 아니라, 판소리가 사회적으로 수용되는 과정에 호남 지역의 명창 및 후원자들이 대거 참여하면서 오히려 판소리의 음악적 구조가 점차 시나위권의 서사무가와 유사한 모습을 띠는 방향으로 변해왔을 수 있다는 것이다.

창우 집단의 광대소리 기원설은 고사소리, 줄소리, 선증애소리 등 창우 집단의 광대소리로부터 판소리가 발생했다고 보는 학설이다. 이 기원설은 판소리가 시나위권의 서사무가에서 비롯되었다는 주장의 문제점을 지적하면서, 그 대안으로 제기된 것이다. 판소리가 호남 지역 세습무들의 서사무가에서 나왔다는 설이 어느 정도 유력한 것이라 한다면, 그 서사무가가 어떻게 분화되어 오늘의 판소리를 형성시켰는가 하는 점이 해명되어야 할 과제로 남아 있기 때문이다. 호남 지역 세습무들의 서사무가가 바로 판소리로 분화된 것이 아니라 그 과정에서 판소리에 보다 직접적인 영향을 미친 다른 연희 양식이 있었을 가능성을 상정한 것인데, 그것이 바로 육자배기 토리 무악권巫樂圈, 즉 시나위권 창우 집단

의 고사소리, 줄소리, 선증애소리와 같은 광대소리라고 보는 관점
이 창우집단의 광대소리 기원설이다.

그러나 이 견해는 역사적 과정 속에서 판소리가 어떻게 독자
적인 갈래로 정립하게 되었는가를 논증하는 성격이 강하기 때문
에 명실상부한 '기원설'로 보기는 어렵다. 또 창우집단의 광대소
리 기원설에서는 18세기 말에 형성된 판소리의 음악 어법이 창우
집단의 광대소리와 연관이 있다는 증거로 20세기 말의 광대소리
를 제시한 것 또한 문제이다. 실제로 광대소리가 역으로 판소리
의 영향을 받아 변화된 사례도 있기 때문이다.

광대 소학지희 기원설은 소학지희에서 판소리가 발생했다고
보는 학설이다. 전국 각지에서 올라온 광대들이 소학지희를 하며
각자의 재주를 겨루던 중에 어떤 연희자가 이미 존재하고 있던
남도 지역 무가의 음악과 양식을 사용하여 예로부터 전승되어온
설화를 긴 노래로 엮어 부른 데서 판소리가 시작되었다는 것이다.
그리고 조선 후기에 국가 재정상의 이유로 나례가 폐지되자, 생활
기반을 잃은 연희자들이 생계 유지를 위해 고도의 전문성을 발휘
하여 판소리를 발전시켰다고 본다. 그러나 "판소리는 애초의 광
대소학지희의 외정적外庭的 형태가 삽입 가요와 소설적인 서술 형
태의 영향을 받고 고도한 문학성을 가지고 변모한 것이니, 전단계
前段階의 배뱅이굿의 일인창一人唱의 형태에 소설 형태를 주입한
것이라 하겠다."라고 하여 판소리의 발생에 배뱅이굿이 영향을
미쳤다고 주장하는 연구도 있는데, 이는 재론의 여지가 많다. 한
편 우희영향설도 광대 소학지희 기원설과 맥을 같이 한다. 박남朴
男과 같은 초기의 판소리 창자도 우희를 연행했으며, 우희의 일종

인 유희儒戱가 필수적으로 연행되었던 문희연에서 판소리도 중요한 연희 종목이었다. 형식과 내용의 측면에서, 우희와 판소리는 골계를 기반으로 한다는 점에서 밀접한 관련이 있다. 판소리의 어떤 대목들은 그 자체가 하나의 골계담이라 할 수 있는데, 판소리 창자가 그 대목들을 독립적으로 연행하면 그것이 곧 우희가 된다. 이 견해는 판소리의 발생론이나 기원보다는, 판소리 예술이 전개 및 발전되어 오는 데 영향을 미친 한 요인으로 우희를 지목한 것이다.

중국 강창문학 영향설은 문자 그대로 이야기講와 노래唱를 섞어서 연출하는 중국의 강창문학이 판소리의 발생에 영향을 미쳤다고 보는 학설이다. 강창문학은 승려들이 불경佛經의 내용을 민중에게 쉽고 재미있게 해설하기 위해 불교 사원에서 연행했던 강창에 뿌리를 두고 있다. 중국의 강창은 공연 방식 및 연희본의 성격적 측면에서 판소리와 매우 유사하다. 한 사람이 북이나 박판拍板으로 스스로 박자를 맞추면서 강講과 창唱으로 고사를 이야기해 나가는 공연 방식, 강창의 대본으로부터 화본소설이 성립된 정황은 우리 판소리와 비교할 만하다. 한국에서도 소설 형태로 기록된 한문본 〈목련경目連經〉이 고려 시대부터 조선 시대까지 광범하게 유통되었으며, 승려들이 서민 대중이나 아녀자들을 위해 〈목련경〉을 낭랑하게 읽으면서 쉽고 재미있게 해설·부연했던 사실이 확인된 바 있다.

판소리의 성립에 중국 강창문학이 영향을 미쳤으리라고 보는 견해는 상당히 설득력이 있다. 판소리와 중국 강창문학은 분명 여러 면에서 유사성을 보인다. 그러나 이러한 유사성이 실제적인 영향과 교류에 의한 것인지, 아니면 '말과 노래의 교차 반복으로 이루어진 긴 서사 연행물'이라는 연행 형식상의 동일성에서 비롯된 것인지 증명하기가 쉽지 않다.

　판소리의 기원을 밝히는 일은 그리 간단하지 않다. 발생 당시의 초기 판소리와 오늘날 전승되고 있는 현대 판소리, 그 사이에 수백 년이라는 시간적 간극이 존재한다는 문제도 있다. 앞서 살펴본 바와 같이, 판소리의 기원을 명쾌하게 설명하는 '단 하나의' 학설은 존재하지 않는다. 그러므로 판소리 사설, 악조, 장단, 창자 등 각 요소의 기원들을 추적해온 일련의 성과들을 종합하여 이해하는 것도 판소리 기원의 문제에 접근하는 방법이 될 수 있다. 어느 하나의 견해만이 '완전한' 발생설이 될 수는 없을 것으로 보이는바, 다양한 발생 동인 속에서 기존의 문화를 뛰어넘는 장르로서의 판소리가 탄생했다고 보는 시각이 타당할 것이다.

2) 판소리의 역사적 전개

　초기 판소리가 어떤 형태였는지에 대해 정확히 말하기는 어려우나, 여러 우희 종목 가운데 하나로 연행되다가 후대에 와서 독자적인 공연 양식으로 정립된 것으로 보인다. 처음에는 재담이 비교적 큰 비중을 차지했으며, 장단도 오늘날과는 달리 비교적 단출한 형태로 존재했을 것으로 짐작된다. 그러다가 후대로 오면서 더늠의 축적을 통해 사설이 확장되고 다양한 음악 어법의 개발이 지속적으로 이루어지는 가운데 작품의 완성도를 높여 온 것이 판소리사의 실상이라고 하겠다.

판소리 형성기에 활동했던 광대에 대해서는 거의 알려진 바가 없다. 전라도 김제 출신의 재인 박남이 인조 4년(1626)에 거행된 나례에 동원되었다는 기록이 있어 주목을 받아 왔다. 박남이 판소리를 불렀을 가능성을 완전히 배제할 수는 없으나, 그가 재인으로서 행한 우희에 판소리가 포함되었으리라는 분명한 근거는 확인할 수 없는 형편이다.

18세기 이후 판소리의 역사는 크게, 성장기(18세기), 전성기(19세기), 위축기(20세기 전반), 보존·재생기(1960년대 이후)로 나누어 볼 수 있다.

(1) 성장기(18세기)

이 시기에 이르러 판소리는 독자적인 공연예술로 정립되어 성장해 나가기 시작했다. 서사민요나 서사무가 등은 단순한 선율과 장단으로 이야기를 노래하는 데 비해, 판소리는 다양한 선율과 장단으로 긴 이야기를 극적으로 표현해 나간다는 점에서 특징이 있다. 판소리의 이러한 음악적, 극적 표현이 확대되는 양상은 18세기에 본격화되었다. 〈춘향가〉, 〈심청가〉, 〈흥보가〉, 〈수궁가〉, 〈적벽가〉, 〈변강쇠타령〉, 〈장끼타령〉, 〈배비장타령〉, 〈옹고집타령〉, 〈강릉매화타령〉, 〈무숙이타령〉, 〈가짜신선타령〉 등 열두 마당이 정립된 것도 이 시기에 이르러서이다.

18세기까지만 해도 광대의 사회적 위상이 그리 높지 않았으며, 기량에 따른 분화도 아직 이루어지지 않았던 것으로 보인다. 판소리사에 자신의 활동상을 남긴 광대의 존재에 대해서도 정확하게 알 수 있는 것이 거의 없다. 『조선창극사』에서 광대의 효시

로 하한담과 결성의 최선달을 들면서, 이들이 명창 박만순, 이날
치 등이 불렀던 소리풀이에서 제일 먼저 거론된 인물이었음을 밝
힌 정도이다. 그리고 이날치, 박만순이 이 두 인물을 역대 '명창'
반열에 첫 인물로 들었다는 것은 판소리 창자들이 스스로 인정하
는 존재가 늦어도 18세기 전반기에는 있었다는 뜻이 된다. 창자
들 스스로 계맥系脈에 대한 의식과 자신들이 판소리 창자라는 자
의식이 성립하고 있었다는 점에서, 판소리 창자들의 사회적 위상
이 단순한 민속예능인의 수준을 벗어나 있었음을 짐작할 수 있다.

하한담에 대해서는 「갑신완문」(1824)에 등장하는 하은담과 동
일인물로 추정하는 견해도 있으나, 만화晚華 유진한(1711~1791)이
이미 1754년에 판소리 〈춘향가〉를 듣고 〈가사춘향가이백구歌詞春
香歌二百句〉를 남겼기에 그가 하은담과 동일인물이라면 판소리 창
자의 비조鼻祖가 될 수 없다. 최선달은 결성 지역 향토사학자와
후손들의 노력에 따라 결성면 성남리를 중심으로 세거한 해주최
씨 좌랑공파 25세손 최예운(1726~1805)으로 밝혀졌다.[83] 그는 18
세기 전기 양반가에서 태어난 최초의 비가비 광대로 활약했으며,
원창과 비슷한 시기에 활동한 것으로 보인다. 여러 명창들의 이
름과 더늠을 열거한 〈게우사〉의 사설[84] 제일 첫머리에 등장하는

83_ 최혜진, 「판소리 명창의 비조 최선달 연구」, 『판소리연구』 45, 판소리학회, 2018.
84_ "우춘대 화초타령, 서덕염의 풍월소리, 최석황의 내포제, 권오성의 원담소리, 하은담의 옥당
소리, 손등명의 짓거리며, 방덕회의 우레목통, 김한득의 너울가지, 김성옥의 진양조며, 고수
관의 아니리며, 조관국의 한거성과 조포옥의 고등세목, 권삼득의 중모리며, 황해청의 자웅
성, 임만엽의 새소리며 모흥갑의 아귀성, 김제철의 기화요초, 신만엽의 목재주며 주덕기의
갖은 소리, 송항록 중항성과 송계학의 옥규성을 차례로 시험할 제 송흥록의 거동보소, 소년
행락 몹쓸 고생 흰머리는 흐트러지고 해수기침은 극성인데, 기질은 참 약하고 기운은 없음
망정 노장의 귀곡성은 들을 만하도다."

우춘대도 초기 판소리의 명창으로 거론되는 인물이다.

이 시기 판소리 관련 문헌으로, 광대 원창이 어전에 들어가 타령, 즉 판소리를 했다는 내용이 기록된 조재삼(1808~1866)의 『송남잡지松南雜識』(1855), 유진한이 호남 지역을 여행하는 중에 〈춘향가〉 공연을 보고 남긴 〈가사춘향가이백구〉(1754) 등이 있다. 이들 자료를 통해 볼 때, 18세기 중엽 영조 때 판소리가 궁중에서도 연행되었으며 양반 사대부들도 서서히 판소리 향유 계층으로 등장하기 시작했다는 사실을 확인할 수 있다.

요컨대, 18세기는 판소리가 전문성을 갖춘 예술로 성장해 나가던 시기였다. 18세기 중반 이후 판소리 향유층은 양반 좌상객座上客으로까지 확대되었으며, 광대가 궁중에 들어가 소리하는 사례도 생겨나기 시작했다.(도판 3)

도판 3. 〈가사춘향가이백구(歌詞春香歌二百句)〉(일명 만화본 춘향가)가 수록된 만화집 표지

(2) 전성기(19세기)

이 시기는 판소리가 크게 융성한 때이다. 판소리의 주요 작품으로 열두 마당이 모두 불리고 있었다는 점, 판소리 향유층이 확대되었다는 점, 유파가 분화되기 시작했다는 점, 명창의 사회적 위상이 높아졌다는 점, 판소리의 예술적 수준이 높아졌다는 점 등을 19세기 판소리사의 주된 특징으로 꼽을 수 있다.

이 시기에 이르러 양반 좌상객, 중인 부호층 등이 판소리의 주요 향유층으로 등장하기 시작했다. 이들은 수적인 면에서는 소수였으나 후원자로서의 역할을 수행함으로써 판소리 발전에 크게 기여했다. 판소리 향유층이 확대되면서 판소리의 미의식에도 상당한 변모가 나타나게 되었다. 진양조의 완성, 가곡성 우조의 도입 등 새로운 음악 어법의 개발 등이 그 점을 잘 보여준다. 19세기에 축적된 더늠들의 성향을 살펴보면 유장하거나 장중한 대목, 화평한 대목, 비장한 대목 등이 압도적으로 많다. 이러한 더늠들이 명창들에 의해 집중적으로 갈고 다듬어진 것은 청중층의 변화와 일정한 연관이 있는 것으로 생각된다. 이와 더불어 골계미를 자아내는 아니리, 재담 그리고 육담 등은 점차 약화되거나 축약되는 현상을 보이는데, 이러한 현상은 19세기 이후 판소리사에서 지속적으로 나타난다.

판소리의 예술적 수준이 높아지면서 명창의 사회적 위상이 높아진 것도 19세기 판소리사의 주요한 특징이다. 소리꾼들은 기량이나 출신에 따라 호칭이 분화되는 양상을 보인다. 해당 소리꾼을 폄하하는 의미가 내포된 '재담광대'나 '아니리 광대', 기량이 변변치 못하여 마을 단위의 공간에서나 인정받는 소리꾼을 가리키는 '또랑광대', 이에 비해 기량이 탁월하여 소리를 잘하는 '명창', 왕실의 초대를 받아 소리를 했던 '어전명창' 등이 그것이다.

판소리는 본래 남성 소리꾼의 전유물이었다. 그런데 19세기 중반에 이르러 여성 명창이 등장하기 시작했다. 정노식(1891~1965)의 『조선창극사』에는 진채선이 최초의 여성 명창으로 소개되어 있다. 그리고 안민영의 『금옥총부金玉叢部』에 금향선이라는 기생이 판소리를 불렀다는 기록이 있는데, 이는 19세기 중반 무렵부터 서서히 여성 명창이 등장하기 시작했다는 사실을 보여주는 것이다. 여성이 판소리 명창으로 등장하게 된 배경으로 다음의 두 가지 측면에 주목할 필요가 있다. 첫째, 기생들도 판소리의 주요 향유층이었으며, 이들 가운데에는 귀명창으로서 판소리에 대한 높은 안목을 가지고 있는 이가 적지 않았다는 사실이다. 둘째, 공연 공간이 변화되었다는 사실이다. 주로 외정外庭에서 공연하던 판소리는 양반 좌상객이 주요 청중층으로 등장하기 시작하는 19세기에 들어와 방중房中에서 공연되는 양상을 보인다. 이러한 판소리 공연 공간의 변화는 판소리 자체에도 여러 가지 변화를 가져왔는바, 폭넓은 음역을 가지고 소리에 힘을 주지 않아도 청중과의 교감이 비교적 용이해지면서 여성 명창이 등장할 수 있는 요인으로 작용했다.

소리꾼의 분화와 더불어 판소리에 대한 미적 취향이 다양화되면서 유파가 등장하게 되었다. 판소리의 유파는 정노식이 『조선창극사』에서 언급한 바와 같이, 크게 동편제, 서편제, 중고제 등으로 나누어 볼 수 있다. 그러나 정노식 이전에는 유파에 관한 언급을 찾아볼 수 없다. 동편이니 서편이니 하는 말이 그 이전 시기부터 명창들에 의해 보편적으로 사용된 것인지 아니면 정노식이 법제가 다른 현상을 개념적으로 정립하는 과정에서 쓰게 된 것인지 분명하지 않다. 실기인들의 증언을 검토해 보면, 소리를 엄성으로 해서 진중하고 무겁게 소리를 내는 것을 동편제라 하고 좀 슬프고 애련하게 내는 소리를 서편제라 했다는 식의 구분 의식을 보여주고 있다. 조調와 결부 지어, 우조를 위주로 하는 것을 동편제라 하고 계면조를 위주로 하는 것을 서편제라 하기도 하는데, 본래는 우조를 호령조라 하고 계면조는 애원성 혹은 서름조라고 했다. 판소리 유파 및 그에 속하는 동편제, 서편제, 중고제 등의 분류에 대해서는 뒤의 Ⅲ장에서 자세히 논의하기로 한다.

19세기 판소리사에서 반드시 주목해야 할 인물로 전북 고창 출신의 동리桐里 신재효(1812~1884)가 있다. 신재효는 판소리 광대들에 대해 각별한 관심을 가지고 이들을 경제적으로 후원하는 패트런이었다. 명창으로 당대에 이름을 떨친 이날치, 박만순, 김세종, 정창업, 김창록 등이 그의 지침을 받았다고 하는데, 특히 박만순과 김세종은 소리만 잘한 것이 아니라 신재효의 판소리 이론을 계승하여 이론과 비평에도 일가를 이루었다. 또한, 최초의 여성 명창인 진채선 역시 그의 가르침을 받았다. 오랜 기간 남자 소리로 유지됐고 여자가 부르는 법이 없었던 당대의 판소리적 상황에 비추어 볼 때, 그가 여성 명창을 배출한 것은 일종의 파격이었던 것이다.

신재효의 가장 중요한 업적 가운데 하나는 〈춘향가〉, 〈심청가〉, 〈박타령〉, 〈수궁가〉, 〈적벽가〉, 〈변강쇠가〉 등 판소리 여섯 마당 사설을 정리했다는 점이다. 현전現傳하는 19세기 판소리 창본이 거의 없는 상황에서 신재효가 남긴 여섯 마당이 지니는 의의는 각별하다. 그는 판소리 여섯 마당 사설을 정리하면서 당대까지 불리던 사설을 그대로 옮기지 않고 그의 의식을 투영하여 일정하게 개작·윤색했다. 신재효의 의식세계에는 아정과 비속, 양반지향적 의식과 평민적 의식이 혼재해 있다. 그가 정리한 사설은 창으로 부르기에는 너무 '세어' 적당하지 않다고도 하나, 부분적으로 후대 창본에 지속적인 영향을 미쳤다. 그는 여러 편의 단가와 가사체 작품도 남겼는데, 이를 전적으로 신재효의 창작물이라고 보기는 어려우며, 당대까지 전승되고 있던 작품을 기반으

도판 4. 신재효 영정

로 하여 개작 내지 정리한 것이 대부분이다.

신재효는 판소리 이론에도 일가견이 있었다. 그가 지은 단가 〈광대가〉에는 판소리에 대한 그의 견해가 잘 담겨 있다. 〈광대가〉에는 광대라는 명칭이나 가객이라는 명칭, 시김새, 조, 장단론, 연기론 등에 관한 비교적 초기의 이론이 나와 있고, 광대가 갖추어야 할 네 가지 조건이 제시되어 있다. 여기서 그는 광대가 갖추어야 조건으로, 인물치레, 사설치레, 득음得音, 너름새를 들었다.

요컨대, 판소리 광대를 후원하고 지도한 점, 최초로 여성 명창을 배출한 점, 판소리 여섯 마당 사설을 정리한 점, 판소리 이론과 비평에 능했다는 점 등에서, 신재효는 판소리사에서 중요한 위치를 점하고 있다.(도판 4)

(3) 위축기(1900~1960년대)

20세기에 들어와 판소리의 전승 환경은 전통사회에 비해 많이 달라졌다. 두드러진 변모 양상으로, 실내극장의 설립, 판소리의 창극화, 재담극·신파극 등 새로운 극양식의 등장, 여성 창자의 대거 등장 등을 꼽을 수 있다. 이러한 전승 환경의 변화 속에서 판소리는 양식의 변화, 음악성의 변화 등을 경험하게 되고, 또한 여타 공연 갈래와의 경쟁 관계 속에서 생존을 도모해야 하는 상황에 놓이게 되었다. 판소리 창자들은 개별적인 활동만으로는 위기 상황을 돌파해 나가기 어렵다고 판단하고 소리꾼들의 조직화를 꾀했던바, 1934년 결성된 조선성악연구회가 바로 그것이다. 20세기 전반기를 이른바 근대 5명창 시대라 부른다. 송만갑, 이동백, 김창환, 박기홍, 김창룡, 정정렬, 유성준 등이 그들이다. 이들 가운데 송만갑, 이동백, 정정렬 등은 조선성악연구회의 결성에 주도적인 역할을 했으며, 많은 제자들을 길러내어 판소리 전승에 크게 기여했다. 지방에 거주하면서 판소리의 전승 보급에 힘쓴 명창도 있었다. 하동의 유성준과 이선유, 김제의 전도성 명창 등이 대표적인 예이다.

이 시기에 판소리 유파는 이전과 비교해 분화되는 양상을 보이는데, 유파를 규정하는 제 요소 가운데 사승 관계가 유파를 구분하는 가장 중요한 요소로 작용했다. 개인의 음악 스타일을 중시하는 관점은 송만갑과 같이 당대를 대표하는 대명창의 소리를 추종하는 제자들이 그룹을 형성하면서 나타난 현상이다. 이후 이런 현상은 더욱 일반화되어, 동초 김연수(1907~1974)의 소리를 가리켜 '동초제'라고 한다거나, '보성소리', '남원소리' 등과 같이 특정 지역에 근거를 둔 소리를 유파 개념으로 사용하는 사례가 널리 나타나기 시작했다.

판소리의 미적 특질에 상당한 변화가 생겨났다는 점도 이 시기 판소리사의 주요한 특징이다. 특히 범인적凡人的 비장이 강화되어 나타났던바, 일제 강점기라는 시대 상황에서 서민들은 애원 처절한 정조에 더 환호하는 모습을 보였다. 이화중선의 '추월만정', 임방울의 '쑥대머리'가 공전의 히트를 기록한 것도 이 시기의 일이다. 이와 같이 판소리에서 비장이 차지하는 비중이 더욱 강화된 것은 사실이지만, 여기서의 비장은 서민들의 애환과 눈물을 직정적直情的으로 토로하는 특징을 지니고 있다는 점에서 양반 취향의 비장과 구별된다. 이러한 현상은 일제 식민지라는 시대 상황에서 기인하는 바가 크나, 여성 명창이 많아지면서 더욱 심화된 측면도 있다.

19세기 중반 이후 본격적으로 등장하기 시작한 여성 명창은 20세기에 들어와 그 수가 급격하게 증가했다. 특히 권번(기생조합)은 여성 명창 배출의 통로로서 판소리 전승의 한 축을 담당했다. 이곳에서는 당시 각 분야의 명창 명인들이 일정 기간의 교육과정을 통해 기생들에게 시조, 여창 가곡, 가사, 판소리, 가야금 등 각종 기예를 가르쳤다. 하지만 본래 일패一牌 기생을 위주로 조직된 기생조합에 삼패三牌 기생과 당골 출신이 참여하게 되면서 기생들에 대한 사회의 부정적 인식은 점점 심화·고착되었고, 이후 여성 명창이 성취한 예술적 성과를 제대로 평가하기보다 기생의 범주에서만 이들을 바라보는 시각이 엄존하게 되었다.

실내극장이 생기고 창극이 분화되는 등 판소리의 공연환경에 많은 변화가 생긴 것도 이 시기의 주요한 특징이다. 1902년 우리나라 최초의 실내극장인 협률사協律社는 왕실의 재정적 도움에 힘입어 설립되었는데, 1907년 관인구락부로 지정되었다가 1908년 원각사라는 이름으로 다시 개칭되는 우여곡절을 겪었다. 당시 판소리는 독립적으로 연행된 것이 아니라 다른 전통적인 연희 종목과 어우러져 공연되었는데, 별도로 모집된 남성 창부들이 판소리 공연을 담당했다. 기생들이 본격적으로 판소리를 부르게 된 것은 1907년경 서울에 광무대, 단성사, 장안사 등과 같은 사설극장이 설립되면서부터이다. 사설극장의 설립이나 운영을 주도한 사람들은 상업자본을 축적한 상인들이나 평민 부호층들이며, 일본인이 자본을 투자하는 경우도 생겨났다. 이들은 풍속을 교정한다는 명분을 내세우며 기생들을 후원하고 가르쳤는데, 근대 5명창에 속하는 김창환, 송만갑, 정정렬과 같은 대명창도 여성에게 소리를 지도했다.

이 시기에 주목할 만한 여성 명창이 이화중선이다. 이화중선은 성음이 미려美麗하고 거침이 없어 청중으로부터 대단한 호응을 얻었다. 특히 그녀가 부른 '추월만정'은 유성기 음반으로 취입되어 십만 장 이상이 팔렸다고 전한다.

창극의 활성화도 여성 명창의 수가 많아지게 되는 요인으로 작용했다. 창극 공연에 있어서 여성 배역은 당연히 여성의 몫이었기 때문에 창극에서 여성 명창이 차지하는 비중은 오히려 남자 명창을 능가할 정도가 되었다. 1930~1940년대에 활동한 대표적인 여성 명창으로, 박록주, 김여란, 김소희, 임소향, 조농옥 등을 꼽을 수 있다. 창극 공연이 활발하게 이루어지면서 창극단의 결성이 뒤를 이었다. 1936년경 임방울, 박초월, 박귀희 등이 중심이 되어 동일창극단을 만들었으며, 해방 후인 1946년경 김연수창극단과 조선창극단이 생겨났다.

남자 명창 못지않은 기량을 지닌 여성 명창이 많아지자, 창극 공연을 통해 축적된 경험을 바탕으로 여성들만의 조직을 모색했고, 그 결과 1948년 여성국악동호회가 결성되었다. 박록주, 김소희, 박귀희, 임유앵, 임춘앵, 김경희 등 여성 단원이 주축이 되어 조직된 이 단체는 여성국극의 시초가 되는 셈이다. 여성국악동호회를 결성한 해에 〈춘향가〉를 각색하여 올린 〈옥중화〉는 그다지 성공하지 못했으나 이듬해 서울 시공관에서 공연한 김아부金亞夫 작作 〈햇님 달님〉이 공전의 히트를 치게 되었다. 그러나 여성국극단은 설화나 야담에서 소재를 취하고 주로 애정 중심의 이야기를 무대에 올림으로써 대중의 호기심을 자극하여 한 때 인기를 얻는 데는 성공했으나, 그 인기가 그리 오래가지는 못했다. 여성국극단이 인기를 얻게 되면서 상대적으로 남성 명창들의 설 자리는 좁아져 갔으며 판소리 또한 이른바 '창극 소리'로의 속화俗化가 심화되었다. 창극에서는 성음을 통해 모든 것을 표현하려 했던 판소리의 본래적 속성 대신 연극적 요소가 보다 중요시되었으며, 무엇보다도 창극 배우는 자신이 맡은 배역에 해당하는 소리만 잘하면 되었다. 창극소리란 이와 같이 '토막소리화', '연극화'된 소리를 말한다. 창극소리가 대중의 취향에 부합하면서 일정한 존립 근거를 확보한 것은 사실이나, 그 대신 판소리에서 요구되는 만큼의 공력을 필요로 하지 않았기 때문에 예술적 무게는 약화될 수밖에 없었다.

판소리가 대중성을 획득하고자 하는 노력은 주로 극적인 요소를 강화하는 형태로 나타났다. 창극 양식의 등장이 그 단적인 예이다. 이와 더불어 새로운 시대 의식을 담은 작품의 창작을 통해 판소리의 대중성을 확보하려는 노력도 계속되었다. 소리꾼들을 망라한 조직인 조선성악연구회에는 송만갑, 이동백, 정정렬 등 당대의 대명창들이 대거 포진하고 있었으며, 이들은 판소리의 부흥을 위해서는 신작 판소리가 필요하다는 사실을 깊이 인식하고 있었다. 전통 판소리만으로는 대중들의 욕구를 충족시키기 어렵기 때문에 시대의 요구에 부응하는 새로운 판소리의 출현이 필요하다고 판단했던 것이다. 1935년 새로 창작된 판소리를 중심으로 명창대회가 개최된 것도 이러한 인식의 산물이다. 박월정의 〈단종애곡〉, 정정렬의 〈옥루몽〉과 〈배비장전〉, 박록주의 〈장한몽〉 등 이 시기에 불린 신작 판소리는 대부분 고전소설이나 역사적 사실에 근간을 둔 작품으로, 당대적인 시대 의식을 담았다고 하기는 어렵다.

이 시기의 창작판소리 가운데 시대 의식을 호흡한 대표적인 작품으로, 박동실이 해방을 전후한 시기에 작창하여 불렀다고 전하는 〈열사가〉가 있다. 박동실의 〈열사가〉는 〈이준 선생 열사

도판 5. 1938년 조선성악연구회 제5주년 기념 원유회(遠遊會) 단체 사진(『창본 춘향가』, 1967 수록)

가〉, 〈안중근 열사가〉, 〈윤봉길 열사가〉, 〈유관순 열사가〉로 구성되며, 후대 창자들이 〈이순신전〉, 〈권율장군전〉, 〈녹두장군 전봉준전〉 등을 덧붙이는 방식으로 그 범주를 확장했다.(도판 5)

(4) 보존·재생기(1960년대~현재)

1960년대에 들어와 민족문화의 정체성에 대한 고민이 심각하게 제기되면서, 전통에 대한 관심이 제고되기 시작했다. 실전失傳 판소리의 복원과 창작판소리 작업이 지속된 현상에 주목할 때, 이 시기는 판소리의 재생기라고 할 수 있다. 1960~1970년대에 창작판소리 분야에서 의미 있는 성과를 보여준 명창이 박동진이다. 박동진은 1969년 〈판소리 예수전〉을, 1973년에는 〈충무공 이순신전〉을 불렀다. 실전된 7마당 중 〈변강쇠가〉, 〈배비장전〉, 〈옹고집타령〉, 〈장끼타령〉, 〈숙영낭자전〉 등 실전된 작품에 곡을 붙여 부르기도 했는데, 비록 역사성을 담보한 작창이라 할 수는 없지만 창이 전하지 않는 일련의 작품을 판소리로 부름으로써 이른바 '복원판소리'의 활성화에 기여했다고 할 수 있다.

이 시기에 임진택이 보여준 창작판소리 작업도 주목할 만하다. 그는 1985년에 〈똥바다〉를 발표했으며, 〈오적〉과 〈소리내력〉도 판소리로 불렀다. 그리고 1990년에는 기존의 사설에 곡을 붙이는 작업에 머무르지 않고 자신이 직접 작사·작곡한 〈오월광주〉를 발표했다. 임진택이 부른 일련의 창작판소리는 민중적 시각에 입각한 작품들로, 주로 사회의 변혁운동에 관심을 가진 대학생이나 지식인층 그리고 의식 있는 시민층에 의해 향유되어 왔다. 이외에 주목할 만한 작품으로 김명곤의 〈금수궁가〉, 은희진·안숙선·박금희·김수연·김성애 등의 〈그날이여 영원하라〉, 윤진철의 〈김대건전〉 및 〈무등진혼가〉 등이 있다.

이후 2000년대에 들어오면서 창작판소리에 대한 관심은 전대와 비교할 수 없을 정도로 부쩍 늘어났다. 이러한 현상이 생겨난 배경에는 아마도 판소리의 존립에 대한 강한 위기의식이 자리하고 있는 것으로 보인다. 지금까지 '인사동 거리소리판', '소리여세', '또랑깡대 컨테스트', '바닥소리', '타루', '창작판소리사습대회' 등 여러 조직 혹은 소리판을 통해 다수의 작품들이 발표되었다. 그런데 새롭게 소개되고 있는 창작판소리의 수가 많아지고 있는 것과 비례하여 작품의 수준이 높아지고 있다고 보기는 어렵다. 현재 다각적으로 이루어지고 있는 실험적인 작업들은 가능성과 한계를 동시에 지니고 있다. 시대정신을 담아내고 청중과의 교감을 중시해야 한다는 문제의식은 매우 소중하다. 근래에 들어와 이자람, 이봉근, 김봉영, 박인혜 등 전문적인 학습과정을 거친 젊은 소리꾼들이 이러한 문제의식과 더불어 예술성을 담보한 창작판소리 작업을 선보이면서 창작판소리의 미래를 밝히고 있다.

한편 전통문화를 보존 보호의 대상으로 인식하고, 법적 제도적 장치를 통해 전통문화를 보존하려는 실천적 움직임이 본격화한 것도 이 시기의 특징이다. 1962년에 문화재를 보존하고 관리하는 방안의 하나로 문화재보호법을 제정·공포하여 무형문화재 제도를 시행한 것은, 전통문화예술의 안정적 전승 기반을 구축하기 위한 제도적 장치를 마련했다는 점에서 매우 중요한 의미를 지닌다. 판소리의 경우도 예외는 아니다. 무형문화재 제도가 판소리 전승에 끼친 문제점이 없는 것은 아니나, 오늘날 판소리가 어느 정도의 자생적 전승력을 갖추게 될 수 있게 된 것에는 이 제도가 기여한 바가 상당히 크다.

1964년에 김연수, 박록주, 김소희, 김여란, 정광수, 박초월 명창 등이 〈춘향가〉 보유자로 인정된 이후, 오늘날까지 무형문화재 보유자의 인정이 계속되고 있다. 그 대표적인 사례로, 1970년 정권진의 〈심청가〉, 1973년 박록주의 〈홍보가〉·박동진의 〈적벽가〉·박봉술의 〈적벽가〉, 1974년 정광수의 〈수궁가〉·박초월의 〈수궁가〉, 1976년 한승호의 〈적벽가〉, 1988년 강도근의 〈홍보가〉, 1991년 오정숙의 〈춘향가〉·성창순의 〈심청가〉·조상현의 〈심청가〉, 2002년 성우향의 〈춘향가〉·박송희의 〈홍보가〉·한농선의 〈홍보가〉·송순섭의 〈적벽가〉, 2012년 남해성의 〈수궁가〉, 2013년 신영희의 〈춘향가〉, 2020년 정순임의 〈홍보가〉·이난초의 〈홍보가〉·김영자의 〈심청가〉·정회석의 〈심청가〉 등을 꼽을 수 있다.

고법은 1978년에 중요무형문화재(현 국가무형문화재) 제59호로 지정되었다가, 1991년에 판소리에 통합되었다. 그동안 1987년에 김명환, 1985년에 김득수, 1991년에 김성권, 1996년에 정철호, 2013년에 김청만이 중요무형문화재(현 국가무형문화재) 판소리 고법 보유자로 인정되었다.

판소리는 처음에 '더늠' 중심의 무형문화재로 지정되었다가 이후에 '바디' 중심 체제로 바뀌었다. 판소리 다섯 바탕 가운데 〈춘향가〉가 가장 먼저 무형문화재로 지정되었는데, 이때 문화재 지정은 앞서 언급한 6명의 명창이 각기 남긴 더늠을 조합하는 방식으로 이루어졌다. 그 이전의 상황은 정확히 알 수 없으나 20세기 전반 판소리의 무대 공연은 대개 '토막소리'(부분창) 형식으로 진행되었다. 한 바탕의 소리를 한 자리에서 처음부터 끝까지 다 부르는 '완창'의 방식은, 1968년 박동진의 〈홍보가〉 완창 공연을 기점으로 확대되어 점차 가장 유력한 공연 방식으로 자리 잡게 되었다. 그러니까 무형문화재로 지정하기 시작한 1964년 무렵만 해도 여전히 '토막소리'(부분창)로 부르는 것이 일반적인 판소리 공연방식이었으며, 더늠 중심으로 무형문화재를 지정한 것은 이러한 문화적 관습을 반영한 결과이다. 그러던 것이 1967년 이후 특정 명창의 특정 바디 전체를 무형문화재로 지정하는 방식으로 바뀌게 되었다.[85]

유파 혹은 법제에 대한 강조가 두드러지게 나타나기 시작한 것도 이 시기 판소리사의 주요한 특징이다. 법통 있는 소리일수록 보존할 만한 가치가 크다는 인식이 강화되면서, 문화재로 지정된 바디에도 법제가 명시되었다. 무형문화재 제도가 전통문화예술의 보존과 전승에 지대한 역할을 수행한 것은 누구나 인정할 수 있는 사실이다. 판소리도 여기서 예외가 아니다. 무형문화재 제도의 지원에 힘입어 판소리가 안정적인 전승기반을 확보하게 된 것이 분명하기 때문이다. 특히 제자를 길러 소리의 법통을 잇게 한 전수자 제도가 이를 가능하게 한 매우 중요한 제도적 장치이다. 그러나 법통과 유파를 중시하는 관점이 강조됨에 따라 판소리의 역동성과 현장성이 약화되는 한편 판소리의 양식화와 정

---

[85] 송미경, 「판소리 춘향가의 중요무형문화재 지정배경 및 지정자료 〈춘향가〉(1964)의 성격」, 『구비문학연구』 41, 한국구비문학회, 2015.

형화가 심화되었다. 이른바, '사진소리', '박음소리', '오뉴월 듣던 소리 구시월에 또 듣는다' 등의 말이 생겨난 것도 소리꾼 개인의 창의적인 변용 역량을 발휘할 여지가 줄어들고 배운 대로만 소리 하려는 경향이 심해지면서 나타난 현상이다.

완창이 명창의 기량을 가늠하는 유력한 공연 방식으로 정립된 것도 유파가 중시되는 이러한 풍조와 무관하지 않다. 완창의 전범을 마련한 이는 박동진 명창이다. 박동진은 1968년 〈흥보가〉를 시작으로 하여, 1969년 〈춘향가〉, 1970년 〈심청가〉, 1971년 〈적벽가〉와 〈수궁가〉를 완창했다. 당시 박동진 명창은 일련의 완창 공연을 함으로써 사회의 주목을 받게 되었으며 마침내 1973년 〈적벽가〉예능보유자로 인정되었다. 오늘날 전승 5가에 있어서 전승력이 강한 대표적인 유파는 다음과 같다.

○ 〈춘향가〉: 정정렬제(서편제 바디), 보성소리, 동초제
○ 〈심청가〉: 박동실제(서편제 바디), 강산제, 동초제
○ 〈수궁가〉: 유성준제(동편제 바디)
○ 〈흥보가〉: 박록주제(송만갑으로부터 전승되어 온 동편제 바디)
○ 〈적벽가〉: 박봉술제(송만갑으로부터 전승되어 온 동편제 바디)

그런데 유파를 절대적으로 구분되는 어떤 실체를 지닌 개념으로 보아서는 곤란하다. 어떤 면에서는 유파 간에 변별성보다는 공통점이 많으며, 전승 과정에서 영향을 주고받은 사례들도 많이 나타나기 때문이다. 물론 소리 대목의 구성이라든가 선율의 측면

등에서 변별되는 특징을 보이기도 하는 것은 사실이다. 〈춘향가〉를 중심으로 유파간 변별적 특징을 제시해 보면 다음과 같다.

① 보성소리 〈춘향가〉

보성소리는 〈춘향가〉, 〈심청가〉, 〈수궁가〉, 〈적벽가〉 네 바탕이 전해지고 있다. 〈흥보가〉가 전승되지 않는 이유는, 당시 정응민이 〈흥보가〉를 재담소리로 평한 것과 일정한 연관이 있는 것으로 보인다. 보성소리의 멋과 맛이 가장 잘 구현된 바디는 〈춘향가〉와 〈심청가〉이다. 그런데 보성소리 〈춘향가〉는 그 뿌리를 더 듬어 올라가면 동편제 바디에 맥이 닿아 있다. 동편제 명창 김세종의 〈춘향가〉를 김찬업 명창이 이어 받았는데, 그의 소리를 정응민이 배워 전승한 것이다. 보성소리 〈춘향가〉 앞에 김세종제라는 수식어가 붙는 이유가 여기에 있다.

보성소리 〈춘향가〉는 이면에 맞게 사설과 장단이 잘 짜여져 있다는 점이 가장 큰 특징이다. 또한 판소리의 제 요소 가운데 성음을 가장 중시한다는 점도 특징으로 꼽을 수 있다. 평우조가 많으며, 다양한 성음을 구사하여 멋이 있게 소리를 짜나가는 것이다. 경제京制나 석화제 등 다양한 성음을 상황에 맞게 적절하게 구사하는 것이다. 때에 따라서는 희성을 쓰는 것도 마다하지 않는다. 가곡풍으로 유장하게 짜나가는 '적성가'에 나오는 귀곡성이 그 대표적인 예이다.

춘향의 절개를 잘 형상화하여 그의 정신을 격조 있게 표현한 점도 보성소리 〈춘향가〉의 두드러진 특징이다. "춘향이 오리정에 나가 이별했단 말이 있으나 체면이 있고 염치 있는 춘향이가 대

로변에 나가 그럴 리 있것느냐. 꼼짝달싹 아니 허고 저의 집 단장 안에서 은근히 이별허는디"라는 사설이 보여주듯이, 이별 장면에서 춘향이 오리정까지 나가지 않고 이도령과 방안에서 이별하는 것으로 그린 데에서 그 점이 잘 나타난다.

본래 보성소리 〈춘향가〉에는 '쑥대머리'가 없는데, 이 또한 춘향의 슬픔을 지나치게 표현하는 것이 적절하지 않다고 판단해서였는지도 모른다. '쑥대머리'는 임방울 명창이 잘 불러 공전의 히트를 기록한 대목으로, 대중적으로 가장 사랑받는 대목 가운데 하나이다. 이러한 대중적 인기 때문에, 보성소리를 하는 명창 가운데 더러 이 대목을 넣어서

도판 6. 『한국 국보급 국창 명창 명고 명금 사진시집(韓國國寶級國唱名唱名鼓名琴寫眞詩集)』 (순천사진인쇄공사)에 실린 정응민의 사진

부르는 경우도 없지는 않다.(도판 6)

② 동초제 〈춘향가〉

동초는 김연수 명창의 호로, 동초제는 그의 바디를 이은 유파를 말한다. 주지하듯이, 김연수 명창은 유식한 소리꾼으로 잘 알려져 있다. 김연수는 유성준 명창으로부터 〈수궁가〉를 배웠고, 송만갑, 정정렬 명창으로부터 〈흥보가〉, 〈심청가〉, 〈춘향가〉, 〈적벽가〉를 배웠다. 그런데 그는 스승에게서 배운 소리를 그대로 하지 않고 오자誤字나 와음訛音을 바로잡기도 하고 새로 소리를 짜서 부르기도 함으로써, 개성적인 소리세계를 구축했다. 유성준

명창에게 소리를 배울 때, 오자 와음된 부분을 지적했다가 스승에게 무척 혼났다는 이야기는 그의 성격의 일단을 잘 보여준다. 김연수 명창이 추구한 판소리관은 당대의 라이벌 임방울과 극명한 대비를 보여준다. "이면도 모르고 소리한다"고 공박하는 김연수 명창에 대해 임방울 명창은 "이면 찾다 소리 다 버린다"고 응대했다는 유명한 일화가 전하거니와, 김연수 명창은 사설의 전달력과 연극적 표현을 중시하고 이면의 미학을 강조했다. 이러한 그의 판소리관은 현전하는 동초제에 그대로 녹아들어 있다.

동초제 〈춘향가〉는 정정렬제 바디에 기반한 것으로, 여기에 다른 바디에서 좋은 대목을 가져와 김연수 명창이 새롭게 구성한 소리제이다. 춘향모의 개입 없이 이도령과 춘향이 첫날밤을 보낸다는 설정이나, 이별 대목이 부연되어 있는 것은 정정렬제의 영향이다. 초앞 부분에 있는 춘향의 출생담과 적강화소謫降話素는 신재효본 남창 〈춘향가〉와 유사하며, 결말 부분에 남원 읍내 과부들이 어사에게 등장 올리는 대목은 이해조가 산정刪定한 박기홍조 〈옥중화〉의 그것을 수용한 것이다.

도판 7. 『창본 춘향가』(국악예술학교 출판부, 1967)에 실린 김연수의 사진

동초는 자신의 이면관에 맞게 소리를 다시 짜기도 했는데, 대부분의 〈춘향가〉 바디에서는 자진모리로 부르는 '신연맞이' 대목을 진양조로 부르는 것이 그 점을 잘 보여준다. 춘향을 빨리 보고 싶어 하는 변학도의 마음을 표현하는 데 중점

을 둔다면 이 대목을 자진모리로 부르는 것이 제격이지만, 사또 행차의 위엄을 드러내는 데 중점을 둘 경우 진양 장단으로 부르는 편이 더 잘 어울리는 것이다. 이렇듯 동초는 좋은 소리 대목을 수용하여 자신의 이면관에 맞게 새롭게 소리를 짜는 창조적이고 개성적인 명창의 면모를 보여주고 있다.

오늘날 동초제는 전주 지역을 중심으로 전승되고 있는데, 오정숙, 이일주, 최난수 명창 등이 그 맥을 이었다.(도판 7)

③ 정정렬제 〈춘향가〉

정정렬 명창은 물려받은 소리를 그대로 이어받는 데 머무르지 않고 자신의 취향에 부합하는 방향으로 변용시키거나 새로 소리를 짜서 부르는 등 뛰어난 창작력을 발휘했다. 그가 특히 잘 불렀던 작품이 바로 〈춘향가〉인데, 이 또한 적극적인 개작을 통하여 기존의 바디와 구별되는 독자성을 상당히 많이 보여주고 있다. 그래서 그의 〈춘향가〉를 '신식 춘향가'라고 별칭했는데, 당시 워낙 인기가 많아 "정정렬 나고 춘향가 났다"는 말이 생겨나기도 했다.

정정렬제 〈춘향가〉에만 있고 다른 바디에는 없는 대목으로, '춘향 몽사', '춘향 사라지다', '도련님 그시부터', '도련님 듣조시요', '방자 나가는데', '맷돌타령', '건장한 두패조군', '춘홍이 산홍이', '말씀 여

도판 8. 『한국 국보급 국창 명창 명고 명금 사진시집(韓國國寶級國唱名唱名鼓名琴寫眞詩集)』(순천사진인쇄공사)에 실린 정정렬의 사진

쭙기는 황송하오나', '난향이 달래는데', '춘향이 이 말 듣고', '본
관 사또 주인이라', '고인 불러 삼현치고', '운봉이 무변이라' 등을
들 수 있다. 대신 다른 바디에 있는 '기산영수', '앉았다 일어서',
'백백홍홍', '춘향의 설부화용', '네 그른 내력', '산세타령', '성참
판', '돈타령', '사령 뒤 따라가는 대목', '어사또 밥 먹는데', '어사
술상', '뒤풀이' 등은 빠져 있다. 이와 같이, 새로운 소리로 짜여진
대목을 다수 보유하고 있는 정정렬제 〈춘향가〉의 두드러진 특징
으로, 이도령과 사랑하는 대목에서 춘향의 주체적인 자유 의지가
강조되어 있다는 점, 이별대목이 강화되었다는 점, 춘향이 수난을
당하는 장면에서 여러 인물이 등장한다는 점 등을 들 수 있다.

정정렬 명창의 〈춘향가〉는 이후 다른 어느 바디보다 인기 있
는 중심적인 바디로 자리 잡아 왔으며, 그의 제자 김여란 명창을
거쳐 최승희 명창, 박초선 명창, 최정희 명창 등으로 그 맥이 이어
졌다.(도판 8)

2. 동아시아 강창예술의 기원과 역사적 전개

1) 중국 설창說唱의 역사

중국 설창說唱은 설說과 창唱을 엇섞어 하나의 이야기를 연행
하는 공연예술로, 산문 형태의 대사, 즉 설백說白으로 이야기를 강
술하고, 운문에 해당하는 가사, 즉 창사唱詞로 그것을 노래하는 형
태를 띤다. 연희자의 설說(또는 강講)과 창唱이 엇갈려 섞이는 가

운데, 청중들은 그 음악과 노래를 즐기며 이야기의 내용도 더욱 자연스럽게 받아들이게 된다. 이처럼 중국의 설창은 설說과 창唱, 즉 말과 노래를 엇섞어 이야기를 연행한다는 양식적 측면에서 한국의 판소리와 양식적으로 비견할 만하다.

설창의 경우, 경극京劇, 곤극崑劇, 월극越劇, 천극川劇, 황매희黃梅戱 등 중국 전통극으로서의 희곡戱曲[86]-과 비교해 시공간상의 제약이 크지 않고 적은 인원으로도 연행이 가능하다는 이점 덕분에 소규모 무대를 중심으로 이른 시기부터 발달했다. 설창의 설說과 창唱 두 부분은 비교적 자유롭고 융통성 있게 여러 조합을 이루었고, 그에 따라 다채로운 양식의 설창 예술이 나오게 되었다. 현재 중국 전역에서 공연되고 있는 설창의 종류는 약 350여 종이 넘는 것으로 보고되고 있다.[87]-

한편 설창은 연구자 또는 주 연구 분야 등에 따라 그것을 지칭하는 명칭이 설창예술, 설창문학, 설창기예, 강창講唱, 강창문학, 곡예曲藝 등으로 다소 복잡한 편이다.

설창제궁조說唱諸宮調: 옛날 변경汴京에 공삼전孔三傳이라는

---

[86]- "희곡이란, 가무(歌舞)로서 고사(故事)를 연출하는 것이다"라는 왕국유(王國維)의 정의에서 짐작할 수 있듯, 배우가 배역을 나누고, 무대의상과 분장, 정형화된 동작과 대사 및 노래가 모두 구비되어야 완전한 희곡이 연출된다. 그에 반해 설창은 1명 또는 소수의 연행자가 배역을 맡되 분장이나 정형화된 동작 없이 설(說)과 창(唱), 즉 이야기와 노래만으로 한 편의 서사를 구성하고 전개하는 형태이다. 정유선, 『중국설창예술의 이해』, 학고방, 2014, 11~12쪽.

[87]- 정유선은 『中國大百科全書』『戱曲曲藝』卷, 中國大百科全書出版社, 1983과 『說唱藝術簡史』, 中國藝術研究院曲藝硏究所, 문화예술출판사, 1988을 참조하여 그 수를 350여 종으로 제시했다. 한편 가창, 강설, 강창을 비롯해 상성, 이인전 등 다양한 구비 공연예술을 포괄하는 중국 곡예로 범주를 넓히면, 그 종류는 500여 종 이상이라고 한다. 정유선, 같은 책, 253쪽; 김영구 외, 『중국공연예술』, 한국방송통신대학교출판문화원, 2018, 43쪽.

사람이 전기傳奇나 영괴靈怪이야기를 엮고 노래를 입혀 설창說唱
했다. 지금의 항주杭州에 여류웅보보女流熊保保와 후배 여동女童
들이 있었는데 이들도 모두 공삼전孔三傳을 흉내 냈다. 그들의
설창說唱 역시 훌륭하여 여기에 고판鼓板 반주가 더해지자 (기예
의 수준이) 그야말로 독보적이었다.[88]

남송南宋 때 오자목吳自牧의 『몽량록夢粱錄』권20 '기악伎樂' 조
에 기록된 내용 일부로, 여기서는 '설창'이 제궁조諸宮調라는 공연
예술의 연행 방식을 의미하는 용어로 쓰였다. 이로 보면 그 연원
이 상당히 오랜 편이라 할 수 있겠는데, 원·명대는 물론 그 후대
까지도 '설창'은 '설說'과/또는 '창唱'이라는 언어수단으로 공연하
는 방식을 뜻하는 용어로 사용되었다.

강창문학講唱文學이라는 용어는 지어낸[杜撰] 것이지만, 이 종
류의 문학의 특질을 표현할 수 있는 보다 적당한 다른 명칭은
없다. 이 강창문학講唱文學은 중국의 속문학 중에서 극히 중요한
성분을 차지하고 또 극히 커다란 세력을 이루고 있다.[89]

문학 연구자들 사이에서는 주로 '설창'이나 '강창'이라는 용어

88_ 이정재, 「'講唱', '說唱', '曲藝' 개념의 재검토와 口碑演行論의 가능성」, 『중국문학』 54, 한
국중국어문학회, 2008, 121쪽에서 재인용하며 일부 표현을 다듬었다. (吳自牧의 『夢粱錄』
卷20 '伎樂' 조의 원문은 "說唱諸宮調: 昨汴京有孔三傳, 編成傳奇靈怪, 入曲說唱. 今杭城
有女流熊保保及後背女童皆效此, 說唱亦精, 于上鼓板無二也.")
89_ 이정재, 같은 글, 115쪽에서 재인용. 원 출처는 鄭振鐸, 『中國俗文學史』(영인본), 上海書店,
1984, 9쪽.

가 사용되며, 위의 인용에서 볼 수 있듯 '강창' 또는 '강창문학'은 중국의 연구자 정진탁鄭振鐸이 창안하여 쓴 말이다. 돈황에서 발견된 변문變文과 다른 명칭들을 열거하면서 강과 창을 겸비한 종류 또는 강과 창이 엇섞이는 종류를 지목해 '강창' 또는 '강창문학'이라고 했던 것이다. 정진탁은 연구 초기까지만 해도 옛 문헌에 사용되었던 '설창'이라는 용어를 주로 썼지만, 뒤로 가며 자신이 창안한 '강창' 또는 '강창문학'이라는 용어를 점차 즐겨 쓰는 경향을 보였다.

마지막으로 '곡예曲藝'는 비교적 최근에 중국 설창을 아우르는 총칭으로 자리잡은 용어이다. 이 용어가 널리 쓰이기 시작한 배경에는 1949년 7월 북경에서 소집된 '중화전국문학예술계공작자대표대회中華全國文學藝術界工作者代表大會'가 있다. 당시 '중화전국곡예개진회中華全國曲藝改進會'가 건립되면서 '곡예'라는 새 용어를 해당 분야의 예술 활동을 지칭하는 말로 선정할 것을 결의했던 것이다.[90]- 가창, 강설, 강창, 상성相聲 등을 위주로 하는 '창곡唱曲' 부문과 묘기, 교예巧藝를 위주로 하는 '매예賣藝' 부분을 통합하는 조직을 만들고, 각 부문으로부터 한 글자씩을 취해 만든 새 용어가 바로 '곡예'였다. '매예' 부문은 나중에 새로운 명칭인 '잡기'라는 이름으로 독립해 나갔지만, '창곡' 부문을 관장하는 단체는 계속 '곡예'라는 표현을 사용했다. 이후 단체명은 '중국곡예공작자협회中國曲藝工作者協會'로 바뀌었고, 『곡예논총曲藝論叢』, 『곡예논집曲藝論集』, 『곡예개론曲藝概論』 등의 저서 및 논문명에서 볼 수

90- 이정재, 앞의 글, 118쪽.

있듯 학계에서도 이 명칭을 수용했다.[91]

이 책에서는 이중 문헌상 연원이 오랠 뿐 아니라, 현재 국내 학계에서도 널리 쓰이고 있는 용어인 '설창'을 대표 용어로 택하여 논의를 전개하기로 한다. '강창'은 불교 경문의 음송吟誦 방식에서 나와 당唐 변문變文의 서술 및 연행방식으로 알려지면서 '강창문학'이라는 용어로 정착한 반면, '설창'은 송대 이후 노래와 말로 구연하는 이야기의 서술 및 연행방식에 대한 명명으로 사용되었다. 이렇듯 어원이나 유래에는 차이가 있지만, 두 용어가 지칭하는 범주와 대상은 거의 같다고 보아도 무방하다.[92]

(1) 설창의 기원

설창의 역사는 2천여 년 전, '영인伶人'이라고 불렸던 예인藝人들의 시대로 거슬러 올라간다. 사천四川 성도成都 천회산天回山 부근의 동한東漢 시대 고분에서 출토된 '영인伶人' 토용土俑이 있다. 겨드랑이에 북을 끼고 손에 북채를 든 채 한쪽 다리를 번쩍 든 동작이나 발랄하고 익살 넘치는 표정을 보면, 북을 치며 노래 부르거나 이야기하는 오늘날 설창 연희자의 자태와 영락없이 비슷하다. 이에 이 토용을 '설창용說唱俑'이라고 부르는바, 한 대漢代에 이미

91_ 김영구 외, 『중국공연예술』, 한국방송통신대학교출판문화원, 2018, 40~42쪽.
92_ 김우석은 연구에서 장르의 개념으로는 '강창'이라는 용어를, 구연행위를 지시하는 용어로는 '설창'을, 연행자를 가리키는 말로는 '설창자'란 용어를 사용했다. 강창은 문학사에서 하나의 독립된 장르 개념으로 이미 보편적으로 사용되고 있으며, 구연 형식을 동사로 표현할 때에는 '이야기를 설창하다(說唱故事)'에서처럼 설창이란 용어가 보편적으로 사용되고 있기 때문이다. 김우석, 『諸宮調 研究 : 연행예술적 성격을 중심으로』, 서울대학교 박사학위논문, 1996, 2쪽.

도판 9. 동한 시대 설창용
(중국 국가 박물관(國家博物館) 소장)

설창 또는 그와 유사한 형태의 연희가 존재했으리라는 사실을 짐작할 수 있다.[93]-(도판 9)

설창의 실제적인 면모는 당대唐代의 변문變文,[94]- 강경문講經文 등에서 확인할 수 있다. 20세기 초에 이르러 돈황의 막고굴에서 대량의 문서가 발견되면서 이들의 존재가 비로소 세상에 드러났고, 그로부터 30여 년 후에 런던과 프랑스 박물관에 소장된 돈황 사권들을 살펴보고 돌아온 정진탁이 『중국속문학사』를 통해 송원 화본宋元話本, 제궁조諸宮調, 보권寶卷, 탄사彈詞, 고사鼓詞 등의 연원을 당대唐代 변문에서 찾을 수 있다고 주장했다.

중국에 불교가 전래되면서, 승려들은 한역漢譯 불경을 일정한 선율에 얹어 낭송하는 범패梵唄와 전독轉讀, 불경 소재의 인연담이나 비유담을 통속적인 방식으로 구연하는 창도唱導 등의 방식을 활용해 포교 활동을 했다. 돈황 막고굴에서 발견된 문서 가운데

93_ 권응상, 『중국공연 예술의 이해』, 신아사, 2015, 228쪽.

94_ 변문은 불교와 관련된 이야기를 강창 형태로 흥미롭게 꾸며 공연했던 전변(轉變)의 문자 기록본이라 할 수 있다. 변문은 변려문(騈儷文)이나 산문(散文)으로 이루어진 강설(講說)과 5언 또는 7언의 운문(韻文)으로 된 가창 부분을 교차하는 방식으로 구성되어 있다. 불교가 성행했던 당대(唐代)에 사원의 승려들이 불교를 전파할 때 강론을 하는 승려는 중앙에 앉고 옆의 사람들은 화음을 넣고 또 어떤 이들은 음악을 연주했다. 이처럼 공연과 유사한 포교방식은 종종 그림과 서로 결합하기도 했다. 강론을 하는 사람들은 청중을 향해 그림을 내보이면서 노래와 말로 이야기를 풀어냈는데, 이때 내보인 그림이 변상(變相), 이야기 강창의 원고가 변문(變文)이다. 변문과 변상의 '변(變)'은 '경(經)'과 상대되는 말로, '경'은 정상적인 것, '변'은 변이된 것을 가리킨다. 즉 경서의 뜻을 변화시켜 문장을 이루었다는 뜻이다. 고신저, 안말숙・윤미령 역, 『경극의 이해』, 박이정, 2008, 13~14쪽.

는 일반적인 불경 외에 이렇게 대중 포교를 위해 만들어진 통속적인 공연물 또는 그것을 문자로 기록한 것도 많았다. 그중 설창에 해당하는 것이 바로 변문, 강경문 등이다. 여기서는 당대唐代의 설창 유형을 불교고사계佛敎故事系와 중국고사계中國故事系의 둘로 나누어 살펴보기로 한다.[95]

우선 불교고사계는 불경 고사, 석가모니 고사, 석가모니 제자 고사 및 그 밖의 여러 불가고사를 내용상 소재로 삼은 유형을 말한다. 압좌문押座文, 강경문講經文, 변문變文/변變/인연因緣/연기緣起 등이 여기에 속한다.

이중 압좌문은 '청중들의 좌석을 진압하는 글'이라는 뜻으로, 본격적인 불경 강의에 들어가기에 앞서 청중의 마음을 전일專一하게 만드는 역할을 한다. 압좌문에서는 그날 강의할 내용을 요약하거나, 집회의 사유, 강경講經의 공덕, 불덕의 칭송, 효孝 따위의 보편적인 덕목을 창唱으로 읊는다. 부처가 수도 과정에서 악마를 물리치는 고사를 전개하기 전에 인간 생사의 무상함을 이야기한 「항마변압좌문降魔變押座文」, 효에 대한 원감대사의 견해를 서술하면서 역대 중국의 효자들에 관해 나열한 「고원감대사이십사효압좌문故圓鑒大師二十四孝押座文」 등이 그 예시이다.

강경문은 '불경을 강의 또는 강술한 문헌'이라는 뜻으로, 속강俗講 화본話本의 최초 형식이었다는 점에서 '속강경문俗講經文'으로도 불린다. 돈황의 설창 텍스트 가운데 가장 기본적인 체제이자

---

[95] 불교고사계와 중국고사계에 속하는 당대(唐代) 설창에 대한 자세한 논의는 전홍철, 『돈황 강창문학의 이해』, 소명출판, 2011, 97~162쪽 참조. 이 책의 서술 역시 『돈황 강창문학의 이해』의 내용을 중심으로 정리한 것임을 밝힌다.

변문의 초기 형태를 갖추었다고 간주되는 갈래이다. 『아미타경阿彌陀經』, 『법화경法華經』, 『유마힐경維摩詰經』, 『부모은중경父母恩重經』 등을 강설한 강경문이 현전한다. 이중 「유마힐경강경문」을 살펴보면, 『유마힐경』의 서두 부분을 강설한 다음 각 사권에서 『유마힐경』에 등장하는 인물인 사리불舍利弗, 광엄光嚴, 지세持世, 문수文殊, 선덕先德 등에 대해 차례대로 강설하는 방식으로 구성되어 있다.

한편, 텍스트의 제목이 변문變文, 변變, 인연因緣, 연기緣起 등으로 된 것도 있다. 이들은 불경변문佛經變文 또는 불경고사변문佛經故事變文이라고도 불리는데, 강경문의 방계傍系에 해당한다. 종교적 설법의 성격을 띠고는 있지만 흥미성이 한층 강화되어 있으며, 주로 인연담이나 비유담 위주로 전개되는 것이 특징이다. 예를 들어 목련고사를 이야기한 「목련연기目連緣起」의 후반부에서는 중국 역대 효자들을 여러 명 거론한 다음 그로부터 목련의 효를 찬양한다.

다음, 중국고사계는 작품의 소재를 중국의 고사에서 취한 설창으로, 변문, 화본, 사문詞文, 민간부民間賦 등으로 그 유형을 구분할 수 있다.

중국고사계 변문은 중국 역사서에 수록되어 있거나 민간에 구전되어온 이야기를 서사화한 설창이며, 소재에 따라 첫째, 과거의 역사적 인물과 그에 얽힌 사건을 다룬 역사고사류, 둘째, 시사적 사건을 다룬 시사류時事流, 셋째, 사서에 수록되지 않은 채 주로 민간에 전해왔거나 사서에 수록되었다 할지라도 민간에 전승되는 과정에서 크게 변이된 이야기를 다룬 민간고사류로 다시 나눌 수 있다. 첫째 유형에 속하는 예로 『한서漢書』, 『후한서後漢書』 등에 기록된 왕소군王昭君 이야기에 기반을 둔 「왕소군변문」, 둘째 유형에 속하는 예로 당대唐代의 영웅적 인물로 꼽히는 장의조張議潮와 장회심張淮深 부자父子가 토번吐番에 의해 빼앗긴 당唐의 국토를 수복하는 이야기를 주로 다룬 「장의조변문」과 「장회심변문」, 셋째 유형에 속하는 예로 민가民歌나 설화 등을 통해 전해 내려온 중국 진대秦代의 맹강녀孟姜女 이야기를 소재로 한 「맹강녀변문」 등을 들 수 있다. 중국고사계 변문이 불교고사계 변문으로부터 발전되었다고 보는 견해도 있지만, 이를 비판하며 나온 자생설의 견해가 그와 대립하고 있어 쉽사리 결론을 내리기는 어려운 문제이다.

화본은 백白과 창唱의 교차 형식에서 창부唱部의 기능이 현저하게 약화되거나 생략된 채 산문체의 강부講部 위주로 구성된 유형을 말한다. 위진남북조魏晉南北朝 시대의 자료나 당시 민간에 유통되던 통속물 등을 참조했을 것으로 추정되는 구도흥句道興의 『수신기搜神記』가 당대唐代 설화 초기 단계의 화본으로 간주된다. 참고로 『수신기』는 지괴류志怪類의 신화, 전설 등 설화를 모은 책이다. 중국 동진東晉의 간보干寶에 의해 편찬되었으나 원본이 산실된 관계로 후대에 다시 엮은 것만 전한다.

사문詞文은 전편全篇이 운문으로 되어 있어 강설講說은 하지 않는 유형이지만, 짧은 산문체 서술이 중간에 삽입되어 있으므로 함께 다룰 만하다. 사문 중 하나인 「착계포전문일권捉季布傳文一卷」은 제목에서 알 수 있듯 '계포를 체포하는 이야기'이다. 작품 첫머리에 "대한大漢 3년 초나라 장수 계포가 한나라 진영陣營에 욕을 하

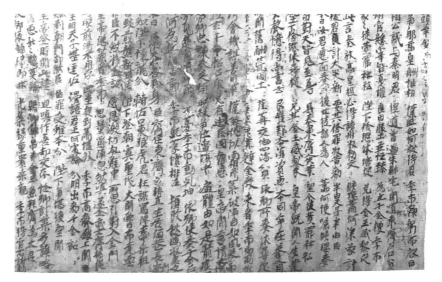

도판 10. 돈황에서 발견된 「착계포사문(捉季布詞文)」(『돈황 강창문학의 이해』, 2011) 수록)

니 한왕漢王은 여러 신하에게 수치스러워 군마軍馬를 거둔다는 이야기"라는 설명이 덧붙어 있다. 연구자에 따라서는, 강경의식의 통속화 현상에 따라 불교고사계 설창이 중국고사계 설창으로 확대 발전되는 과정에서 이러한 형식이 산생했다고 보기도 한다.(도판 10)

민간부는 속부俗賦, 고사부古事賦라고도 불린다. 봉건 체제의 최고 권력자라 할 수 있는 왕의 횡포에 정면으로 도전한 〈한붕부韓朋賦〉, 중세 시대의 이념적 지주라 할 수 있는 성인聖人 공자를 우자愚者이자 살인자殺人者로 풍자한 〈공자항탁상문서孔子項託相問書〉 등이 대표작이다. 변문이나 화본에서는 발견하기 힘든 민간부만의 건강한 비판정신, 중상류층의 문학에서는 찾아보기 어려운 평민적 저항정신을 이들 작품으로부터 확인할 수 있다.

(2) 송·원대의 설창

① 고자사鼓子詞와 창잠唱賺

중국의 공연예술은 송대 이후 전면적인 성숙기에 접어들었다. 무엇보다 극목劇目이 다양해졌다는 데서 이러한 평가가 가능하겠는데, 남송 주밀周密의 『무림구사武林舊事』에는 무려 280여 종에 달하는 극목이 기록되어 있다. 다음으로, 체제의 완비도 이러한 평가의 근거가 된다. 극중 인물을 성별과 연령, 신분과 성격에 따라 구분한 생生, 단旦, 정淨, 축丑 등 각색角色과 항당行當[96]-이 형성된 것이 바로 이 시기이기 때문이다. 한편 명배우의 출현도 송대 공연예술의 성숙을 알리는 표지가 된다. 『무림구사』에서 잡극雜劇, 영희影戲, 괴뢰희傀儡戲 등 각 분야의 예인으로 거론한 이들의 수가 무려 67명에 달한다. 마지막은 관객의 급증이다. 와사瓦師, 구란句欄과 같은 상설 공연장이 설립 및 운영될 수 있었던 것도 관객의 수요가 크게 늘어난 배경에 따른 결과이다[97]-

이처럼 송대에 이르러 중국 공연예술은 전과 확연히 구분되는 질적·양적 발전을 이룩했으며, 설창 역시 그 흐름에 포함되었다. 송대에 출현 및 발달한 여러 설창 양식들을 살펴보면, 같은 시대

96- 극중 인물을 역할과 성격에 따라 몇 가지 유형으로 나누고, 배우도 그 유형에 대응시켜 연기를 시킨 일종의 연기 분업 체제라 할 수 있다. 전통적으로 연기의 각 부분을 크게 생(生, 남자), 단(旦, 여자), 정(淨, 장군과 영웅호걸), 축(丑, 우스개를 연기하는 배우)의 네 부분으로 나누어 이를 4대 각색(角色)이라고 했다. 4대 각색의 각 부문이 다시 몇 부분으로 나뉘고, 그 세부 항목이 다시 하나의 각색으로 독립하면서 7, 10, 또는 13부문의 항당(行當)이 성립되었다. 김영구 외, 앞의 책, 51~52쪽.

97- 권응상, 앞의 책, 60~61쪽.

에 유행한 노래인 사詞를 사용했다는 특징이 공통적으로 드러난다. 당대唐代에 발원하고 오대五代를 거쳐 송대에 유행한 사詞를 차용하여 연행하는 과정에서 새로운 형식의 강창 양식이 출현한 것이다. 사詞는 본래 서정 양식에 해당되지만, 같은 사조의 곡을 여럿 연결하면 한 편의 서사를 담아낼 수 있게 된다.

고자사鼓子詞도 사조詞調를 응용하여 송대에 생겨난 설창의 하나이다. 연창 때 반주 악기로 북을 사용한 데서 '고자사'라는 명칭이 유래되었는데, 북이 고자사의 대표적인 반주 악기이기는 하나 여기에 관악과 현악이 동원되는 경우도 있었다. 현전하는 고자사 중 구양수歐陽修의 『육일사六一詞』에 실린 〈십이월고자사十二月鼓子詞〉〈어가오漁家傲〉 12수나 서호西湖의 경치를 노래한 〈채상자採桑子〉는 서정시를 장편화한 것이다. 보다 서사적인 성격을 띠는 것으로 조령치趙令畤의 〈상조접련화商調蝶戀花〉가 있는데, 이 작품은 당 전기 『앵앵전鶯鶯傳』의 전문 사이에 상조商調의 사패詞牌[98]인 〈접련화蝶戀花〉 열두 수를 삽입하여 서사의 내용을 부연하고 서정성을 확대한 것이 특징이다. 서정 양식의 이러한 서사화 경향은 창작 태도와 관련해, 시詩에 요구되는 진지성과 공용성으로부터 비교적 자유로운 사詞의 형식을 빌려 서사적인 내용을 담은 것이라는 점에서, 자신의 감정과 지향을 솔직히 표출했던 민간의 악부樂府 전통과 견줄 만하다.[99] 고자사는 송대 문인들의 연석에서 연행되었을 뿐 아니라, 구란句欄의 민간 오락용으로도 상연되

98_ 사(詞)의 곡조에 각각 명칭이 있었는데, 이를 사패(詞牌) 또는 사조(詞調)라고 했다.
99_ 김우석, 앞의 글, 37쪽.

었다. 또 명대明代 『청평산당화본淸平山堂話本』에 수록된 〈문경원앙회刎頸鴛鴦會〉도 고자사의 형식을 띠고 있는바, 이를 통해 고자사도 다른 서사적인 설창들과 마찬가지로 나중에 소설이나 희곡양식으로 발전했음을 알 수 있다. 그러나 같은 사조를 되풀이하여 노래하는 연행 방식의 성격상, 고자사는 그 특유의 단조로움을벗어나기 어려웠다. 더 복잡한 형식의 설창 양식이 출현하면서고자사는 점차 자취를 감추었고, 남송 이후로는 고자사에 관한 기록이 더 이상 보이지 않게 되었다.

창잠唱賺은 북송北宋 대에 가장 유행했던 설창으로 추정된다.궁조宮調에 속하는 여러 사조를 사용해 한 편의 이야기를 엮은 일종의 다곡체多曲體 구성으로, 같은 사조를 반복해 노래하던 고자사가 한층 발전한 형태라 할 수 있다. 남송南宋 대 오자목吳自牧이지은 『몽량록夢梁錄』 권20의 기록에 따르면, 창잠에는 전령纏令과전달纏達 두 종류가 있으며, 창잠을 연행하려면 만곡慢曲, 대곡大曲, 표창嘌唱, 사령耍令, 번곡番曲, 규성叫聲 등 여러 가지 강조强調를 다 노래할 줄 알아야 했기 때문에 가장 어렵다고 한다. 이 기록에 근거해, 창잠이 설창보다는 가무희歌舞戲에 가까운 형식이었을 것이라고 보는 견해도 있다. 한편 동시대 구란句欄의 뛰어난예인 장오우張五牛가 고판鼓板을 응용·개조하면서 창잠이 성행했다는 기록도 있는데, 안타깝게도 창잠의 대본이 거의 남아 있지않아 사실 여부를 확인하기 어렵다. 기록에 따르면, 창잠은 당시유행하던 여러 가창 기예를 통합한 형태였기에 음악적으로 뛰어난 것은 물론, 가사 또한 통속적이어서 청중의 환영을 받았다고한다. 왕국유王國維가 발견한 원대元代 진원정陈元靚의 『군서류요

도판 11. 송(宋)나라 진원정(陳元靚)의 『사림광기(事林廣記)』 수록 〈창잠도(唱賺圖)〉

사림광기『羣書類要事林廣記』 무집戊集 권2에 수록된 「원사시어圓社市
語」가 창잠의 유일한 전본이다. 내득옹耐得翁의 『도성기승都城紀勝』
에 의하면, 창잠이 나중에 남녀의 사랑이나 전쟁에 관한 고사를
연창하는 복잠覆賺으로 변했다고 하는데, 이 역시 전하는 작품이
없어 단언할 수는 없다. 다만 가창만으로 길고 복잡한 고사를 연
출하기는 어려웠을 것이므로, 훗날 출현한 제궁조諸宮調의 초기
형태에 해당하는 설창으로서의 복잠이 존재했을 가능성을 충분히
짐작해볼 수 있다.(도판 11)

② 제궁조諸宮調

제궁조諸宮調라는 명칭은 창 부분에 '여러 개'[諸]의 '궁조'宮調

를 사용한 데서 비롯되었다. 형식면에서 고자사나 창잠과 비교해 한층 발전한 형태를 띠므로, 송대의 여러 설창 양식 가운데 가장 높은 예술적 성취를 이루었다고 평가되기도 한다. 제궁조는 여러 궁조를 사용함으로써 다양한 분위기의 정서를 표현하고 장편의 이야기를 효과적으로 서술할 수 있었다. 제궁조에는 비파琵琶에 나鑼(징)나 판板(나무로 만든 박)을 곁들인 반주가 따랐다.

송대宋代 왕작王灼의 『벽계만지碧鷄漫誌』에 제궁조가 택주澤州의 공삼전孔三傳이라는 예인에 의해 창시되었다는 기록이 있으나, 남아 있는 송대 제궁조 각본이 없다. 현전하는 제궁조는 금대金代 동해원董解元의 『서상기제궁조西廂記諸宮调』와 무명씨의 『유지원제궁조劉知遠諸宮调』, 원대元代의 잡극 작가 왕백성王伯成의 『천보유사제궁조天寶遺事諸宮调』 일부 정도이다.

제궁조는 17세기 초 한국에 유입되어 읽히기도 했다. 허균 (1569~1618)의 『성소부부고惺所覆瓿藁』의 「십장지고十掌之故」를 통해 이를 확인할 수 있는데, 허균은 『서상기제궁조』의 작가 동해원의 작품을 악부樂部의 전범 중 하나로 꼽기도 했다.[100]

이 『서상기제궁조』는 193개의 노래를 삽입하여 당唐 전기 『앵앵전』의 서사를 대폭 확대한 장편으로, 여기서 만들어진 새로운 성격의 인물, 변화된 줄거리와 문장 등이 나중에 왕실보王實甫의 잡극 『서상기』에 대부분 계승되었다. 『유지원제궁조』는 『오대사五代史』에서 줄거리를 취한 것으로, 오대 후한의 고조였던 유지원의 출세기라 할 수 있다. 『서상기제궁조』와 마찬가지로 초장편이

100_ 정유선, 『중국설창예술의 이해』, 학고방, 2014, 63쪽.

도판 12. 『서상기제궁조(西廂記諸宮調)』
(중국국가박물관 소장)

지만, 중간 부분이 전하지 않고 서두와 결말의 5권만 전한다. 완본인 『서상기제궁조』는 188개의 연투聯套, 잔본殘本인 『유지원제궁조』는 76개의 연투로 구성되었다는 차이가 있다. 『천보유사제궁조』는 당 현종과 양귀비의 비극적인 사랑을 그린 당 전기 『장한가전長恨歌傳』과 뒤에 나온 원 잡극 『오동우梧桐雨』, 청 전기 『장생전長生殿』을 이어주는 작품으로 일컬어지나 내용이 거의 일실된 상태이다. 산문散文 부분은 전혀 전하지 않고 집일輯佚(흩어지고 없어진 부분을 모으고 복원)해낸 5~60여 개의 곡도 전체 중 일부에 불과해 전체적인 모습까지는 정확하게 파악하기 어렵다. 게다가 이 작품이 창작된 원대元代는 잡극이 크게 성행하면서 공연 형식으로서의 제궁조가 점차 쇠락해가는 시기였다. 따라서 『천보유사제궁조』는 음악 애호가들 사이에서 노래의 형태로 감상되었을 가능성이 크다.[101]-(도판 12)

하백화夏伯和의 『청루집靑樓集』에 의하면 원말元末까지도 제궁조를 전문적으로 연행하는 여자 연예인들이 있었다고 한다. 조진진趙眞眞, 양옥아楊玉娥, 진옥련秦玉蓮, 진소련秦小蓮 등이 그 예이다. 종사성鍾嗣成의 『녹귀부錄鬼簿』도 호정신胡正臣이라는 연희자가 『서상기제궁조』 전편을 노래할 수 있었다는 기록을 전한다. 제궁조는 이처럼 완성된 체제를 갖추었음에도, 앞서 말했듯 원대

---

101. 김우석, 앞의 글, 72쪽.

잡극의 유행 이후 더는 활발히 연행되지 못했던 것으로 보인다.

한편 금金·원元의 많은 제궁조 작품들은 지금 명목名目만을 남기고 있다. 원대에는 어설驅說과 화랑아貨郞兒라는 설창 양식도 유행했는데, 이중 어설과 관련해서는 〈자고인증어설고수영사鷓鴣引贈驅說高秀英詞〉의 기록이 거의 유일하다. 작품의 1·2구에서는 어설을 하는 여자 연희자의 옷차림과 모습을, 3·4구에서는 가창과 강설의 장면을, 5·6구에서는 어설의 강사적講史的인 내용을, 7·8구에서는 이 어설을 들은 작자의 감회와 함께 어설이 반주 악기로 박판拍板을 쓴 사실을 읊었다. 화랑아는 송대 민간에 일용품을 팔러 다니던 행상인이 꽹과리나 사피고蛇皮鼓를 두드리면서 물건을 사라고 외치던 소리에 가락을 붙인 것이다. 화랑아는 악곡으로 고정된 뒤에 두 갈래로의 변천을 겪었다. 하나는 가무와 융합해 송·명의 대무隊舞나 사화詞話 중 화랑으로, 또는 잡희인 화아貨兒로 변한 것이다. 다른 하나는, 산설散說과 결합해 고사를 서술하는 설창 양식인 화랑아로 발전한 것이다. 이중 설창으로서의 화랑아에 관해서는 잡극『풍우상생화랑단風雨像生貨郞旦』에 대강의 형식과 내용이 간접적으로 묘사되어 있다.[102]

③ 사화詞話

송대에 유행했던 여러 공연 양식이 점차 희곡이나 소설 등으로 재편되면서, 설창은 새로 생겨난 원잡극元雜劇, 화본소설 등에 밀려 전승이 다소 위축되었다. 그러나 원잡극과 남희南戲 같은 연

102_ 이상 어설과 화랑아에 대해서는 김학주, 앞의 책, 412~413쪽 참조.

극 양식이 주로 도시 지역을 중심으로 공연되고, 화본 같은 소설 양식이 일정 수준 이상의 문자적 소양을 갖춘 지식인들 사이에 향유되는 그 틈새에서, 설창은 나름의 자체적인 노력을 기울이며 명맥을 이어갔다. 농촌에서는 나희儺戱나 새사賽社, 묘회廟會 같은 종교제의적 공연예술이 성행하는 것과 별개로 설창에 대한 수요가 어느 정도 존재했고, 설창은 이러한 종교제의적 공연예술과의 상호보완적 관계를 유지하면서 계속 발전했다. 명대 이후로는 희곡의 예술적 발달에 힘입어 그로부터 음악과 연행 기교의 영향을 받을 수 있었고, 이에 따라 그 자체의 예술성 또한 제고되어 이후 설창 예술이 전반적으로 부흥하는 기반이 되었다.

원元·명明 시기 주목할 만한 설창은 사화詞話이다. 명청明淸 시대 기록에 따르면, 송대宋代에 이미 사화가 있었다고도 하나 그것이 정말 송대의 화본이고 사화가 맞는지는 분명하지 않다. 현전하는 대표적인 사화는 『성화본설창사화成化本說唱詞話』로, 1967년 상해上海 가정현嘉定縣에서 발굴되었다. 1478년 중춘에 중간重刊되었다는 기록이 있어 그 성행 연대를 원대 말엽까지 소급해볼 수 있다. 여기에는 강사류講史類 3종, 공안류公案類 8종, 권선류勸善類 2종 등 총 13종의 사화 작품이 수록되어 있는데, 『삼국지』에 등장하는 관우關羽의 아들 관색關索의 일대기를 그린 〈화관색전花關索傳〉, 포청천包靑天의 이야기를 다룬 〈포대제출신전包待制出身傳〉 등이 그 예이다. 〈화관색전〉의 주인공인 관색은 역사서는 물론 『삼국연의』에서조차 제대로 다뤄지지 않은 인물로, 일부 지역에 전해오는 전설이나 나희儺戱에 그 편린이 전하는 정도이다. 포청천을 소재로 한 사화는 원잡극 가운데 그가 주인공으로 등장하는 공안극公案劇과 청대 이후의 포공전包公傳 사이에 일종의 연결 고리 역할을 했다. 이로 볼 때, 사화는 공연예술 및 문학과 관련한 소재적 전승의 측면에서 주목할 만한 가치가 있다. 뿐만 아니라, 사화의 경우 설창의 예술성 제고에도 이바지했다. 당대唐代 돈황 작품들만 보더라도 가창보다는 강설이 중심이나,『성화본설창사화』에 수록된 13종의 사화 작품들을 보면 가창의 분량이 강설의 분량과 비교해 압도적으로 많다. 이 점은 사화가 고사鼓詞 계열의 설창이나 탄사彈詞의 전신이 될 수 있음을 입증하는 근거가 된다.

도판 13.『성화본설창사화(成化本說唱詞話)』에 수록된 〈화관색전(花關索傳)〉

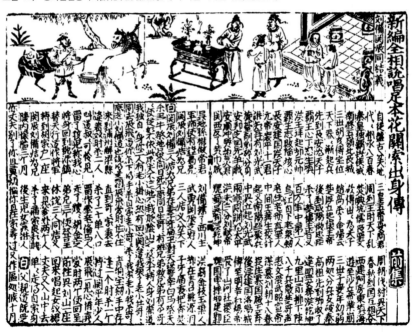

창사唱詞가 길어지면 자칫 단조로움에 빠질 수 있기에, 사화의 창사는 음악적 변화를 꾀했다. 전체 창 부분은 모두 7언의 시찬체 운문으로 되어 있는데, 곳곳에 찬십자攢+字라는 10언의 운문이 삽입되어 있다. 일률적인 7언 창사를 지속하는 데서 벗어남에 따라, 이야기의 내용은 더욱 풍부해질 수 있었고, 줄거리의 곡진함과 인물 묘사의 생동감이 증대되는 효과도 얻었다. 3/3/4 형식의 찬십자는 이후 출현한 고사鼓詞 계열의 설창과 보권寶卷에도 자주 보이는 특징인바, 이를 통해 다시 한번 중국 설창사에서 사화가 차지하는 의의를 확인할 수 있다.

명대 중엽 이후, '사화'라는 용어는 산문소설을 가리키는 말로 의미가 전환되기도 했다. 예를 들어, '사화'가 제명題名에 포함된 『금병매사화金瓶梅詞話』도 중간에 많은 사곡이 삽입되어 있지만, 시찬계 사화와는 그 구성이 달라 설창 연행이 불가한 산문 위주의 소설에 해당한다.(도판 13)

(3) 명·청대 및 그 이후의 설창

① 보권寶卷

송·원대의 설창 가운데 사화詞話, 화랑아貨郞兒 등은 명대까지 명맥이 유지되었으며 지역 고유의 설창 종목 일부도 그대로 계승되었다. 그러나 이들이 지속해서 명·청대 설창의 주류를 이룬 것은 아니다. 명대 이후 설창 전승의 중심에는 보권, 탄사, 고사 세 종목이 있다.

먼저 보권에 대해 살펴보면, 이것은 일종의 종교적 설창 예술에 가깝다. 송 진종眞宗 대에 승려들의 변문강창이 금지되면서 변문이 자취를 감추자, 그 승려들이 와자瓦子로 진출하면서 설경說經이 생겨났다. 그리고 이후 이 설경을 압도하며 크게 유행한 것이 보권이다.

현전하는 보권 가운데 가장 오래된 것은 송대宋代 보명선사普明禪師가 신의 계시를 받고 지었다는 『향산보권香山寶卷』이지만, 이는 거의 전설에 가까운 이야기이다. 송대에 보권 형태의 설창이 이미 있었을 가능성을 완전히 배제할 수는 없으나, '보권'이라는 이름의 설창 양식이 성행한 것은 명대 이후로 보아야 할 것이다.

정진탁은 『중국속문학사』에서 보권을 불교적인 보권과 비불교적인 보권으로 나누고, 전자에는 권세경문勸世經文과 불교의 고사故事, 후자에는 신도神道 관련 고사, 민간고사, 잡권雜卷을 포함시켰다.

초기의 보권은 당나라 때의 속강과 비슷한 성격의 불교 이야기로, 보살의 생애나 세속인의 수행이 주 내용을 이루었다. 승려들이 불교 교리를 전파하는 과정에서 대중들에게 들려주는 교훈적인 이야기로 출발했던 것이다. 형식은 5언과 7언의 운문이 섞인 강창체였고, 여기에 약간의 불교 곡패가 사용되었다. '목련구모目連救母'의 이야기를 담은 『목련보권目連寶卷』, 관음보살의 탄생을 그린 『향산보권』 등이 그 예이다.

그러나 명대 중엽 이후, 보권은 점차 불교나 도교와 다소 거리가 있는 민간 신흥종교의 경전 또는 이 종교들의 교리를 담은 이야기로 변모되기 시작했다. 불교의 일파였으나 뒤에 백련교白蓮敎로 변질되어 사회적 물의를 일으킨 혼원교混元敎라는 종교가 있다.

이곳의 교리를 선전한 『혼원교홍양중화보경混元敎弘陽中華寶經』, 『혼원문원돈교홍양법混元門元頓敎弘陽法』 등이 바로 보권 양식으로 되어있다. 무위교無爲敎, 황천교黃天敎, 대승교大乘敎, 원돈교圓頓敎, 일관도一貫道, 팔괘교八卦敎 등 다양한 명칭과 복잡한 계보를 가진 이들 종교는 대개 변형된 미륵 신앙의 내세관을 내세워 현세를 부정했으며, 알기 쉬운 교리와 보편적인 구원관을 토대로 민중 사이에 확산되었다. 불교적 색채를 띤 보권을 제외한 대부분의 초기 보권이 바로 이 민간종교들의 교리서가 되거나 종파 교주의 일대기 등을 주요하게 다루는 역할을 했다.

정부는 현세를 부정하는 이들 민간종교를 강력하게 탄압했고, 그 결과 명말 청초에 이르러서는 이들 종교의 활동이 위축됨에 따라 그와 관련된 보권의 제작과 연행 또한 축소되었다. 보권은 이후 종교적 성격을 감추고 공공의 윤리 도덕을 강조하는 교화 도구로서 지방 향신이 주도하는 권선 활동에 합류하거나 민간 불사佛事, 묘회廟會 등 종교 활동에 참여해 명맥을 이어갔다. 그래서 청대 중엽 이후에 다시 출현한 보권을 살펴보면, 종교적 성격은 약화되고 권선 또는 오락의 성격이 강화된 특징을 볼 수 있다. 불교, 도교와 관련되는 신적 인물의 일대기가 확대되거나 민간신앙에서 숭배하는 각종 신격을 소재로 한 이야기가 많아졌고, 권선서와 유사한 형태를 띠거나 그 대용代用이 되는 권선 이야기가 확대되었다. 또 기존 희곡이나 강남 일대의 탄사彈詞에서 소재를 가져다 보권의 형식에 맞게 개작한 작품도 나왔다. 맹강녀孟康女의 이야기를 다룬 『맹강선녀보권』이 그 예이다. 잡권雜卷이라 하여, 단순히 박식을 자랑하거나 우스개의 유희를 위주로 하는 순 오락적인 작품들도 나왔다.

이렇듯 보권의 주제와 소재는 불교 및 민간종교에서 출발하여 민간신앙 및 권선을 거쳐 기존의 희곡이나 탄사, 또는 일반적인 속세의 이야기로 점차 변모했다. 그렇게 종교의 테두리를 벗어나 대중적이고 독립적인 연예 오락 양식으로 정착한 것이다. 한편 청대 말기 강남 일대에서는 보권이 연희 형태로 공연되는 한편 독서물로도 인식되면서 필사, 인쇄되기 시작했다.[103]

② 탄사彈詞

탄사는 명대에 출현하여[104] 현재까지 중국 남부에서 널리 전승되고 있는 중국의 설창 양식이다. 문헌 자료를 살펴보면 '탄사'라는 용어가 탄사와 고사를 아울러 강창 예술 전체를 통칭하는 의미로 사용된 예도 있었지만, 북방의 고사鼓詞가 북으로 반주하는 강창을 가리키는 데 한정되어 쓰이면서[105] '탄사'의 의미 범주도 점차 축소되어 비파 등 현악기로 반주하는 강창을 가리키는

103_ 이상 보권에 대해서는 김학주, 『중국 문학의 이해』, 신아사, 1993, 420~423쪽; 김영구 외, 앞의 책, 87~89쪽 참조.

104_ 전인평은 조본야의 견해를 수용하여 탄사의 출현 시기를 청나라 가정(嘉定) 연간인 1522년에서 1566년 사이로 특정한다. 당시의 탄사는 비록 현전 형태와 차이가 있기는 했으나, 명대 후기에 탄사가 기악 반주와 함께 노래하는 이야기 형식이었음을 확인할 수 있다고 한다. 탄사 전용극장으로서의 서장(書場)도 있었다. 曹本冶, The Music of Su-chou Tan-tzu, The Chinese University Press, 1988, p.1; 전인평, 「세계음악연구실 : 중국 탄사(彈詞)에 관한 고찰」, 『음악과 문화』 11, 세계음악학회, 2004, 155쪽.

105_ 가장 이른 기록은 산동(山東) 곡부(曲阜) 사람 가부서(賈鳧西)가 지은 〈역대사략고사(歷代史略鼓詞)〉의 '인자(引子)'에서 보인다. 그 기록은 다음과 같다. "제 이 고사(鼓詞)는 명성을 위한 것도 아니고 이익을 위한 것도 아니고 박식하다고 자랑하면서 천하의 문반입네 무반입네 하는 학자님들과 입씨름하기 위한 것도 아니올시다. 다만 다리를 좀 놀려 강호를 돌아다니면서 마음에 불편한 일들을 보고는 탄식이 절로 나와서 한 번 읊어보려는 것이지요." 이정재, 『鼓詞系 講唱 研究』, 서울대학교 박사학위논문, 1999, 21쪽.

용어로 정착했다. 그 외에 탄창사화彈唱詞話, 문서文書, 설소서說小書, 평탄評彈[106]- 등의 이칭으로도 불렸다.

탄사와 관련해 가장 이른 시기의 기록은 명대明代 전여성田汝成의 『서호유람지西湖遊覽志』 권20에서 찾을 수 있다. "그때 우인優人들의 백희百戲로는 격구擊毬, 관박關撲, 어고魚鼓, 탄사彈詞 등이 있어서 소리가 시끌벅적했다."라는 것인데, 상세한 내용까지는 알 수 없다. 명대 최초의 탄사 작품은 양신楊愼의 〈이십일사탄사二十一史彈詞〉로 알려져 있다. 광동廣東 지역의 목어서木魚書, 양주揚州 지역의 현사弦詞 등도 그 이름이 다를 뿐 사실상 탄사에 포함된다. 현전하는 탄사 대부분은 청대淸代에 창작된 작자 미상의 작품들로, 재자가인才子佳人과 영웅호걸을 주인공으로 하여 민중들 사이에 폭넓은 인기를 누렸다.

탄사의 반주 악기로는 비파, 삼현 등이 사용된다. 명대明代에는 소고, 박판을 사용한 반주가 있었으며, 후에 얼후二胡], 양금揚琴 등으로 다양화되었다. 공연 형식에 한 사람이 연주하는 단당單檔, 두 사람이 공연하는 쌍당, 세 사람이 연주하는 삼당 등이 있으며, 연희자 모두 앉아서 스스로 연주하며 노래한다.(도판 14)

도판 14. 소주시평탄단(蘇州市評彈[団])의 소주탄사 〈뇌우(雷雨)〉 공연 장면

한편 탄사는 사용하는 언어에 따

106_ 엄밀히 말하면, 평탄과 탄사는 다른 용어이다. 소주(蘇州)를 중심으로 하는 양자강 유역을 대표하는 서사음악이 평탄(評彈)이며, 이 평탄은 음악 없이 이야기만 하는 평화(評話), 음악과 함께 이야기를 들려주는 탄사(彈詞)의 둘로 구성된다. 탄사가 평탄에 속하는 것이다.

라 국음國音 계통과 토음土音 계통으로 나뉜다. 북경말로 공연하는 국음계 탄사에 도합 674회에 달하는 『안방지安邦志』·『정국지定國志』·『봉황산鳳凰山』의 3부작 장편을 비롯해 『서한유문西漢遺文』, 『동한유문東漢遺文』, 『북사유문北史遺文』 등의 거작이 있는데, 이는 명대의 역사물인 『이십일사탄사』의 영향을 받은 것으로 보인다. 그 외에 『수향낭綉香囊』, 『천우화天雨花』, 『필생화筆生花』, 『봉쌍비鳳雙飛』 등 애정을 소재로 한 작품들도 많다. 토음계 탄사 중에는 오음吳音이 가장 두드러지며, 이때 오음은 중국 강남 지역 방언의 범칭 정도로 이해할 수 있다. 이 계열 역시 『옥청정玉蜻蜓』, 『과보록果報錄』, 『진주탑珍珠塔』, 『삼소인연三笑姻緣』 등 애정물이 많다.

　　명말 청초에 이르러서는 여성 작가가 쓴 독서용 탄사가 다수 등장했는데, 바깥출입이 어려워 주로 집안에서 지냈던 여성 독자들 사이에서 큰 인기를 얻었다. 문재文才가 있는 여인들은 탄사를 직접 쓰기도 했는데, 『천우화』, 『필생화』, 『봉쌍비』 등이 그에 해당한다. 탄사소설로도 불리는 독서용 탄사, 즉 탄사 창본은 감각이 섬세하고 정밀하며, 엄격한 사회적 분위기에 억눌려 지내야 했던 중국 여인들의 애환을 담아낸 것이 특징이다. 건륭 연간에는 공연용 탄사가 특히 유행하기 시작해, 지금의 강소성과 절강성을 포함하는 오어吳語 사용 지역에서 집중적으로 연행되었다. 앞서 본 오음의 토음계 탄사가 여기 해당한다. 옛 오吳 지역의 경우 정치적·경제적 안정을 토대로 각종 공연예술이 발달할 수 있는 제반 환경이 갖추어진 상태였기에 그것이 가능했다. 뿐만 아니라 오吳 지방 노래와 방언의 특성이 현악기를 사용하는 탄사의 느린 곡조와 잘 어울렸던 것도 탄사가 이 지역에서 성행하게 되는 주요한 요인이 되었다. 그렇게 옛 오吳 지역에는 소주탄사蘇州彈詞, 양주揚州의 현사弦詞, 항주杭州의 남사南詞 등 탄사 계열의 설창 양식이 각자의 지역색을 토대로 발전했다.

이 가운데 소주탄사의 발전에 기여한 인물로 청 건륭 연간에 활약한 왕주사王周士를 들 수 있다. 그는 『백사전白蛇傳』 공연으로 인기를 얻었으며, 그 외 탄사 공연에 관한 이론적 저술에 해당하는 『서품書品』, 『서기書忌』 등을 남겨 탄사 발전에 기여했다.

또 소주탄사는 근대 중국 여성의 문화생활과 밀접한 관계에 있다. 탄사의 제재에 전쟁이나 역사 이야기 외에 혼인, 애정 이야기와 여성 소재의 이야기가 많은 것이 이를 반증한다. 앞서 오음 계열의 탄사로 거론한 『옥청정』, 『삼소인연』, 그리고 조선에서도 번역되어 읽힌 『진주탑』 등이 여성들 사이에 크게 인기를 끌었던 작품들이다. 소주탄사와 여성의 관계에서 주목할 점은, 탄사가 주로 여성 관객을 겨냥했다는 사실 외에 여성 탄사 예인이 출현했다는 데서도 찾을 수 있다. 이들을 여탄사女彈詞라고도 한다. 그러나 청 말기, 여성 예인의 지위, 성격으로 인해 사회적 문제가 발생해 소주 지역에서 여성 예인의 공연 자체가 금지되었고 이들은 상해로 진출해 새로운 여탄사의 흐름을 형성했다.

그 외에 탄사가 중국 공연예술 발전에 또 하나 기여한 것은, 두 명 이상의 예인이 희곡의 각색角色과 유사한 방식으로

도판 15. 『오중선현보(吳中先賢譜)』에 수록된 왕주사(王周士)의 모습

각기 배역을 맡아 공연하는 형태를 성립시킨 것이다. 물론 연기 동작이나 분장 없이 제자리에 앉아 노래만 분담하는 형태였기에 희곡과는 구분되지만, 기존 설창 양식과의 차이도 분명하다.[107]
(도판 15)

③ 고사鼓詞

앞서 살펴본 탄사가 남방 지역의 설창을 대표한다면, 고사는 북방 지역의 설창을 대표하는 양식이라 할 수 있다. 원・명대에 걸쳐 설창의 주요 양식이었던 사화는 명말明末을 기점으로 하여, 북을 반주 악기로 사용하는 북방의 고사와 비파 등 현악기를 반주 악기로 사용하는 남방의 탄사라는 두 계통으로 발전했다. 가정(1522~1566) 말년에서 만력(1573~1619) 초년 사이에 완성된 것으로 추정되는 명대의 〈황도적승도〉를 통해 탄사와 고사의 연희 장면을 엿볼 수 있다. 정양문 안팎을 묘사한 부분인데, 성문 양쪽에 각각 고사와 탄사를 연희 중인 것으로 보이는 예인이 한 명씩 있다. 좌측 하단의 사람은 조고와 박판을 들고 연행하는 고사의 연희자, 우측 상단의 사람은 비파 모양의 악기를 들고 연행하는 탄사의 연희자로 추정된다.[108]-(도판 16)

한편 청대에 이르러 남방의 탄사는 다시 현사弦詞, 남사南詞, 목어서木魚書 등으로 분화되었으며, 북방의 고사 역시 각 지역으

107_ 이상 탄사에 대해서는 김학주, 앞의 책, 423~426쪽; 김영구 외, 앞의 책, 77~80쪽; 전인평, 앞의 글, 149~175쪽 참조.
108_ 〈황도적승도〉에 나타난 탄사와 고사 연희 장면에 대한 설명은 안상복, 앞의 책, 55~56쪽 참조.

도판 16. 〈황도적승도〉에 나타난 탄사와 고사의 연행 장면

로 확산되어 그 지역의 설창 양식들과 영향을 주고받으며 대고大
鼓 등의 명칭으로 불리게 되었다.

　고사라는 명칭이 포괄하는 중국 공연예술의 범위는 상당히 넓
은 편이다. 우선 가부서賈鳧西가 『목피산객고사木皮散客鼓詞』에서
'고사'라는 명칭을 사용했으므로 청의 순치順治(1645~1661) 연간
이전부터 이 말이 널리 쓰이고 있었다고 보아야 하겠으나, 아직
명대 작품으로 확정할 만한 고사 작품은 발견되지 않고 있다. '고
사'라는 명칭은 이후 북을 치며 이야기를 강창하는 공연 양식의
명칭으로 쓰이는 한편, 산동대고山東大鼓, 경운대고京韻大鼓 등 현
전하는 대고大鼓의 가사라는 의미로도 사용되었다. 더 넓게는 청
나라 초 만주족 팔기八旗의 자제들이 지어 청나라 중엽 이후까지

도판 17. 산동대고의 공연 장면

북경 등지를 중심으로 성행했으며 후에 경운대고의 형성에 결정적인 영향을 미친 자제서子弟書, 반주 악기로 북 대신 박판을 사용하는 쾌판快板, 쾌서快書 등을 포함하기도 한다. 그러나 자제서, 쾌판, 쾌서류에는 가창만으로 구성된 것과 강/창이 섞인 것이 공존하기 때문에 설창 예술의 범주에서 볼 때는 구분이 필요하다.(도판 17)

고사는 청대 초반 산동 지방을 중심으로 성행했다. 청나라 전기의 고사 대부분은 7언과 10언 위주의 단편이나 중편 작품들로, 시장이나 관청, 학교나 마을 등지에서 연행되었다. 이들은 민간기예를 바탕으로 형성되었을 가능성이 큰데, 현전하는 자료에 근거하면 직업적 예인보다 문인 작가가 직접 공연하는 형태가 많았던 것으로 추정된다. 이야기의 소재도 오늘날의 대고大鼓와 달리 유가 경전인 『논어』, 『맹자』의 일화나 역사 이야기, 우언寓言 등이 주를 이루며, 풍자나 계몽 등에 초점을 맞춘 것들도 있다.

청대 말엽 이후, 산동과 하북 등지의 농촌에서 성장한 민간의 설창이 도시로 진입하면서 대고라는 이름으로 바뀌어 불리고 형식도 변화했다. 예를 들어 하북성과 산동성 일대의 목판대고木板大鼓는 북경, 천진, 제남 등 대도시로 진입하며 각각 경운대고京韵大鼓, 서하대고西河大鼓, 산동대고山東大鼓 등과 같은 명칭을 얻었다. 목판대고의 경우 본래 중편 또는 장편의 강창 곡예가 주를 이루었으나, 대도시로 진입한 후에는 점차 단편 가창 곡예 쪽에 가까워졌다. 즉 공연 형식이나 작품의 길이, 소재, 내용 등의 측면에서 도시 청중들의 기호를 고려해 변화를 꾀한 것이다. 예인들의 전문화, 직업화 양상도 뚜렷해졌으며, 성별로 보면 특히 여성 예인들이 크게 늘었다. 청중도 하층민 위주에서 상위 계급 청중들까지 포함하는 방향으로 확대되었다. 고사가 고급 청중들의 오락으로 변화하게 된 부분은 공연 장소가 노천에서 실내로 이동한 사실과도 무관하지 않다.

고사 작품을 살펴보면, 전쟁과 국가흥망을 소재로 한 대규모 장편으로『대명흥륭전大明興隆傳』102책을 비롯해,『북당전北唐傳』,『호가장呼家將』,『양가장楊家將』,『평요전平妖傳』,『삼국지三國志』등이, 풍월을 노래한 소규모의 단편으로『호접배瑚蝶盃』,『교련주巧連珠』,『봉황차鳳凰釵』등이 있다.[109]

2) 일본 조루리淨琉璃의 역사

(1) 조루리의 기원

일본 조루리는 구비서사시를 기반으로 한 이야기를 현악기인 샤미센三味線[110]의 선율에 따라 낭창郎唱하는 공연예술이다. 서사적인 줄거리를 가진 긴 이야기를 악기 반주에 맞추어 가락을 붙여 읊고 노래한다는 점에서, 한국의 판소리, 중국의 설창과 함께

109_ 이상 고사에 대해서는 김학주, 앞의 책, 426~427쪽; 김영구 외, 앞의 책, 80~82쪽 참조.
110_ 샤미센(三味線, 須弥山, 沙弥仙, 三絃)은 현을 퉁겨서 소리를 내는 발현악기(撥絃樂器)이다. 샤미센이 일본에 도래한 시기를 구체적으로 알 수는 없으나, 이와 관련한 통설은 다음과 같다. 에이로쿠(永祿, 1558~1570)년 사이에 류큐(琉球, 지금의 규슈)에서 뱀가죽(蛇皮)으로 만든 삼현(三絃) 악기가 센슈사카이(泉州堺)에 유입되었다고 한다. 비파법사가 이 악기를 개량하여 현재와 같은 형태로 만들고 조루리의 반주 악기로 사용하면서, 신시대 서민음악의 주요 악기로 일본 전역에 퍼진 것이다. 샤미센 도입 이후에는 조루리에서 오기뵤시(扇拍子)나 비파를 사용하지 않게 되었다. 조루리 반주 악기로 샤미센을 이용하는 전통은 현재까지 이어지고 있다. 박영산,「『춘향가』와『소네자키신주(曾根崎心中)』의 비교연구」, 고려대학교 박사학위논문, 2004, 54쪽.

동아시아 강창예술의 범주 안에서 살펴볼 만하다.

조루리의 경우 처음에는 한 명의 다유大夫(창자)가 부채로 박자를 맞추면서 긴 서사적인 이야기를 고토바詞·이로色·지地 그리고 후시フシ(가락)로 엮어나가는 극적인 형태의 노래에 가까웠다. 그것이 비파琵琶라는 악기의 반주에 맞추어 읊어지다 다시 새로운 악기인 샤미센과 합체하면서 이야기의 전달이 한층 음곡화吟曲化되었으며, 이후 여기에 인형이 결합되면서는 종래의 서사 본위에서 극적 성격이 더 강화되어 닌교조루리人形浄瑠璃 즉 오늘날의 분라쿠文樂로 정립되었다. 인형과 결합하기 이전의 조루리에서는 가타리語り의 전달을 위한 청각적인 요소가 기본이 되었으나, 인형이 부각되면서 시청각적 요소가 어우러지는 종합적인 연행예술로 변모되었다고 할 수 있다. 이렇게 여러 변화의 단계를 거쳐온 만큼, '조루리'라는 용어가 지칭하는 대상은 단일하지 않다. 현재 이 용어는 '가타리모노'에서 '분라쿠'까지를 아우르는 총칭으로 사용되는 한편, 분라쿠에서 연창演唱하는 '성악곡声楽曲'만을 가리키는 말로 한정되어 쓰이기도 한다.[111]

일본에서는 일반적으로 가요를 가타리모노語り物와 우타이모노謠い物로 구분한다. 가타리모노에는 헤이쿄쿠平曲·고우와카마

---

[111] 박영산은 "넓은 의미에서는 '가타리모노'에서 '분라쿠'까지를 이르며, 좁은 의미로는 분라쿠에서 연창하는 성악곡을 의미한다"라고 했으며, 서연호는 "오늘날의 조루리는 기다유부시(節)를 말한다"라고 했다. 박전열은 "조루리히메를 주인공으로 하는 서사물의 명칭이지만, 다유가 연희하는 노래를 통칭하기도 한다"라고 정리했다. 박영산, 『구비전승문예의 비교 연구』, 한국학술정보, 2007, 21쪽; 서연호, 「판소리와 조루리의 현대화과정에 대한 비교연구」, 『동서 공연예술의 비교연구』, 연극과 인간, 2008, 48쪽; 박전열, 「일본 인형극 흥행방식의 변천」, 『공연문화연구』 10, 한국공연문화학회, 2005, 165쪽.

이幸若舞・조루리浄瑠璃・셋쿄부시說経節・사이몬祭文・나니와부시浪花節 등이 있으며, 이것은 고유의 문자가 정립되기 이전부터 존재했던 서사적인 이야기에 가락을 붙여 음송吟誦하는 성악곡을 가리킨다. 시쇼詞章에 곡절을 붙여 부르는 우타이모노에는 가구라神樂・사이바라催馬樂・로에이朗詠・이마요우今樣・소카早歌・고우타小歌・나가우타長唄・민요民謠 등이 있으며, 이것은 음악상으로 선율이 풍부하고 변화도 다채롭다.[112] 이중 조루리는 서사적인 이야기에 가락을 붙여 음송, 즉 낭독하는 가타리모노에 속하는데, 가타리모노의 '가타리語り'는 이야기를 읊는다는 의미지만, 보통의 대화와는 다르기 때문에 이것을 넓은 의미의 '노래' 범주에 넣는 것이다. 가타리는 곡조曲調가 발달하지 않은 이야기로, 순서를 따라 서술해가거나 긴 시간을 두고 설명하는 본격적인 언어활동으로서의 '전달'이라는 방식까지를 포괄한다. "중후한 신앙적인 감동을 동반하는 성향이 있고, 이야기꾼에 의한 해설 내지 설득력 있는 자유로운 해석에 의해 새로운 창작성・허구성이 빚어지게 된다."라고 이것을 설명하기도 하는데,[113] 가타리가 점차 일정한 서사 구조를 갖추면 이른바 '가타리모노語り物'가 되고, 문자의 문예로 기록되는 과정에서 전설이나 설화와 같은 짜임새 있는 이야기인 '모노가타리物語'가 된다.[114]

112_ 박영산, 『『춘향가』와 『소네자키신주(曾根崎心中)』의 비교연구』, 고려대학교 박사학위논문, 2004, 4쪽.
113_ 박영산, 같은 글, 53쪽에서 재인용. 원 출처는 諏訪春雄, 語り物の系譜, 鑑賞日本古典文学 29, 角川書店, 1985.
114_ '가타리', '가타리모노', '모노가타리'에 대한 설명은 박영산, 같은 글, 2008, 48~53쪽; 「한일구비연행서사시의 희곡화(戱曲化) 비교연구」, 『비교민속학』 48, 비교민속학회, 2012, 375쪽

조루리라는 명칭은 15세기경 우시와카마루牛若丸[115]와 조루리히메淨琉璃姬의 사랑 이야기인 『조루리고젠 모노가타리淨瑠璃御前物語』에서 유래한 것이다. 여주인공의 이름이 '조루리淨琉璃'인 것은, 그녀가 조루리계淨琉璃界를 관장하는 약사여래藥師如來의 은혜로 태어난 존재이기 때문이다. 다만 『조루리고젠 모노가타리』가 처음부터 조루리 연행을 염두에 두고 만들어진 것인지는 분명하지 않다. 이 작품의 이칭이 『조루리십이단소시淨瑠璃十二段の草紙』임을 고려하면, 이것이 애초에 전설을 기초로 하는, 읽히기 위한 목적의 '소시草子'[116]로 만들어졌음을 확인할 수 있다.[117] 이후 이 장편의 설화를 창으로 연행한 것이 대단한 인기를 얻게 되자, 이와 유사한 종류의 소박한 낭창음악朗唱音樂, 즉 서사음악을 모두 '조루리'라는 이름으로 부르게 되었다. 즉 『조루리고젠 모노가타리』는 모노가타리物語가 가타리모노語り物로 형성된 작품인 것이다.

이러한 조루리의 기원 및 형성의 문제를 살펴보기 위해서는, 조금 더 위의 시대로 거슬러 올라가 볼 필요가 있다.

헤이안平安(794~1192) 시대 말, 일본의 민중예능이라 할 수 있는 산가쿠散樂를 사루가쿠猿樂라고 부르는 경향이 일반화되었는

참조.

115_ 미나모토노 요시쓰네(源義経, 1159~1189)의 아명이다. 그는 무사 계급으로서 최초로 권력을 장악했던 헤이케(平家) 일족의 대두와 몰락을 그린 『헤이케모노가타리(平家物語)』의 주요 등장인물이다. '비극적 영웅'의 전형이라 할 수 있는 요시쓰네의 이야기는 가부키와 조루리 작품을 통해 재생산되었고, 이에 따라 요시쓰네는 현재까지도 일본에서 상당한 인기를 보유한 역사적 인물로 통한다.

116_ 많은 삽화를 실은 에도(江戸) 시대의 대중소설로, 가나(かな)로 되어있다.

117_ 박영산, 앞의 글, 2004, 21쪽에서 재인용. 원 출처는 角田一郎, 『人形劇の成立にする究』, 旭屋書店, 1963, 639쪽.

데, 이때 사루가쿠의 한 종목이 〈비파법사 이야기琵琶法師之物語〉
였다.[118] 당시만 하더라도 〈비파법사 이야기〉는 저속하다는 평가
를 받는 연희에 속했다.[119] 그러나 13세기 무렵, 불교의 승려이자
맹인 음악가인 비파법사琵琶法師[120]가 비파琵琶를 반주 악기 삼아,
중세에 형성된 영웅서사시이자 일본의 가타리모노 전통을 대표하
는 이야기인 『헤이케 모노가타리平家物語』를 읊고 다니기 시작하
면서 완전히 다른 평가를 받게 되었다. 이것이 많은 사람들의 호
응을 얻어 크게 유행하면서 헤이쿄쿠平曲 또는 헤이케비와平家琵琶
라는 별도의 양식이 정립되기에 이른 것이다. 여기서 두 가지 주
목할 점이 있다. 첫째, 불교와의 연관이다. 『와쿤노 시오리和訓栞』
에서는 헤이안 시대 '화찬'에 대해 "여러 가지 강식講式에서 발생
하고 변모하여 셋쿄説経가 되고, 또 조루리浄瑠璃가 되었다."라고
언급했다. 셋쿄説経가 신불神佛의 영험한 이야기 등을 읊었던 것
과 비교하면, 불교적 색채가 옅어진 세속적인 이야기의 영역이 조
루리로 발전했다고 볼 수 있다. 그러나 그 역시 불교와의 연관을

118_ 참고로 산가쿠(散楽)에서 사루가쿠(猿楽)로 표기가 바뀐 부분은, '산(散)'과 '사루'의 발음이
유사하다는 데서 그 일차적인 이유를 찾아볼 수 있다. 가와타 사케토시(河竹繁俊)는 우스꽝
스럽고 비속한 흉내 내기가 산가쿠의 대표적인 특징인 점을 고려해, 자례가쿠(戯楽)의 자례
(戯)가 사루(猿)로 바뀐 것이 아닐까 추정했다. 또한, '사루'가 흉내 내기를 잘 하는 동물인
원숭이(猿)이므로 처음부터 한자표기는 '散楽'로 했을지라도, 히라가나 표기로는 'さるがく'
라고 했고, 발음상 같은 '猿楽'로 한자표기가 변했을 가능성도 제시했다. 가와타 사케토시
(河竹繁俊), 이응수 역, 『일본연극사』 上, 청우, 2001, 157~162쪽 참조.
119_ 11세기 중반 후지와라노 아키히라(藤原明衡, 989?~1066)가 사루가쿠를 구경하고 남긴 기록
인 『신사루가쿠키(新猿楽記)』에서 이와 같은 평가를 찾아볼 수 있다.
120_ 같은 시기 유사한 형태로 이야기를 전한 자들로 메쿠라고제(盲聾女)가 있었다. 메쿠라고제
는 여자 맹인으로, 절이나 신사(神社) 경내에서 주로 서민을 상대로 샤미센을 타거나 노래
부르면서 이야기를 전했다. 비파법사는 주로 귀족이나 무사를, 메쿠라고제는 서민을 대상으
로 했다는 차이가 있다. 박영산, 앞의 글, 2004, 40쪽.

부정할 수는 없다. 둘째, 서사성이다. '헤이쿄쿠'를 연행하는 것을 '노래한다歌う'라고 하지 않고 '이야기한다語る'라고 했으므로, 이 부분은 전술한 가타리 및 가타리모노의 전통과 관련된다.

한편 헤이쿄쿠는 서민예술로 출발했지만, 점차 귀족 계급의 애호를 받으면서 그 성격이 바뀌어갔다. 과거 헤이안平安(794~1192) 시대에는 저속한 연희라는 평가를 받을 정도였지만, 가마쿠라鎌倉時代(1185~1333) 초기 『헤이케 모노가타리』의 사설을 가져오면서 문학적으로 서사성을 획득하는 한편 음악적으로도 훨씬 성숙하게 되었다. 무로마치 시대室町時代(1336~1573) 이후에도 비파법사는 귀족이나 상류층을 대상으로 그들의 기호를 고려한 헤이쿄쿠를 연행했고, 서민의 입장에서는 이것이 지나치게 세련되고 고전적인 음곡으로 인식되었다. 그렇게 난보쿠초 시대南北朝時代(1336~1410)와 무로마치 시대室町時代(1338~1573)를 지나면서 헤이쿄쿠는 하층 계급의 생활 감정과 더욱 거리가 먼 예술이 되어갔다. 하층 계급의 서민들은 자신의 삶과 취향을 반영한 가타리모노나 가요를 절실하게 원했고, 무로마치 시대 중기, 일부 비파법사들이 이에 호응하여 애정서사시의 성격을 띠는 『조루리고젠 모노가타리浄瑠璃御前物語』를 비파 대신 샤미센 반주에 얹어 불렀다. 앞서 살펴본 바와 같이, 이 새로운 서사음악 전반을 해당 이야기의 여주인공 이름을 가져와 '조루리浄瑠璃'라고 부르게 된 것이다. 아래 그림이 바로 동경대학교 도서관에 소장되어 있는 『조루리십이단소시浄瑠璃十二段の草紙』, 즉 『조루리고젠 모노가타리』 최고본最古本이다. 앞서 나온 『헤이케 모노가타리』를 모방해 전체를 12단으로 구성했기 때문에 이와 같은 이칭으로 불렸다.(도판 18)

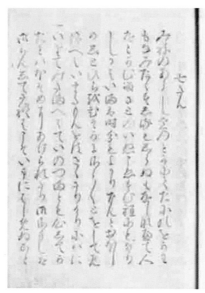

도판 18. 『조루리십이단소시(浄瑠璃十二段の草紙)』(동경대학교 도서관 소장)

　'조루리'라는 용어의 쓰임 자체는, 시인 산조니시 사네타카三
条西実隆(1455~1537)가 남긴 한문 일기인 『사네타카코키実隆公記』
1475년 7월의 기록에서 처음 발견된다. 그 뒷부분에 "이즈모의
조루리고젠 〈시다도노信田殿〉같은 연목演目을 상연했으니 역시 참
잘하는구나."라고 적혀있다. 이 모노가타리에 대한 흔적은 그 후
우루시오케　반리슈큐漆桶万里集九의　『바이카무진조梅花無尽蔵』에
수록된 1485년 9월 10일의 시詩〈이코이 야하기 야도憩矢作宿〉에
서도 발견된다. "야하기矢作의 부자가 귀공자 미나모토 요시쓰네
源義経를 사위로 삼았다는 이야기를 전해 듣고"라는 대목이 『조루
리고젠 모노가타리』의 일부를 구성하는 『야하기 모노가타리矢作

物語』에 해당하는 것이다.

연행 예술로서의 '조루리'에 대한 기록은 『소초일기宗長日記』
의 1531년 8월 15일 조条에 처음 등장한다. 스루가노쿠니 우즈駿
河国宇津의 산동네 여관에 머물렀을 때, "맹인 비파법사가 있었는
데, 조루리를 부르게 해서 흥거웠고"라는 구절이 있는 것이다. 이
를 통해 16세기에 시골 변두리에서까지 조루리히메淨瑠璃姬와 우
시와카마루牛若丸의 사랑 이야기가 조루리로 연행되고 있었음을
확인할 수 있다.

> 때마침, 지팡이를 짚은 맹인 비파법사가
>
> 조루리를 읊고 있다. 등불 아래에서,
>
> 오늘은 밤이 깊어 갈수록 슬픔도 더해진다.

아라키다 모리타케荒木田守武의 『모리타케센쿠守武千句』에도 위
와 같은 시구가 있어 맹인 비파법사에 의한 조루리의 연행 사실
을 명확히 하여준다.[121]

(2) 고조루리古淨瑠璃

앞서 살펴본 바와 같이, 조루리는 다단한 변화의 역사를 거쳐
현재에 이르고 있다. 그 가운데 주요한 기점이 되는 것 중 하나

---

[121] 이상 조루리의 기원에 대해서는 박영산, 「일본 가타리모노(語り物)의 양식화(樣式化)와 판
소리」, 『판소리연구』 26, 판소리학회, 2008, 52~57쪽; 이지선, 『일본전통공연예술』, 제이앤
씨, 2009, 277~279쪽 참조.

가, 1686년 다케모토 기다유竹本義太夫와 지카마쓰 몬자에몬近松門
左衛門의 합작『슛세카게키요出世景淸』의 발표라 할 수 있다. 구로
키 간조黑木勘藏는 이 작품에 대해 '고조루리와 결별한 곡'이라고
명명하기도 했다.[122] 이 작품의 발표를 계기로 조루리의 형식, 표
현 등이 전과 완전히 달라졌으며, 기다유부시義太夫節라는 새로운
음악 양식도 성립되었다. 이에 그 이전의 것을 고조루리古淨瑠璃,
이후의 것을 신조루리新淨瑠璃로 구분하게 되었다. 시기적으로 보
면 기다유부시의 성립 이전, 즉 대략 17세기 후반 무렵까지 성행
한 조루리가 고조루리에 해당된다.

　고조루리는 교토, 오사카, 에도의 세 지방에서 발달했으며, 소
재상으로는 사랑과 연애 이야기가 주류를 이루었다.

　조루리는 애초에 이야기 위주의 연행 예술에서 출발했다. 가
타리를 기반으로 한 고조루리의 시대에는 조루리가 창자인 다유
太夫를 중심으로 하는 연창예능이었으며, 고정된 자세로 앉아 이
야기를 전하는 다유의 재능이 막중한 비중을 차지할 수밖에 없었
다. 등장인물들이 모두 소리 한 가운데에 있었으므로, 청중들도
그 장면을 연상하며 '귀 기울여' 조루리를 들었다.

　조루리를 포함해 초기의 가타리모노 양식들은 악기를 수반하
지 않고 음송하는 형태를 띠다가, 점차 부채扇·사사라簓·북鼓·
비파·샤미센三味線 등을 반주 악기로 이용하면서 음악적으로 발
전했다. 조루리도 처음에는 부채로 박자를 맞추었는데, 예상할 수
있는 바와 같이 부채로 맞추는 박자의 곡절曲節은 극히 단순한 것

122_ 가와타케 도시오, 최경국 역, 『가부키』, 창해, 2006, 236쪽.

이었다. 후에 비파의 묘수였던 다키노 겐코瀧野檢校·사와토모 겐코沢住檢校가 『조루리고젠 모노가타리』에 곡절을 붙여 음송했다. 그러나 샤미센이 등장하면서는 고조루리에서 부채 박자도, 비파도 모두 사라져버렸다. 샤미센이 비파보다 훨씬 세련된 음곡을 반주할 수 있는 악기였기 때문이다.

비파 대신 샤미센이 반주 악기로 사용된 것, 이것이 바로 고조루리 시대에 전개된 첫째 단계의 변화라 할 수 있다. 샤미센이 도입되면서 조루리의 음악성은 한층 제고되었다. 일본의 가타리모노는 16세기 중엽에 이미 형성되어 있었다. 여기에 샤미센의 복잡 미묘한 음색과 서정성 깃든 사랑 이야기의 영향으로 가타리의 예술성이 극대화되기 시작했다. 청중들도 샤미센의 도입에 따라, 가타리의 서사적인 줄거리만이 아니라 음악 쪽으로도 관심을 기울이기 시작했다.

고조루리의 시대에 일어난 둘째 단계의 변화는 17세기 초, 조루리와 인형의 결합이라 할 수 있다. 당시 유행하는 가요곡을 부르면서 인형을 조정하는 구구쓰시傀儡師의 인형극과 결합한 조루리는 닌교조루리人形浄瑠璃라는 독특한 형태의 인형극으로 거듭나게 되었다.[123] 구구쓰傀儡 인형은 고대에서 중세 전기에 걸쳐 전문적인 예능인에 의해 연행되다가 중세 후기 민간의 영역으로 넘어왔다. 이 인형극이 1600년경 뛰어난 문예성과 음악성을 갖춘 조

---

123 니시노미야의 에비스신사(夷神師)를 본거지로 하는 인형사 집단이 아와지시마(淡路島)에 왔다가 이웃한 아와(阿波)로 활동구역을 넓혔는데, 이때 히키다(疋田)라는 사람이 처음으로 조루리와 샤미센, 그리고 인형을 결합해 공연하는 방식을 제안했다고 한다. 박전열, 앞의 글, 165~166쪽.

루리와 결합하면서 닌교조루리人形浄瑠璃라는 양식이 정립되었다.

이렇게 인형과 결합되면서, 조루리 연행 방식의 축은 청각 중심에서 시각 중심으로 자연스럽게 이동했다. 무대에 인형이 등장하면서 인형의 움직임이 연행의 많은 부분을 차지하게 되었기 때문이다. 다유의 목소리도 점차 인형의 움직임을 따라가게 되었는데, 이때 인형의 움직임이 철저히 극본에 근거해 이루어졌기 때문에 결과적으로 조루리 극본과 작가의 위상도 더욱 높아졌다. 이로부터 다유 중심의 예능이었던 조루리는 극작가 중심의 문예로 재정립되었다.

셋째 단계의 변화는 상설극단인 좌座가 개설되어 조루리가 본격적으로 흥행하게 된 데서 찾을 수 있다. 17세기 중반 무렵 교토, 오사카, 에도의 세 도시에 연달아 상설극단인 좌座가 개설되면서 조루리가 안정적인 연행 공간을 갖추게 되었다. 정기적인 공연이 가능한 좌가 생겨나면서 조루리의 명인 다유太夫가 배출되었고, 그 가운데는 박진감 넘치는 이야기를 잘 하는 사람, 애수에 찬 이야기를 잘 하는 사람, 고상한 음악성을 갖춘 사람 등 다양한 사람들이 있었다. 그에 따라 다양한 유파가 생겨나 각지에서 명성을 떨쳤으며, 이 단계에서 가미가타上方[124]- 조루리, 에도江戸 조루리 등 독특한 지역색을 띠는 조루리도 나오게 되었다. 아래 그림은 17세기 초, 고조루리가 연행되는 장면을 포착한 것이다.(도판 19)

조쿄貞享(1684~1687) 연간에 걸쳐 고조루리가 성행한 세 지역

124- 현재의 교토, 오사카 지역을 말한다.

도판 19. 〈축성도병풍(築城図屛風)〉에 그려진 조루리 공연 장면(나고야시립박물관 소장)

의 상황을 살펴보면, 가장 성황을 이룬 곳은 지금의 도쿄인 에도였으며, 극장가인 오사카 사카이초堺町에서는 저명한 다유가 서로 경쟁하고 있었다. 전기前期 간몬기寛文期(1661~1673)에는 긴피라조루리金平淨瑠璃의 단바노쇼조丹波小掾 이즈미다유좌和泉太夫座가 여세余勢를 유지하며, 사쓰마부시薩摩節의 도라야虎屋 겐다유좌源太夫

座), 도사부시土佐節의 도사노조좌土佐掾座, 에도지로사부로 우에몬좌江次三右衛門座와 나란히 경쟁했다. 강건한 곡조를 특색으로 했던 이들 유파에 비해 좀 더 정서적인 성향을 띠는 한다유부시半太夫節의 에도한다유좌江半太夫座도 새롭게 세를 형성했다. 인형 조종의 명수인 오야마지로사부로小山次郎三郎의 활약상도 주목할 만하다.

교토京都에서는 시조 가와라四条河原의 흥행가에 가다유부시嘉太夫節의 우지카가노조좌宇治加賀掾座와 가쿠다유부시角太夫節의 야마모토 가쿠다유좌山本角太夫座가 유명했다. 이들은 전기前期에 활발했던 긴피라부시金平節의 도라야 가즈사노조좌虎屋上掾座를 대신하여 헤이안 시대의 정서를 지향하는 곡풍曲風으로 인기를 얻었다. 가쿠다유角太夫는 1684년에 수령호受領号의 사가미노조相模掾를 내세웠지만, 다음 해 사정상 도사노조土佐掾라고 개명했다. 가가노조加賀掾는 이 시기에 다케모토 기다유竹本義太夫 및 지카마쓰 몬자에몬近松門左衛門과 복잡한 관계에 있는 다유였지만, 교토의 흥행계에서는 막강한 세력을 계속 확장해나갔다. 그는 당시로서는 획기적이라 할 만큼 부드럽고 아름다운 말투와 정밀한 곡조를 통해 조루리를 한 차원 고상한 경지로 끌어올렸다고 평가되는 인물이다.

오사카大阪는 오랜 역사를 보유한 이토 데와노조좌伊藤出羽掾座가 분야부시文弥節의 오카모토 분야岡本文弥를 다유로 선택했다. 수년 전까지만 해도 서로 비교의 대상이 되었던 이노우에 하리마노조좌井上播磨掾座에는 강력한 다유가 나오지 못했고, 이는 훗날 다케모토 기다유가 새롭게 진출하기에 좋은 조건이 되었다. 다케모토 기다유는 이노우에 하리마노조좌의 제자로 입성해 가가노조의 상대역으로 활동하면서 착실히 경력을 쌓았다.[125]

고조루리의 여러 유파는 독자적인 선율과 가창 방식을 내세워 150여 년간 성행했지만 1720년경에 이르러 그 모습을 점차 감추었고, 이후 기다유부시만이 계승되어 닌교조루리의 명맥을 유지했다.[126]

여기서는 고조루리의 시초인 동시에 대표작인 『조루리고젠 모노가타리浄瑠璃午前物語』를 통해 고조루리의 특징을 파악하여 보기로 한다. 이 작품에서는 조루리히메와 귀공자御曹司 미나모토 요시쓰네源義経의 하룻밤 만남을 유곽에서 벌어지는 전형적인 사랑 서사의 작법에 따라 엮었다. 앞서 언급했듯, 이 작품이 16세기경 유입된 샤미센과 결합해 음곡화하면서 강창 예술로서의 조루리가 확립되었다고 하겠다.

여기서 볼 수 있는 고조루리의 특징은 두 가지로 정리 가능하다. 첫째, 영험길조靈驗吉兆의 모티브이다. 『조루리고젠 모노가타리』에서 조루리히메는 불교의 '조루리계'를 지배하는 약사여래의 은혜로 얻은 딸이었다. 약사여래란 조루리정토浄瑠璃浄土 혹은 조루리세계浄瑠璃世界를 의미한다. 우시와카 또한 하치만正八幡 신의 영험에 의해 구제되는 인물이다. 이처럼 스토리가 단순하고 극적인 요소가 거의 없는 대신, 신불神佛의 영험이 모티브로 작용하는

[125] 박영산, 앞의 글, 2004, 43~44쪽.
[126] 이상 고조루리의 역사에 대해서는 가와타케 도시오, 최경국 역, 앞의 책, 232~234쪽; 박영산, 앞의 글, 2008, 59~67쪽; 손순옥, 「전통인형극 분라쿠의 아름다움」, 『일본의 문화와 예술』, 한누리미디어, 2000, 252~253쪽 참조.

것이 고조루리의 특색이다. 둘째, 짝수 단의 서사시로 구성되어 있다. 이 작품의 다른 이름은 '십이단소시十二段草子'이다. 앞서 언급했듯 이전의 『헤이케모노가타리』를 모방해 12단으로 구성한 데서 나온 명칭이다. 다른 고조루리 작품 역시 모두 12단 또는 6단의 짝수 구성을 취하는데, 이것은 기-승-전-결이 필요한 드라마의 구조가 아니라 단순한 시간의 흐름을 좇아 사건이 전개되는, 일종의 두루마리 그림식 서사시 형태를 추구했기 때문이다.

영험길조靈驗吉兆의 모티브와 짝수 단의 서사시 구성이라는 고조루리의 특징은 뒤의 신조루리에 이르러 인간이 주체가 되고 홀수 단 극시 구성의 형태를 띠는 방향으로 변화하게 된다.

(3) 신조루리新淨瑠璃

조루리의 역사에서 고조루리와 신조루리를 가르는 중요한 기점이 되는 단계는, 근세적인 곡풍을 가졌던 다케모토 기다유竹本義太夫가 오사카의 도톤보리道頓堀에 극단 다케모토 좌竹本座를 창설하고 지카마쓰 몬자에몬近松門左衛門과 조력하여 당시 서민들 사이에 회자되는 화제거리나 특정 사건을 주제로 세화물世話物 즉 세와조루리世話淨瑠璃를 만들고 새로운 작품을 상연한 것이다. 기다유부시는 인형의 조종 방식까지 세 명이 조정하는 산닌즈카이三人遣い로 개량하여 가며 당대 무대예술로 경쟁 관계에 있던 가부키歌舞伎를 능가하는 압도적인 인기를 얻었다. 이에 따라, 기다유부시 이전의 조루리를 고류古流 또는 고조루리古淨瑠璃, 그 이후의 조루리를 신조루리新淨瑠璃 또는 당류조루리當流淨瑠璃라 구분 짓기에 이르렀다. 논자에 따라서는, 17세기 말까지 성행했던 유파를 고조루리라 부르고, 유일하게 현전하는 기다유부시만을 별도의 수식어 없이 조루리라고 칭하기도 하는데, 이는 형식이나 표현은 물론, 내용적인 면에서도 이들 사이에 큰 변혁이 있었음을 의미한다.

앞서 살펴본 바와 같이 이미 16세기에 교토京都, 오사카大阪, 에도江戸 등지에 닌교조루리의 '좌座'가 창설되어 성행했지만, 1684년 다케모토 기다유가 오사카 도톤보리에 다케모토좌를 세우고 이어서 도요타케좌豊竹座가 설립되면서 오사카가 명실상부한 닌교조루리 좌座의 중심지가 되었다. 그때까지만 해도 닌교조루리와 가부키歌舞伎가 경쟁 구도에 있었으나 이 시기에 이르러 닌교조루리의 인기가 가부키를 크게 앞질렀다.

신조루리 시대를 연 두 명의 주요 인물에 대해 살펴볼 필요가 있겠다. 우선 다케모토 기다유竹本義太夫는 당시 유행하던 여러 종류의 조루리를 배우고 주체적으로 그 영향을 수용하여 기다유부시라는 독자적인 음악 양식을 만들어냈다. 그는 오사카 남쪽 외관에 있는 덴노지天王寺 마을의 농가에서 출생했으며, 이름은 고로베에五郎兵衛였다. 그는 조루리를 매우 좋아하여 20세에 이미 전문적인 다유가 되었으며, 성량이 크고 음역대가 넓어 세간의 주목을 한 몸에 받았다. 1680년 정월에 흥행사 다케야 쇼베에의 눈에 띄어 기요미즈 리다유로 개명하고 독립했으며, 이후 다시 은인인 다케야로부터 한 글자 '竹'을 받고 '의義'를 존중한다는 의미에서 '義'를 가져와 기다유義太夫라는 이름으로 개명改名했다. 더불어 자기 이름을 걸고 1684년 오사카 제일의 환락가였던 도톤보리에 다케모토좌를 창설했다. 그가 확립한 독창적인 조루리는, 그의 이름을 따서 기다유부시라 불렀다. 특히 지카마쓰 몬자에몬과 제

휴한 첫 번째 작품 『슛세카게키요出世景淸』는 다른 유파의 작품에 의존하지 않은 기다유부시 최초의 작품으로 유명하다. 기다유의 간절한 소망에 부응해 지카마쓰 몬자에몬이 그의 '출세'를 빌며 쓴 작품이기도 했다.[127]-(도판 20)

지카마쓰 몬자에몬近松門左衛門은 집안 대대로 내려온 무사의 신분을 버리고 당시 경시되던 공연예술의 세계에 몸을 던졌다. 25세 무렵까지는 우지가가노宇治加賀掾에서 조루리 작가로 실력을 갈고닦았고, 이후 가가노조, 다케모토좌, 가부키 등에 작품을 제공하면서 작가로서의 지위를 공고히 했다. 그는 1703년 발표한 최초의 세태물世話物 『소네자키신주曾根崎心中』의 성공을 계기로 다케모토좌竹本座의 전속 작가가 되었고, 1706년에는 거주지도 다

도판 20. 다케모토 기다유의 초상화
(동경대학교 도서관 소장)
도판 21. 지카마쓰 몬자에몬의 초상화
(와세다대학교 연극박물관 소장)

127- 박영산, 같은 글, 59쪽.

케모토좌가 있는 오사카로 옮겼다. 이후 기다유부시竹本義太夫를 위하여 시대물時代物과 세태물 양쪽에 뛰어난 작품을 제공했으며, 기다유의 사망으로 다케모토좌가 심각한 위기에 봉착했을 때에도 『곡센야갓센国性爺合戦』으로 부흥의 기반을 마련했다. 1724년 생애를 마칠 때까지, 그는 오사카에 거주하며 세태물 24편을 포함해 90여 편의 조루리浄瑠璃와 약 30편의 가부키歌舞伎를 남겼다. 그는 이전까지 없던 사실적인 경향의 작품을 추구했으며, 보통 사람들의 모습에 초점을 맞춰 인간성을 도출해 냄으로써 정情의 세계를 핍진하게 그려낸 작가로 평가된다.(도판 21)

1703년에는 두 가지 큰 변화가 있었다. 하나는 『소네자키신주曾根崎心中』의 발표다. 이전까지의 닌교조루리 대부분은 공가公家나 무가武家의 세계를 그린 시대물時代物이었기 때문에, 서민들의 세계를 생생하게 그려낸 세화물世話物이라는 장르의 확립이 바로 이 작품에 와서 이루어졌다고 해도 과언이 아니다. 다른 하나는 기다유의 문하에 있던 도요타케 와카타유豊竹若太夫가 독립하여 도톤보리의 동쪽에 도요타케좌豊竹座를 창설한 일이다. 도요타케좌에서는 기노 가이온紀海音이라는 전속 작가를 영입해, 다케모토좌와 서로 경쟁하며 신조루리의 황금시대를 구축했다. 다케모토좌와 도요타케좌는 다유의 가타리에서부터 서로 다른 특징을 보였는데, 다케모토좌 기다유의 예풍藝風이 소박하고 차분하게 이야기를 표현하는 것이었다면, 도요타케좌 와카타유의 예풍은 미성美聲으로 화려하게 노래하는 것이었다. 두 좌의 경쟁은 1730년대부터 1760년대까지 지속되었는데, 그 위치상 다케모토좌가 도톤보리 서쪽, 도요타케좌가 동쪽에 있었기 때문에 이를 두고 동풍

(도요타케좌)과 서풍(다케모토좌)의 대결이라고 말하기도 했다. 그리고 지카마쓰와 가이온 사후, 다케모토좌에서는 다케다 이즈모竹田出雲, 도요타케좌에서는 나미키 소스케並木宗輔라는 인재가 나와 그 뒤를 계승했다.

앞서 잠시 언급했지만, 신조루리의 시대에는 인형과 관련하여서도 비약적인 개량이 있었다. 첫째, 1727년에 인형의 입과 눈이 열리고 닫히도록 개량되었으며, 둘째, 1730년에 인형의 눈동자와 눈썹이 움직이도록 바뀌었다. 이렇게 입, 눈, 눈썹까지 섬세하게 움직일 수 있게 되면서 표현의 사실성도 더욱 강화되었다. 셋째, 1734년에 3명이 조정하는 산닌즈카이三人遣い 형태가 정립되었다. 이 형태는 다케모토좌에서 『아시야도만오우치카가미芦屋道満大内鑑』를 상연할 때 고안된 것으로 알려져 있다.[128] 아래 그림은 〈아시야도만오우치카가미〉의 공연 안내문으로, 하나는 18세기 다케모토좌의 공연 광고 안내문이며,(도판 22) 다른 하나는 2018년 11월에 오사카에 있는 국립분라쿠극장의 공연 광고 안내문이다.(도판 23)

닌교조루리 초기에 한 사람이 인형을 조정하는 히토리즈카이一人遣い 형태였던 것이, 1734년에 와서 주조종자인 오모즈카이主遣い, 왼쪽 조종자인 히다리즈카이左使い, 발 조종자인 아시즈카이足遣い의 세 사람이 조정하는 산닌즈카이 형태가 된 것이다. 주조종자는 왼손을 인형의 허리 뒤쪽에 집어넣어 몸체를 쥐고, 오른손

128_ '유네스코 무형문화유산 분라쿠에의 초대' 홈페이지 톱〉역사〉 전성기 〈http://www2.ntj.jac.go.jp/unesco/bunraku/ko/history/history3.html#a〉(접속일 : 2018.12.02.)

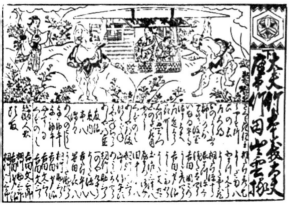

22 | 23

도판 22. 〈아시야도만오우치카가미(芦屋道満大内鑑)〉 공연 광고 안내문(일본 국립국회도서관 소장)
도판 23. 국립분라쿠극장 〈아시야도만오우치카가미(芦屋道満大内鑑)〉 공연 광고 안내문(2018.11)

으로 인형의 오른손 소매 뒤에서 조종한다. 발 조종자는 몸을 낮추어 인형의 발뒤꿈치 뒤에 붙어있는 고리를 쥐고 조종하며, 왼쪽 조종자는 인형 왼쪽에 서서, 인형의 왼손에서 나온 긴 막대기를 오른손으로 잡고 조종한다.

이러한 조종법에는 인형이 인간처럼 정情을 가지고 자율적으로 행동하도록 하면, 그로부터 극이 성립한다는 정신이 담겨 있다. 지카마쓰 몬자에몬은 사설에 정을 담으면 인형에게도 정을 담게 할 수 있음을 실천한 극작가이기도 하다.

한편 1740년대에는 조루리 3대 명작으로 일컬어지는 『스가와라 덴쥬 테나라이 카가미菅原伝授手習鑑』(1746), 『요시쓰네 센본자쿠라義経千本桜』(1747), 『가나데혼 주신구라仮名手本忠臣蔵』(1748)가 차례로 발표되었다. 『스가와라 덴쥬 테나라이 카가미』는 헤이안 시대의 역사적 인물 스가라와 미치자네 이야기를 각색한 작품이며, 『요시쓰네 센본자쿠라』는 헤이케를 멸망시킨 요시쓰네가 형 오리토모에게 쫓기는 신세가 되어 심복들을 이끌고 도망 다닐 때의 이야기를 각색한 것이다. 『가나데혼 주신구라』는 약칭으로 『주신구라』라고도 하는데, 억울하게 죽은 주군의 원수를 갚고자 아코한赤穂藩의 가신 사무라이들이 일으킨 복수극을 모티브로 했다. 이 작품들은 다케모토좌竹本座의 나미키 센류並木千柳, 미요시 쇼라쿠三好松洛, 다케다 이즈모竹田小出雲 세 사람의 합작이라는 특징이 있다. 조루리의 인기가 높아지자, 여러 작가가 단을 분담하는 합작 방식을 활용해 더욱 복잡하고 장대한 스케일의 작품을 생산한 것이다. 또 이들 작품은 분라쿠와 가부키 양쪽에서 상연된 작품이라는 공통점도 있다.

창작활동이 활발했던 당시 닌교조루리에 대한 서민들의 호응이 매우 높았던 반면, 가부키는 상대적으로 쇠락의 길을 걷고 있었다. 그러나 가부키는 위에서 언급했듯 닌교조루리의 작품을 차례로 상연하여 성공함으로써 다시금 부활의 계기를 마련했고, 반대로 닌교조루리의 인기는 서서히 침체되기 시작했다. 다케모토좌와 도요타케좌도 18세기 후반, 연이은 경영난으로 폐쇄 위기에 처했다. 다만 지카마쓰 한지近松半二(1725~1783)가 발표한 〈오슈 아다치가하라奧州安達原〉, 〈혼초니주시코本朝廿四孝〉 등 명작에 의해 겨우 그 명맥을 유지할 수 있었다.

18세기 후반, 극장을 향한 사람들의 발길이 점차 소원해지면서 아마추어로 조루리나 인형 조종을 즐기는 사람들이 생겨났다. 당시 오사카에는 기다유부시를 배울 수 있는 곳이 많았는데, 그중에서도 우에무라 분라쿠켄植村文樂軒이 가르치던 곳은 교습뿐 아니라 공연까지 하면서 인기를 끌었다. 특히 3대째인 우에무라 분라쿠옹植村文樂翁 대에 많은 명인들을 규합하여 흥행에 성공함으로써, 분라쿠극단의 공연이 닌교조루리의 대명사처럼 인식되었다.

분라쿠文樂가 닌교조루리의 대명사가 된 배경을 조금 더 상세히 살펴보기로 한다. 아와지시마淡路島 출신의 조루리 다유浄瑠璃太夫였던 우에무라 분라쿠켄이 바로 극장 주인이었는데, 사람들이 극장에 그의 예명을 붙여 '분라쿠켄의 흥행장文樂軒の小屋'이라고 불렀다. 이곳이 이후 다른 곳으로 이전하면서 '분라쿠자文樂座'로 이름을 알렸다. 따라서 분라쿠라는 명칭은 닌교조루리 아야쓰리 시바이操り芝居의 극장 이름인 '분라쿠자'에서 비롯된 것이다. 그리고 그의 양자인 우에무라 분라쿠옹植村文樂翁은 연창자인 3세 다케모토 나가토竹本長門(1800~1864) 다유太夫와 샤미센 연주자인 도요자와 단페豊沢団平(1827~1898), 인형 조종사 요시다 다마조吉田玉造(1829~1905)를 내세워 분라쿠자의 초석을 만들고, 조루리 부흥에도 혁혁한 공을 세웠다. 그는 1864년에 세상을 떠나기 전까지 분라쿠 조루리 연행文樂浄瑠璃芝居의 흥행주座元로 활약했고, 이 분라쿠자는 최고 수준의 연주가나 인형 조종사가 출연하는 곳으로 자리매김했다. 그 영향력과 인기에 따라 '분라쿠'라는 용어가 닌교조루리를 대표하게 되었다.[129]

한편 1966년에는 도쿄에 국립극장이 개장하면서 분라쿠의 정기공연이 시작되었고, 분라쿠자가 있던 오사카의 니혼바시에는

---

[129] 박영산, 앞의 글, 2008, 60~61쪽 참조; 손순옥, 앞의 글, 253쪽 참조.

도판 24. 국립분라쿠극장 건물

1984년 국립분라쿠극장이 설립되어 활발한 공연을 해오고 있다. 1972년부터는 국립극장에서 분라쿠의 전문인을 양성하는 연수제도가 시작되었는데, 다른 전통예술과 달리 혈연이나 문벌보다 실력을 우선 조건으로 내세워 좋은 평을 받고 있다. 현재 분라쿠 전문인의 반수 이상이 국립극장 연수생 출신이라고 한다. 그리고 2003년 분라쿠는 유네스코 세계무형문화유산으로 등재되어, 노, 가부키와 함께 일본의 3대 전통극으로서의 위상을 굳건히 지키고 있다.[130]-(도판 24)

Ⅲ. 판소리의 연희자

1. 판소리 연희자의 성격과 특성

1) 판소리 연희자의 자질과 분류

판소리 연희자는 창, 아니리, 발림 등을 구사하며 판소리 공연을 주도하는 배우俳優를 지칭하는데, '창우倡優', '광대', '가객歌客', '소리꾼' 등으로 불린다. 한편 객관적인 관점에서 판소리 연희자를 지칭하는 학술적인 용어로서의 '창자唱者'도 있다.

판소리가 점차 세련되고 완성도 높은 연희 양식으로 정립되어 가는 과정에서 판소리 창자의 분화도 촉진되었으며, 기량 및 신분에 따라 판소리 창자를 지칭하는 명칭도 명창, 어전명창, 또랑광대, 화초광대, 재담광대, 아니리광대, 비가비광대 등으로 세분되었다. 광대는 전통사회에서 국가 차원의 연희에 참여하거나 혹은 사적으로 유랑집단을 형성하여 잡희 등으로 생계를 유지한 천민 계층을 가리키는데, 이것이 판소리 창자를 일컫는 용어로 쓰이기도 했다. 창우집단의 레퍼토리가 분화되면서 소리광대, 줄광대, 고사광대, 어릿광대의 세분화된 용어가 나타났고, 판소리가 독자적인 연희 종목으로 정립되어 가면서, 판소리를 전문적으로 부르

---

130. 이상 신조루리의 역사에 대해서는 박영산, 앞의 글, 2008, 59~72쪽; 손순옥, 앞의 글, 252~253쪽; 이지선, 『일본전통공연예술』, 제이앤씨, 2009, 152~155쪽; 김충영, 『일본 전통극의 이해』, 지식을 만드는 지식, 2013, 151~154쪽 참조.

는 창자를 '소리광대'라고 했다.

　판소리 창자가 갖추어야 할 조건 및 기능은 다음과 같다. 첫째, 성악가로서의 기능이다. 판소리 창자는 풍부한 성량으로 다양한 창법을 자유자재로 구사할 수 있어야 한다. 판소리 창자는 음악적 표현 역량을 극화하기 위해 끊임없는 수련을 거듭하며, 이를 통해 득음의 경지에 도달한다. 요즘의 판소리에서는 천구성이나 수리성을 좋은 목으로 꼽으며, 노랑목이나 비성, 발발성과 같은 성음은 기피한다. 또 이면에 맞는 소리를 할 것을 강조하기도 한다.

　둘째, 작곡가로서의 기능이다. 판소리 창자는 자신의 음악적 역량을 결집시켜 새로운 더늠을 개발한다. 물론 특정 창자가 작곡한 소리 대목이 고정불변의 형태로만 전승되는 것은 아닌데, 이는 창자들이 자기만의 개성적인 음악 어법이나 타고난 성음을 살려 기존의 대목을 변용시켜 부르는 일도 있기 때문이다. 또 특정 대목의 작곡이라 할 수는 없지만, 장단의 개발을 통해 판소리 작곡에 일조한 경우도 있다. 진양 장단을 판소리에 도입한 김성옥과 송흥록의 일화로부터 이를 확인할 수 있다.

　셋째, 작사가로서의 기능이다. 판소리 사설의 창작은 양반 식자층이나 한량들에 의해 이루어졌을 가능성이 크지만, 작사가로서의 기능을 발휘한 판소리 창자도 분명 존재했다. 물론 이전에 없던 사설을 온전히 새롭게 창작하기보다는 스승에게 전수받은 사설을 윤색·개작하거나 소설 등의 다른 이본에서 참조한 사설을 다듬어 넣는 방식을 취했을 것이다.

　넷째, 연출가로서의 기능이다. 판소리에서는 고수나 청중의 역할도 당연히 중요하다. 그러나 무대 위에서 판소리 공연을 이끌어가는 주도권은 거의 창자에게 있다고 보아야 한다. 연극의 연출가가 대본을 나름대로 해석해 공연을 재창조하듯, 판소리 창자도 판소리를 자신의 기호에 맞게 재창조해낸다. 창자는 판소리에서 사설에 걸맞게 창조唱調와 장단을 배합하고, 장면에 따라 아니리와 창을 선택·조정하며, 주제·인물·분위기 등의 특정 요소를 강조한다. 작품을 해석해 '이면을 그리는' 행위에서 판소리 창자의 연출가적 기능이 구현되는 것이다.

이외에 창자가 갖추어야 할 조건으로 확고한 판소리관이 거론되기도 한다. 판소리 창자는 자신만의 확고한 판소리관을 통해 자신의 소리를 그 방향으로 발전시키게 마련이다. 한 예로, 근대 오명창의 한 명인 송만갑은 "소리하는 사람은 포목상布木商과 같아서, 비단을 원하는 사람에게는 비단을, 무명을 원하는 사람에게는 무명을 주어야 한다."라고 하면서, 판소리의 대중화를 중시했다. 또 박동진은 "판소리는 옛날에 사랑방에서 웃자고 하던 얘기이다."라는 판소리관을 토대로, 판소리의 골계적인 요소를 부각시키고자 노력했다.

한편 조선 후기에 정현석이 신재효에게 보낸 서신인 〈증동리신군서贈桐里申君序〉를 통해서도 판소리 창자가 갖추어야 할 자질의 일면을 살펴볼 수 있다. 정현석은 (1)용모가 단정하고 목소리가 우렁차야 한다. (2)가사를 제 말처럼 외울 수 있을 정도로 분명히 알아야 한다. (3)성조의 운용을 익히고 자음을 분명히 터득하여 소리를 제대로 할 수 있어야 한다. (4)절도에 맞게 너름새를 할 수 있어야 한다고 주장했다. 세부적인 면에서 다소 차이가 있지만, 이는 신재효가 〈광대가〉에서 제시한 인물치레, 사설치레,

득음, 너름새와 순서대로 조응하는 것이다.

한편 판소리의 예술적 수준이 높아지면서 소리꾼들은 기량이나 출신에 따라 호칭이 분화되는 양상을 보였다. 판소리 창자의 분화 과정은 명창, 어전명창, 또랑광대, 화초광대, 재담광대, 아니리광대, 비가비광대 등 판소리 창자를 가리키는 다양한 명칭에 직간접적으로 반영되어 있다.

명창이라는 용어가 문헌에 나타나는 비교적 이른 시기의 사례는 19세기 중반에 기록된 유만공의 『세시풍요歲時風謠』에서 확인할 수 있다. 그는 '춘방이 나자마자 광대를 선발하며, 명창도 데려다가 좋은 밤을 고르네. 산을 부르고나면 연희가 벌어지니, 한바탕 기이하고 빼어난 춘향가纔過春榜 萃優倡 名唱携來卜夜良 歌罷靈山 呈演戲 一場奇絶現春香'라는 한시를 통해 과거 급제자를 축하하는 문희연의 연회 장면을 묘사한 후, 승구의 '명창'과 관련해 "소리 잘하는 것을 명창이라 한다善歌曰名唱"라고 덧붙였다. 여기서 소리를 잘한다거나 혹은 그렇지 않다고 평가할 수 있는 객관적인 기준까지는 확인할 수 없지만, 당시 명창으로 인정받기 위해서는 음악적 요건인 득음이 무엇보다도 중요한 요건으로 작용하고 있었음을 알 수 있다. 이 기록은 『세시풍요歲時風謠』가 지어진 19세기 중반에 이미 득음 여부를 따져 판소리 창자의 연창 능력을 판단하는 기준이 마련되어 있었음을 보여준다.

19세기 중후반 무렵 판소리가 왕실의 애호를 받으면서, 어전에서 소리를 하고 임금으로부터 벼슬을 제수받는 판소리 창자도 생겨났다. 이들을 특별히 '어전명창' 혹은 '어전광대'라고 하는데, 왕실에서 소리를 하기 위해서는 벼슬 직함이 있어야 했으므로, 초청된 판소리 창자들에게 비록 명예직이나마 벼슬을 내려주었던 것이다. 1864년 대원군이 전라감영 주최의 판소리 경창대회를 전주통인청사습全州通引廳大私習으로 승격시킨 후, 이 대회에서 주목받은 창자들이 왕실로 불려가 소리를 하고 벼슬을 받아 어전명창이 되는 경우도 있었다. 모흥갑과 염계달은 헌종의 총애를 받아 동지同知라는 직계에 올랐으며, 박유전과 박만순은 대원군의 후원으로 고종에게 무과 선달先達을 제수받았다. 또 고종은 김창환에게 의관議官, 송만갑에게 감찰監察, 이동백과 정창업에게 통정부通政大夫, 박기홍, 정정렬, 한성준, 전도성, 장판개, 유성준, 김봉문, 김창룡에게 참봉參奉의 직계를 부여했다. 어전에서 소리를 하는 영예를 안았던 판소리 창자들은 나라에서 인정받은 명창이라 하여 '국창國唱'이라 불리기도 했다. 전통 사회에서는 이처럼 임금 앞에 불려가 소리를 하고 벼슬을 제수 받은 어전 명창을 국창으로 간주했으며, 현 사회에서는 국가무형문화재 판소리 종목의 예능보유자로 인정받은 명창 가운데 특히 뛰어난 기량을 가진 경우 '명창 중의 명창'이라는 의미로 국창이라는 칭호를 부여하기도 한다.

이처럼 뛰어난 예술적 역량을 인정받아 명창의 반열에 오르는 판소리 창자도 있지만, 그와 조금 다른 부류로 '또랑광대'라 불리는 창자들도 있다. 또랑이란 마을 골목을 흐르는 조그마한 물줄기를 말한다. 강이나 개울보다 규모가 훨씬 작기 때문에 실또랑이라는 표현을 쓰기도 한다. '또랑광대'에서의 '또랑'이 여기에서 나온 말이다. 즉 '도랑'처럼 국량이 좁아 실력이 변변하지 못한 창자를 일컫는다. 타고난 자질이 그리 뛰어나지 못하거나 체계적·전문적 훈련을 받지 못해 기량이 상대적으로 부족한 또랑광대는,

중앙으로 진출하는 대신 주로 지역에 거주하면서 마을의 사랑방과 같은 곳에서 활동했다. 호남 지역에서는 '또랑광대'에 상응하는 용어로 '방안통소'라는 표현을 사용했다. 예술적 기량을 기준으로 판소리 창자들을 명창 - 한량소리 - 방안통소로 구분했는데, 이중 방안통소는 무대 소리를 할 수 없고 사랑방 소리를 하며, 그것도 한 마을 안에서만 소리를 하는 사람을 가리킨다. 또 방안통소라는 말은 당사자가 있는 자리에서는 쓰지 않는 것이 예의였다. 전통사회에서 또랑광대는 기본적으로 음악적 재능이 뛰어나 상여소리나 노동요를 잘했으며, 노동 현장이나 마을의 경조사가 있을 때 중요한 몫을 수행했다. 또 진정한 판소리 애호가이자 귀명창으로서, 명창의 소리를 접할 기회가 별로 없는 일반인들과 판소리를 공유하면서 판소리 문화의 저변을 넓히고 향유층을 확장하는 데 상당한 기여를 했다. 한편 최근에 또랑광대를 자처하는 일군의 소리꾼들이 나타나 새로운 판소리, 창작판소리의 활성화에 주력하기도 했다.

아니리 혹은 재담 구사가 뛰어난 창자를 '아니리광대' 또는 '재담광대'라고 부른다. 그런데 이 말에는 소리 수준이 낮아 재담 위주로 판을 이끌어 가는 창자라는 의미가 내포되어 있다. 판소리사를 보면, 아니리 혹은 재담보다 '성음'을 중시하는 경향이 강화되는 방향으로 전개되어 왔다. 그렇기 때문에 대부분의 창자는 아니리광대 혹은 재담광대로 불리는 것을 달가워하지 않았다. 이는 소리꾼으로서의 기량이 변변치 못하다는 의미로 받아들여졌기 때문이다. 판소리의 특성상 이야기가 차지하는 비중이 결코 작지 않음에도 재담 위주로 소리판을 짜나가는 창자를 폄하하는 풍조가 생겨난 이유는 양반 좌상객이나 식자층 등이 판소리의 주요 향유층으로 등장하게 된 사실과 깊은 관련이 있다. 격조 있는 상층 음악에 익숙한 이들은 골계미에 치우친 재담보다는 사설을 담아내는 성음과 음악어법에 보다 관심을 기울였던 것이다. 하지만 박동진 명창은 창조적인 아니리와 구수한 재담·육담으로 높이 인정받았던, 긍정적인 의미에서의 아니리 광대로 평가된다. 박동진은 판소리에서 아니리나 재담이 차지하는 비중이 몹시 크고 중요하다는 사실을 정확하게 인식하고 있었다. 박동진이 즉흥적이고 개성적인 아니리와 특유의 재담을 구사함으로써 청중들의 호응을 얻으며 역동적인 판을 만들 수 있었던 것도 그의 이러한 판소리관에서 비롯된 것이다.

한편 용모는 뛰어나나 소리 수준이 낮은 판소리 창자를 가리킬 때 '화초광대'라는 용어를 사용하기도 했다. 화초광대는, 신재효가 〈광대가〉에서 판소리 창자가 갖추어야 할 네 가지 조건을 제시하면서 그 중 하나로 꼽았던 '인물치레'와 관련이 있다. 하지만 화초광대라는 말은 오로지 외모에만 강조점이 놓여 있는 표현으로, 단순히 배우로서 외모가 수려해야 한다는 것뿐만 아니라 인격적인 면을 강조하는 의미까지 포괄하는 인물치레와는 분명히 구분된다. 화초광대는 교방에서 인물이 좋은 노리개 기생을 가리킬 때 쓰는 '화초기생'이라는 말과 같은 맥락에서 이해할 수 있다. 따라서 여기서 말하는 외모란 여성의 미모를 의미하는 것으로, 남성 창자에게는 해당되지 않는다. 이 용어는 남성 창자만이 존재했던 시기에는 쓰이지 않았다가, 여성 창자들이 대거 등장하게 되는 20세기 이후부터 비로소 사용되기 시작한 것으로 보인다.

판소리 창자들에 대한 호칭은 타고난 신분에 따라 나뉘기도 했다. 무계나 재인청, 신청 출신이 아니라 일반인 출신의 판소리 창자를 가리키는 '비가비광대'라는 말이 그것이다. 정노식은 『조선창극사』에서 비가비에 대해 "한량으로 가극에 능하여 광대로 행세하는 자를 재인계급의 광대와 구별하기 위한 명칭"이라고 설명하면서, 최선달, 권삼득, 정춘풍, 서성관, 김도선, 안익화를 비가비 광대로 소개했다. 이들은 모두 한량 출신으로 주로 동편제에 속했다는 공통점이 있다. 그보다 후대의 비가비 광대로는 일제강점기에 활동했던 김석구, 현재 활동 중인 임진택, 이규호 등을 들 수 있다. 오늘날 비가비 광대로 지칭되는 판소리 창자들은 대개 고등 교육을 받은 지식인 출신으로, 창작판소리의 새로운 사설을 짓거나, 전통판소리의 사설을 쉽게 풀어 쓰고 사설의 오자誤字나 낙서落書를 바로 잡는 등의 작업에서 강점을 보이고 있다.

'비가비'라는 말의 어원은 두 가지 측면에서 접근해 볼 수 있다. 첫째, 무계 출신을 '가비甲'라 하는데, 무계가 아니라는 뜻으로 '비非'가비라고 한 데서 비롯되었을 가능성이다. 아직까지 '가비'라는 말이 무계 출신을 가리키는 말임을 입증하는 용례가 발견되지 않았다는 난점은 있으나, 사당패에서 거사의 우두머리 노릇을 하는 사람을 '모가비某甲'라 부른 예에서 알 수 있듯, '갑甲이'라는 말이 어떤 독립적인 의미를 지니고 있었을 개연성은 상당히 높다. 둘째, 원래 기생방에서 일반인을 가리키던 비가비라는 말이 판소리계에 수용되면서, 무계 출신이 아닌 일반인 출신의 창자를 지칭하는 말로 전용되었을 가능성이다. 무계 출신이 아닌 이들을 '비非'가비라고 하여 별도의 호칭을 붙인 것은 기본적으로 무계 출신 창자들의 시각에서 비롯된 것이다. 무계 출신은 자신들끼리 '동간네'라 하며 배타적 결속력을 보이면서, 자신들만이 지닌 예술적 능력에 대해 강한 자부심을 가지고 있었다. 이처럼 비가비는 무계 출신 창자들이 자신들과 구별되는 일반인 출신 소리꾼을 가리키는 말로 사용한 것이지만, 사설의 작사나 이론 정립 등에 크게 기여했다는 점에서 그 판소리사적 의의를 인정할 수 있다.

2) 판소리 연희자의 역사적 존재양상과 활동상

판소리의 발생기에 해당하는 18세기 관련 기록 가운데, 당시 명성이 높았던 명창들의 이름을 거론한 자료가 있다. 송만재의 〈관우희〉에는 우춘대, 권삼득, 모흥갑의 이름이 언급되어 있으며, 「갑신완문甲申完文」의 하은담에 대해 『조선창극사』에서 광대의 비조라 칭한 하한담과 동일 인물로 보는 시각이 있다.

19세기 전반기는 이른바 '전기 8명창시대'[131]라고 일컫는다. 〈완문등장팔도재인完文等狀八道才人〉, 〈정해소지丁亥所志〉, 송만재의 〈관우희〉, 신위의 〈관극절구 십이수〉, 윤달선의 〈광한루악부〉, 이유원의 〈관극팔령〉, 이삼현의 〈이관잡지〉, 신재효의 〈광대가〉 등 문헌 및 평자에 따라 팔명창으로 거론된 창자들의 목록

131_ '전기팔명창', '후기팔명창', '근대오명창'과 같은 개념이 정립된 것은 비교적 최근의 일이다. 1970년대에 이와 유사한 용어가 사용되기 시작했고, 판소리 연구에서 '전기팔명창', '후기팔명창', '근대오명창'의 구분이 본격화된 것은 이보형이 『판소리 다섯 마당: 해설과 주석을 단 사설집 · 부록 - 영문해설』에서 이 구분에 따라 판소리의 기원과 발전을 설명한 이후라고 한다. 송미경, 「판소리 역대 명창 및 더늠에 대한 문화적 기억의 전승」, 『판소리연구』 44, 판소리학회, 2017, 42쪽.

에는 차이가 있다. 대체로는 권삼득, 송흥록, 염계달, 모흥갑, 고수관, 신만엽, 김제철의 7명에 송광록, 주덕기, 황해천 중 한 명을 더해 전기 팔명창이라 한다.

판소리사에 있어 19세기는 매우 중요한 시기다. 열두 바탕의 완성으로 판소리의 기틀이 확립되었으며, 송흥록을 위시한 이른바 전기 팔명창의 등장으로 판소리 예술은 비약적인 발전을 이루었다. 이들은 기존의 향토적인 선율이나 성음을 판소리화해 개성적인 창법을 개발했으며, 새로운 장단도 만들어냈다. 권삼득은 비가비 광대로, 권마성과 덜렁제에 능했다고 전한다. 가왕의 칭호를 받았던 송흥록은 진양조장단을 완성하고 가곡성 우조를 판소리에 수용했으며, 동편제의 법제를 마련했다. 〈평양도〉의 판소리 장면에 그려진 인물로도 유명한 모흥갑은 임금에게 벼슬을 제수받은 최초의 어전 광대로 알려져 있다. 고수관은 좋은 목과 문장력을 갖추었던 명창으로, 즉흥적으로 판을 짜나가는 솜씨도 일품이었다. 염계달은 경기도의 향토민요적 특성을 활용한 경드름과 추천목을 창제했다. 황해천의 장기였다고 전해지는 자웅성도 독특한 판소리 창법이었을 것으로 추정된다. 신만엽과 김제철은 석화제의 창시자로 일컬어지는데, 각각 〈수궁가〉와 〈심청가〉를 특히 잘 불렀다고 한다. 이러한 전기 팔명창들의 노력으로 판소리는 평민층뿐만 아니라 중인층, 양반층까지 판소리 향유층으로 포섭하는 예술로 거듭나게 되었다.

뿐만 아니라 전기 팔명창은 다수의 더늠을 개발하기도 했다. 송흥록의 '귀곡성'과 단가 '천봉만학가', 염계달의 '남원 한량 대목'·'돈타령'·'백구타령'·'토끼 욕사설', 모흥갑의 '이별가'와

'장판교 대전', 고수관의 '자진 사랑가', 신만엽의 '백로횡강(소지노화)', 김제철의 '심청 탄생 대목', 황해천의 '농부가', 주덕기의 '조자룡 활 쏘는 대목', 송광록의 '긴 사랑가'와 '범피중류' 등이 유성기 음반 녹음 및 현전 판소리에 남아 전하고 있다. 한편 후기 팔명창들의 출신지가 대부분 호남권인 데 반해, 전기 팔명창 중에 경기도나 충청도 출신이 대거 포함되어 있다는 점도 주목할 만하다. 염계달, 모흥갑, 고수관, 김제철 등이 그 사례이다. 전기 팔명창으로 거론되지 않지만, 중고제 소리를 창시하고 진양조장단 완성에 기여하는 등 판소리사적으로 매우 중요한 인물로 평가되는 김성옥 역시 충청도 출신의 명창이다.

19세기 후반기는 '후기 8명창시대'라고 일컫는다. 박유전, 박만순, 이날치, 김세종, 송우룡, 정창업, 정춘풍, 김창록, 장자백, 김찬업, 이창윤 등이 후기 팔명창에 포함되는데, 역시 평자에 따라 기준이 달라 팔명창을 거론한 기록들에 차이가 있다.

판소리 전문 명창들이 비로소 자신의 자질과 실력을 드러내어 인정받기 시작한 전기 팔명창 시대에 이어, 후기 팔명창 시대의 명창들은 고도의 기교와 시김새 등으로 소리의 판소리의 예술성을 심화시키는 한편 전 시대 명창들이 남긴 선율을 바탕으로 풍부한 더늠을 개발했다. 박유전의 '이별가'·'사랑가'·'시비 따라'·'새타령', 박만순의 '옥중가'·'사랑가'·'토끼화상'·'화용도', 김세종의 '천자 뒤풀이', 이날치의 '새타령'과 '동풍가', 정춘풍의 '범피중류'·'수궁풍류'·'화초타령'·단가 '소상팔경가', 정창업의 '중타령', 김창록의 '팔도 담배가'·'부녀 이별하는 대목'·'오작남비 대목', 장자백의 '적성가', 이창윤의 '부녀 이별하는 대목', 김찬업의 '토끼화상' 등이 후기 팔명창이 남긴 더늠이다. 이 무렵, 시기적으로 고제古制에 속하는 중고제·동편제와 예술 표현상 차이를 보이는 서편제가 등장하고, 이들 유파 간의 경쟁 구도가 성립되면서 판소리는 다시 한 번 비약적으로 발전하게 되었다. 당시로서는 새로운 소리제인 서편제의 법제를 마련한 이가 바로 후기 팔명창의 한 명인 박유전이다. 박만순은 고상하고 점잖은 소리로 주로 식자들의 사랑을 받았으며, 이날치는 쉬운 사설과 탁월한 수리성을 장기로 특정한 계층과 관계없이 두루 인기를 얻었다. 송우룡은 송문宋門의 동편 소리를 계승한 명창으로 수많은 제자를 길러냈다. 신재효의 문하에서 이론적 틀을 겸비한 김세종은 송문宋門일가와 구별되는 동편 소리의 한 축을 형성했다. 유성준, 이화중선, 김정문, 강도근 등 근대 이후의 명창들과 연고가 있었던 장자백은 남원 판소리의 맥을 이룬 인물로 평가된다. 정창업은 완숙한 계면 창법을 구사했던 명창으로, 박유전으로부터 이어진 서편 소리를 전승한 인물이다. 정춘풍은 "남(전라도)에는 신재효, 북(충청도)에는 정춘풍"이라는 말이 전할 만큼 이론에 박식했던 비가비 광대이다. 김찬업의 대표적인 더늠은 〈수궁가〉 중 '토끼 화상 그리는 대목'이며, 소리의 이면을 깊이 아는 소리꾼으로 통했다고 한다. 김정근은 충청도 일대를 중심으로 중고제 소리를 전승했던 김성옥 가문의 법통을 이은 소리꾼이다.

바로 전 시기의 명창들이 중인층과 양반층을 판소리 감상층으로 포섭하기 시작했다면, 후기 팔명창들은 중인층·양반층 후원자들의 더욱 적극적인 지원과 애호를 받게 되었다고 할 수 있다. 이들 후원자들은 판소리 좌상객으로서 감상자와 비평가의 역할을 겸하면서, 직접 판소리 사설의 수정에 참여했을 뿐만 아니라 경제적 지원도 아끼지 않았다. 1873년 정현석이 신재효에게 보낸 〈증동리신군서贈桐里申君書〉라는 글은 당시 판소리를 애호하는 양반 좌상객의 요구가 어떠한 것이었는지 그 일면을 보여주는 중요한 사례이다. 그는 "속창俗唱을 두루 들어보니 이야기에 근리近理하지 않은 것이 많고, 말 또한 간혹 무론無論하다. 하물며 광대가 글을 아는 것이 매우 적어 높낮이가 뒤바뀌고 미친 듯이 소리를 질러내어, 열을 들으면 한 둘을 알아듣기가 어렵다. 또한 머리를 흔들고 눈을 이리저리 굴리며 온몸을 어지럽게 흔들어, 차마 똑바로 보기 어려운 바가 있다. 이런 폐단을 고치려면 가사의 속되고 패리悖理한 것을 없애 문자로서 윤색하여 그 사정을 형용하여, 일편의 문리文理가 잘 이어지고 말을 우아하고 단정하게 하라."라고 조언했다. 사설을 우아하고 단정한 말로 바꾸면 거기에 맞게 이면을 그리게 될 것이니, 너름새도 자연 단아하게 구사하게 되고 소리도 들을 만하게 되리라는 것이다. 이처럼 양반 좌상객들의 취향은 매우 뚜렷했고, 그 가운데는 서민들의 취향과 대비되는 부분도 있었다. 이날치는 서민들에게, 박만순은 양반 좌상객들에게 특히 인기가 많은 명창이었다는 『조선창극사』의 기록을 통해, 판소리에 대한 미적 취향이 신분에 따라 분화되기도 했음을 확인할 수 있다.

그리고 후기 팔명창 중 일부는 궁중으로 불려가 어전에서 소리를 하고 관직을 얻는 영예를 차지하기도 했다. 박유전과 박만순은 대원군의 총애를 받아 고종으로부터 무과선달을 제수받았다. 한편 후기 팔명창 대부분은 전라도 남부 지역 출신이다. 전기 팔명창들의 출신지가 남원을 최남단으로 하여 경기, 충청, 전라 북부 지역에 분포해 있었던 사실과 비교하여 볼 때, 이는 매우 특징적인 현상이다.

19세기 후반~20세기 전반은 이른바 '근대 오명창 시대'라고 일컫는다. 박기홍, 김창환, 김채만, 송만갑, 이동백, 유공렬, 전도성, 김창룡, 유성준, 정정렬, 이선유 등이 근대 오명창에 포함되는데, 이중 김창환, 송만갑, 이동백 등이 주로 꼽힌다. 김창환은 서편제 법통을 이은 명창으로 근대식 극장인 협률사의 주석을 지냈다. 송만갑은 송문宋門의 마지막 계승자로, 협률사 활동 및 조선성악연구회 창립, 창극 공연 활성화 등의 업적을 남긴 명창이다. 송만갑과 함께 당대 최고의 명성을 얻었던 이동백은 빼어난 풍채와 타고난 천구성으로 큰 인기를 누렸으며, 독창적이고 즉흥적인 소리로도 유명했다. 김창룡은 중고제 명창 가문에서 태어나 그 법통을 잇는 한편, 폴리돌레코드에서 『심청전 전집』, 『화용도 전집』 등 창극 음반을 취입하기도 했다. 정정렬은 창극의 전형을 마련하고 〈춘향가〉를 새롭게 정립한 명창으로 현대에까지 많은 영향을 미치고 있다. 유성준은 동편제에 속한 명창으로, 그의 〈수궁가〉는 현재 가장 활발하게 전승되고 있다.

근대 오명창이 활약했던 19세기 말-20세기 전반은 정치사회상은 물론 판소리사적으로도 매우 역동적인 시기다. 판소리의 연행 공간이 재래의 놀이판에서 서양식 실내극장이나 포장식 이동극장 등으로 옮겨갔으며, 판소리 창자들이 배역을 맡아 연기하면서 소리를 하는 창극이 생겨났다. 유성기 음반 녹음 기술과 라디오 방송 기술이 도입되면서 대중들이 음반과 라디오를 통해 판소리를 손쉽게 향유할 수 있게 되었으며, 판소리 법제 간의 교류도 더 용이해졌다. 근대 오명창은 협률사, 원각사를 비롯해 광무대, 연흥사, 단성사, 동양극장, 부민관 등 실내극장에서 판소리나 창극을 공연했으며, 김창환과 송만갑은 자신의 이름을 걸고 '김창환 협률사', '송만갑 협률사' 등을 꾸려 포장식 이동극장으로 지방 순회공연을 다니기도 했다. 김창환은 초기 협률사 및 원각사 주석을 맡아 새로운 판소리·창극 공연을 도모했다. 이후 송만갑, 이동백, 김창룡, 정정렬 등이 중심이 되어 조직한 조선성악연구회는, 몇 명의 창자가 각기 배역을 정하고 별도의 무대 장치나 연기 없이 그 배역에 맞는 소리를 그저 서서 부르는 입체창 정도에 불과했던 초기 창극이 나름의 연극적 양식을 확립하는 데 크게 기여했다.

근대 오명창은 더늠의 개발을 통해 판소리의 예술성을 한층 심화시키기도 했다. 김창환의 '제비 노정기', 박기홍의 '삼고초려'·'장판교 대전'·'사향가', 송만갑의 '농부가'와 '화용도', 이동백의 '새타령', 김창룡의 '화초타령'과 '삼고초려', 유성준의 '토끼와 자라 문답하는 대목', 정정렬의 '신연맞이' 등이 그들의 더늠으로 전한다. 근대 오명창들이 녹음했던 판소리 음원의 일부는 다시 복각되어 판소리 연구자 및 애호가들에 의해 널리 조사·향유되고 있다.

한편 전기 팔명창 중 모흥갑과 염계달, 후기 팔명창 중 박유전과 박만순에 이어 근대 오명창 중에서도 여러 명의 어전 명창이 탄생했다. 고종은 김창환에게 의관, 송만갑에게 감찰, 이동백에게 통정부, 박기홍·정정렬·전도성·유성준·김창룡에게 참봉, 정창업에게 통정부의 직계를 내렸다.

현대 판소리의 명창은 무형문화재 제도와의 관련 속에서 살펴볼 수 있다. 1964년 이후 현재까지 김연수(춘향가), 정광수(수궁가), 김소희(춘향가), 김여란(춘향가), 박초월(수궁가), 박록주(홍보가), 정권진(심청가), 박동진(적벽가), 박봉술(적벽가), 한승호(적벽가), 강도근(홍보가), 오정숙(춘향가), 성창순(심청가), 조상현(심청가), 박송희(홍보가), 성우향(춘향가), 송순섭(적벽가), 남해성(수궁가), 신영희(춘향가), 정순임(홍보가), 이난초(홍보가), 김영자(심청가), 정회석(심청가) 등이 국가무형문화재 판소리 보유자로 인정되었으며, 판소리 고법 보유자로는 김득수, 김명환, 김성권, 정철호, 김청만 등이 인정되었다.

김연수는 판소리 동초제의 법제를 마련한 인물이자 창극계의 거목으로 현 국악사에 큰 족적을 남겼다. 정광수는 명창 정창업의 손자로, '동편제의 거봉', '선비 명창'이라는 이름을 얻었다. 여성 명창으로서 최고 기량을 보여준 김소희는 국악 발전에 열과 성을 다했으며, 해외 공연을 통해 우리 소리를 널리 알렸다. 김여란은 『조선창극사』에 이름을 올린 여성 명창으로 정정렬의 〈춘향가〉를 온전히 계승한 명창이다. 박초월은 타고난 성음으로 일찍부터 명성을 얻었으며, 이후 박귀희와 함께 국악예술학교의 전신인 한국민속예술학원을 설립했다. 박록주는 김소희, 박초월과 함께 현대 판소리사를 대표하는 여성 명창으로, 1964년 〈춘향가〉의 보유자로 인정되었다가 1970년에 〈홍보가〉의 보유자로 재인정되었다. 정권진은 정재근-정응민으로 이어지는 소리 명문인 정문鄭門의 후손으로 보성소리의 법통을 계승했다. 박동진은 1968년

〈흥보가〉의 완창 발표를 시작으로 다섯 바탕을 차례로 완창하며 현 판소리사에 새로운 전기를 마련하고, 전승이 끊긴 판소리의 복원 및 창작판소리 발표에도 힘을 기울인 명창이다. 박봉술은 성음의 위기를 각고의 독공으로 극복한 인물로, 송만갑제에 가장 정통한 동편제의 명창이라 불렸다. 한승호는 가야금과 판소리의 명인이었던 한성태의 아들로, 그의 소리는 극적이고 즉흥적이면서도 어려운 기교가 많아 귀한 소리제로 평가된다. 강도근은 수리성에 철성을 겸한 성음을 지녔으며, 동편제의 전통을 충실히 지키는 한편 남원 판소리의 발전을 위해 노력했다. 오정숙은 김연수의 동초제를 계승한 명창으로, 여성 가운데는 최초로 판소리 다섯 바탕을 완창했다. 성창순은 판소리 명창이자 명고였던 성원목의 딸로, 박유전 - 정재근을 거쳐 정응민으로 이어진 강산제 〈심청가〉를 기품 있게 다듬었다. 박송희는 박록주 바디 〈흥보가〉와 〈숙영낭자전〉을 계승하며 동편제의 법통을 이어왔을 뿐 아니라, 한때 여성국극에 투신해 활동의 폭을 넓히기도 했다. 성우향은 큰아버지 성차옥을 통해 국악에 입문해 정응민 명창 아래서 7년여에 걸쳐 보성소리를 전수받은 명창으로, 보유자로 인정받은 〈춘향가〉는 물론 〈심청가〉로도 이름이 높았다.

　김득수는 평소 판의 분위기를 중시해 '일청중, 이고수, 삼명창'론을 강조했으며, 대명창을 사사한 소리꾼 출신답게 소리 속을 알고 장단을 짚어 주는 고수로도 유명했다. 김명환은 단순한 반주의 차원을 넘어서는 고법을 통해, 판소리 예술에 있어 '고법'이라는 개념이 성립될 수 있음을 인식시키는 데 큰 역할을 했다. 김성권은 평탄한 고법을 구사함으로써 창자가 편안함을 느끼면서 자유롭게 소리할 수 있도록 배려해주는 고수였다.

3) 판소리 연희자의 유파와 전승 계보

판소리 유파는 전승 지역과 계보, 판소리 사설과 선율, 발성
성음과 창법, 주요한 미학적 기반 등을 전승 및 공유하는 창자 집
단 또는 이들 집단의 소리제를 지칭하는 용어이다. 동편제, 서편
제, 중고제 등 판소리 유파의 분화는 판소리가 시대를 거쳐 점차
높은 예술성을 성취하게 되는 과정에서 나타난 현상이라 할 수
있다.

판소리 유파에 대한 체계적인 구분과 이해를 위해서는, 가문,
지역, 사승관계의 세 요소에 주목할 필요가 있다.

① 가문

전통사회에서 판소리 창자는 무계巫系에서 배출되었다. 무계
출신은 이른바 '동간네'라고 하여, 구성원 간의 결속이 강하고 배
타적 통혼권을 형성하는 경향을 보여주고 있다. 판소리사에서 대
표적인 명창 명가 가문은 다음과 같다.

○ 송흥록 - 송광록 - 송우룡 - 송만갑
○ 김성옥 - 김정근 - 김창룡
○ 정재근 - 정응민 - 정권진

유파를 규정하는 데 있어, '가문'의 요소는 전통사회에서 더욱 비중이 컸다고 할 수 있다. 20세기에 들어서면서, '가문'보다는 '사승관계'가 유파를 규정하는 중요 요소로 작용하게 되었다.

② 지역

구전예술에 속하는 갈래는 거의 예외 없이 지역 유형Oico Type의 형태로 존재한다.[132] 판소리의 유파는 지역을 기초로 하여 구분된다는 점에서 지역 유형의 성격을 지니고 있다. "산 하나 넘고 강 하나 건너면 풍속이 달라진다"라는 말이 있는 것처럼, 교통이 발달하지 않았던 시대에 지역은 풍속과 문화를 구분하는 중요한 기준이었다.

판소리의 지역은 충청도 남단에서부터 전라도 지역에 집중적으로 걸쳐있다. 지역별로 장단의 부침새와 선율의 시김새가 약간씩 차이가 나게 되었고, 그 차이는 하나의 유파를 형성하는 요인으로 작용하기에 이르렀다. 정노식은 『조선창극사』에서 동편제가 "운봉, 구례, 순창, 홍덕 등지 이쪽"을 기반으로, 서편제는 "광주, 나주, 보성 등지 저쪽"을 터전으로, 중고제와 호걸제는 그 맥락으로 보아 "충청, 경기" 지역에 기반을 두고 있다고 말하며, 판소리 유파가 지역과의 밀접한 연관 속에 성립되었음을 지적하였다.

그러나 20세기에 들어와 교통이 발달하고 지역 간 교류가 활발해지면서, '지역'의 요소가 판소리 전승에서 차지하는 비중은

132_ 설화 가운데 '지역 전설', 민요의 '토리' 등이 여기에 해당한다. 그리고 무속이나 가면극도 지역을 기준으로 유형을 구분할 수 있다. 농악에서 말하는 좌도농악이니 우도농악이니 하는 용어도 지역유형에 해당하는 것이다.

이전과 비교해 작아지게 되었다.

③ 사승관계

구전심수로 전승되는 판소리에 있어서 사승관계는 유파를 규정하는 핵심적인 요소이다. 전통적인 도제식 학습과정을 거쳐 명창의 반열에 올랐다. 그러나 그렇다고 해서 제자는 스승과 똑같은 소리를 한 것이 아니다. 명창이 되는 과정에서 대부분의 소리꾼은 독공을 한다. 독공은 다른 것이 아니라 학습한 소리를 자기화하는 과정이다. 소리꾼에게는 '표목'이 있다. 표목이란 표시 나는 목, 즉 명창 개인의 개성이 드러나는 목을 의미한다. 이는 소리꾼이 개성적인 소리 세계를 지니고 있다는 뜻이다. 소리꾼은 스승의 소리를 그대로 잇는 데 그치지 않고 자기화, 개성화 과정을 거쳐 자기만의 독자적인 소리 세계를 구축하는 개체적 존재이다.

판소리 유파에는 동편제, 서편제, 중고제 등이 있다. 판소리사에서 유파가 분화되기 시작한 것은 19세기 전반 무렵부터로 보인다. 19세기 이후 판소리가 임금이나 양반층, 중인층의 애호를 받게 되면서 판소리의 사회적 위상이 높아졌으며, 이에 따라 판소리 창자들 또한 명창이 되면 부와 명예를 성취할 수 있게 된 것이다. 이 과정에서 판소리 창자들 사이에는 점차 자기의 법통을 강조하는 경향이 생겨났고, 이로부터 판소리 유파가 분화되기 시작한 것이다. 또는 판소리가 오랜 시간 전승되는 과정에서 지역을 기준으로 자연스럽게 유파가 형성된 측면도 있다.

판소리를 유파별로 이해하는 시각을 보여준 가장 초기의 연구는 정노식의 『조선창극사』이다. 그는 '대가닥'조에서 판소리 유파를 동편제, 서편제, 중고제, 호걸제를 '대가닥'으로 분류하면서, 대체로 동편제와 서편제로 나누고, 중고제와 호걸제는 미약하다고 서술했다. 각 유파에 대한 상세한 서술을 살펴보면 아래와 같다.

『조선창극사』의 「대가닥」 조에서는 "동편은 우조를 주장하여 웅건청담雄健淸淡하게 하는데 호령조가 많고 발성초發聲初가 썩 진중하고 귀절 끝마침을 꼭 되게 하여 쇠망치로나 내려치는 듯이 한다."라고 동편제의 개념을 정의한 뒤, 그 미학적 특징을 "담담연淡淡然 채소적菜蔬的", "천봉월출격千峰月出格"이라고 설명했다. 즉 전반적인 느낌이 웅장하고 씩씩하며, 대마디 대장단에 충실하여 장단에 소리를 맞춰 붙여 나가고, 기교를 부리지 않으면서 선천적인 음량을 소박하게 그대로 드러내어 소리하는 것이 동편제의 특징이라 할 수 있다. 또 동편제의 전승 지역 및 계보에 대해서는 "송흥록의 법제를 표준하여 운봉·구례·순창·흥덕 등지"를 지칭한다고 밝혔는데, 이곳은 호남의 동북부 지역으로 산악지에 속한다. 그리고 「광대의 약전略傳 및 그 예술」 조에서 송우룡·박만순·김세종·정춘풍·전해종·김창록·서성관·김도선·안익화·장자백·최상준·전상국·성창렬·오끗준·송재현·장수철·강재만·김찬업·양학천·김질엽·조기홍·박기홍·성민주·신학준·유공렬·송만갑·전도성·유성준·신명학·김봉문·송업봉·진채선·허금파 등을 동편제 명창으로 분류했다.

서편제의 개념에 해서는 "계면을 주장하여 연미부화軟美浮華하게 하고 귀절 끝마침이 좀 질르를 끌어서 꽁지가 붙어 다닌다."라고 정리하고, "진진연津津然 육미적肉味的"하며 "만수화란격萬樹

花爛格"의 소리로 그 미학을 설명했다. 즉 슬프고 원망스런 느낌을 처절하게 잘 그려내고, 엇부침이나 잉애걸이 등 장단의 변화를 통해 뛰어난 기교를 보여주며, 정교하고 화려하게 소리하는 것이 서편제의 특징이라 할 수 있다. "서편제는 박유전의 법제를 표준하여 광주·나주·보성 등지"를 가리킨다고 밝혔는데, 이곳은 호남의 서남부 지역으로 주로 평야지에 속한다. 그리고 「광대의 약전略傳 및 그 예술」 조에서는 서편제 명창으로 주상환·문석준·이날치·김거복·김수·정창업·최승학·백경순·이창윤·배희근·강용환·백근룡·김창환·한경석·염덕준·김채만·정정렬 등을 들었다.

중고제에 대해서는 "비동비서非東非西의 그 중간인데 비교적 동에 가까운 것"으로 정의하고, "염계달·김성옥의 법제를 많이 계승하여 경기·충청 간에서 대부분 유행"한 소리라고 설명했다. 『조선창극사』에는 상세히 설명되지 않았지만, 중고제의 창법은 창을 할 때 비교적 낮은 음성에서 평평하게 시작하여 중간을 높이고, 한계점에 이르렀을 때 음성을 낮추어 부르는 것이 특징으로, 성량이 풍부한 사람이 불러야 제격인 높은 수준의 기교를 요한다. 성음의 고저가 분명하여 명확히 구분하여 들을 수 있으며, 독서풍의 가류歌流로 노래 곡조가 단조하고 소박한 맛이 있다고 평가된다. 정노식은 「광대의 약전略傳 및 그 예술」 조에서 한송학·김정근·윤영석·백점택·이창운·황호통·박상도·김충현·김석창·이동백·김창룡을 중고제 명창으로 거론했다.

『조선창극사』에서는 강산제가 모흥갑의 강산제와 박유전의 강산제, 두 곳에서 언급되었다. 모흥갑의 강산제는 동강산제라고도 하는데, 그의 더늠인 〈춘향가〉 중 '이별가(날 다려가오)'의 소리제를 일컫는 말이다. 박유전의 강산제는 '강산조'라고도 언급되었는데, 정노식은 이것이 박유전이 살던 전남 보성군 소재의 마을 이름을 따온 명칭이라고 설명한 반면, 김연수나 정권진 등은 대원군이 박유전의 소리에 탄복해, "네가 강산 제일이다"라고 평한 데서 온 것이라는 설을 제기했다. 오늘날 판소리에서 강산제라고 하면 흔히 박유전 - 정재근 - 정응민으로 전승되는 소리제, 즉 보성소리를 지칭하는 말로 사용되고 있다. 동일하게 박유전으로부터 비롯되었으나, 박유전 - 이날치 - 김채만으로 전승되는 서편제는 강산제라고 부르지 않는다. 박유전 - 정재근 - 정응민으로 전승되어온 강산제는 서편제의 한 분파로 이해할 수 있다.

『조선창극사』에 따르면 판소리 유파는 19세기 중반 송흥록이 동편제 법제를 마련하면서 등장했고, 19세기 후반 박유전을 법제로 한 서편제가 정립되었다. 그리고 중고제는 정노식의 정의에 따라, 경기 · 충청 지방을 중심으로 전승된 소리로서 비동비서非東非西 또는 비교적 동편에 가까운 소리로만 이해되었다. 그런데 최근 일부 연구에서는 중고제를 지역적 개념만이 아니라 시대적 개념까지 내포한 말로 이해해야 한다는 주장이 제기되었다. 초기 판소리의 면모를 간직하고 있는 고제古制 소리라는 관점에서 중고제를 이해하는 것이다. 중고제는 동편제처럼 단일한 하나의 소리제로만 전승된 것이 아니라 다양한 가계의 다양한 소리제로 전승되어 왔는데, 송흥록을 기점으로 동편제가 등장하자 중고제는 경기, 충청 지역을 중심으로 전승되는 소리제를 지칭하는 개념으로 전환되었다는 것이 이 주장의 핵심이다. 즉 송흥록의 소리를 표준으로 삼는 동편제가 당시로서는 신제新制로서, 판소리사의 새로운 장을 연 계기가 되었다는 의미를 내포하고 있는 것이다. 판소리라는 예술장르가 성립되기까지의 과정과 초기 판소리의 음악어법이나 사설 형태가 어떠했는지에 대해 명확하게 알 수 없는 상황에서 중고제에 대한 이러한 논의 역시 하나의 가설일 수밖에 없으나, 판소리의 역사를 새롭게 조명할 수 있는 흥미로운 해석 시각을 보여주었다는 점에서 의의가 있다. 다만 초기 판소리가 경기·충청 지방을 중심으로 형성 발전되었다가 후에 남도 중심의 음악 어법으로 재편된 것이라면, 그러한 변모 과정을 겪게 된 과정과 동인이 무엇인지에 대해 해명하는 것이 과제라 하겠다.

후대로 가면서 판소리 창자들이 개인적인 사정에 따라 이사를 하여 사는 지역이 바뀌기도 했고, 개화기 무렵 이후에는 뛰어난 명창들이 다수 서울에 거주하게 됨에 따라 판소리를 배우는 사람들은 유파를 가리지 않고 여러 명창들에게 두루 배울 수 있는 기회가 마련되었다. 판소리 유파가 지역적 기준보다는 판소리 창자 개인의 기준에 의하여 나뉘게 된 것이다. 또 가문을 중심으로 유파를 나누는 것이 자연스러운 현상이 되기도 했다. 이른바 '송판 적벽가', '박유전제 심청가', '김세종제 춘향가' 등이 가문으로 계승된 소리의 예이다. 이는 사승관계師承關係가 유파를 형성하는 중요한 축으로 자리하게 되었음을 말해준다. 정노식이 "지역의 표준을 떠나서 소리의 법제만을 표준하여 분파되었다"라고 지적한 것도 동편제나 서편제를 전승지역이 아니라 '소리의 법제'에 의해 구분하게 되었다는 저간의 사정을 말해주는 것이다. 그러니까 '지역'을 기준으로 유파를 구분하여, 섬진강 부근, 지리산 부근, 전라도 동부 산간 지역에는 동편제 판소리의 전승이 우세하고, 전라도 서부 평야 지역에는 서편제 판소리의 전승이 대체로 우세했다고 보는 시각은, 20세기 이전의 판소리사에 적용할 때 타당성이 있다고 할 수 있다.

20세기에 들어와 판소리 유파는 세분되는 양상을 보이는데, 특정 지역 혹은 개인의 소리제를 독립된 유파로 지칭하는 사례가 생겨난 것이다. 보성소리, 동초제, 만정제 등이 그 대표적인 예이다.

보성소리는 전술한 바와 같이 박유전-정재근-정응민으로 전승되어온 소리제를 일컫는다. 여기에는 '김세종제 춘향가'와 '강산제 심청가', 그리고 정문鄭門 일가의 내림소리가 혼재되어 있다. 보성소리를 확립한 정응민은 사설을 교훈적이고 윤리적인 내용으로 윤색하고, 품위 있고 장중한 소리를 구사함으로써 기품 있고 아정한 소리를 만들고자 했다. 사설이 비속하다는 이유로 〈흥보가〉를 전승하지 않은 것도 이러한 의식의 소산이다. 보성소리는 정권진, 조상현, 성우향, 성창순 등으로 전승되었다.

동초제는 김연수가 정립한 판소리 유파이다. 김연수가 여러 명창들에게 소리를 배운 경험을 토대로 옛 명창들의 더늠을 살리는 한편 신재효의 사설, 이해조의 『옥중화』 등을 참조해 만들어낸 소리라 할 수 있다. 동초제는 김연수 자신이 가사와 문학성을 중시했던 만큼 비교적 사설이 정확하고, 너름새가 정교하고 풍부한 것이 특징이다. 다른 소리제와 비교해 연극적 성향이 뚜렷해, '창극 판소리'로 그 특징이 논의되기도 한다. 김연수의 동초제는 오정숙, 이일주, 조소녀, 민소완, 은희진 등으로 전승되었다.

만정제는 김소희가 정립한 소리제이다. 정정렬, 송만갑, 정권진, 박봉술, 박동실 등 여러 스승에게 배운 소리 목 가운데 좋은 목을 적절히 조합해 새롭게 재구성한 만정제는 동·서편 소리의 특성을 고루 갖춘 소리, 섬세하고 우아한 소리로 평가된다. 만정제는 여러 스승에게 배운 소리 가운데 좋은 목만을 따서 한 바탕의 소리를 정립한 소리제라 하여, '색동저고리'라는 표현으로 비하하며 법통 있는 소리가 아니라고 비판하는 시각도 있다. 그렇지만 조금만 각도를 달리해 보면 이는 여러 스승의 소리를 배워 자기화된 개성적인 소리세계를 구축한 것으로 평가할 수도 있다. 김소희의 만정제는 신영희, 안숙선 등으로 전승되었다.

2. 동아시아 강창예술 연희자의 성격과 특성

1) 중국 설창說唱 연희자의 성격과 특성

중국 설창 가운데 현재 지속해서 전승되고 있는 주요 갈래는 탄사彈詞와 고사鼓詞이다. 이에 두 갈래를 중심으로 해당 연희자의 성격과 특성을 살펴보기로 한다.

탄사의 경우 소주탄사蘇州彈詞가 대표적이다. 18세기 후반인 청 건륭乾隆(1736~1796) 연간 소주탄사의 연희자로 유명했던 왕주사王周士는 1776년 최초로 탄사 조합을 만든 인물이다. 그가 광유사光裕社의 조합장으로 취임할 때, 조합원들은 왕주사를 삼황三皇이라고 불렀다.[133] 또 왕주사는 건륭제가 남순하고 돌아오면서 데리고 귀경한 인물로, 황제의 총애를 받았다.[134]

왕주사 이후 가정嘉靖(1796~1821) 연간에는 이른바 '4대 명인'
이 활동했다. 진사기陳士奇, 요예장姚豫章, 유수산兪秀山, 육사진陸
士珍이 그들이다. 이들 4대 명인의 뒤를 이은 '4대 인물'은 마여비
馬如飛, 요사장姚土章, 조상주趙湘洲, 왕석천王石泉이다. 그 외 주목
할 만한 연주자로는 진우건陳遇乾, 모창패毛菖佩를 들 수 있다.

본래 소주탄사 연희자의 성별은 대개 남성 위주였으나 점차
여성의 수도 늘어나게 되었다. 1820년대에는 탄사 여성 연희자를
선생先生이라고 불렀으며, 기록에 이름을 남긴 여성 연희자로 진
월아陳月娥, 주품란朱品蘭, 주소란朱素蘭, 육수경陸秀卿, 왕월아汪月
娥, 오소경吳素卿, 양옥진楊玉珍 등이 있다. 그러나 여성 탄사 연희
자들을 '선생'이라고 지칭하는 문화는 1949년 중화인민공화국 수
립 이후 사라졌다.

20세기의 유명한 소주탄사 연희자로는 장감국張鑑國, 장감정張
鑑庭, 진희안陳希安, 장월천蔣月泉, 주운서周雲瑞, 주설금朱雪琴, 주혜
진朱慧珍, 서려선徐麗仙, 서운지徐雲志, 유천운劉天韻, 위함영魏含英,
양진언楊振言, 양인린楊仁麟, 엄설정嚴雪亭 등을 꼽을 수 있다.[135]

탄사에는 20여 개 유파가 존재하는데, 그중 유조, 마조, 진조
의 규모가 가장 크다. 유조兪調는 유수산兪秀山이 창시한 유파로,

133_ 탄사의 연희자들은 삼황(三皇)을 위해 음력 1월 24일과 음력 10월 8일, 일 년에 두 번씩
제사를 지낸다고 한다. 삼황의 기원과 탄사 간 관계는 명확하지 않으며, 최초의 탄사 조합이
만들어질 당시 조합원들이 왕주사를 삼황이라고 불렀던 것은 존경의 표현 정도로 볼 수 있
다. 전인평, 「세계음악연구실 : 중국 탄사(彈詞)에 관한 고찰」, 『음악과 문화』 11, 세계음악
학회, 2004, 155쪽.
134_ 안상복, 앞의 책, 33쪽.
135_ 이상 소주탄사 예인들의 명단은 전인평, 앞의 글, 158~159쪽.

음역이 넓고, 선율의 변화가 풍부하며, 표현력이 뛰어난 것이 특징이다. 특히 여성의 슬픔을 표현하는 데에 능하다고 평가된다. 한 사람은 삼현을, 다른 한 사람은 비파를 연주하면서 노래한다. 마조馬調는 마여비馬如飛가 창시한 유파로, 노래가 시낭송과 흡사한 분위기를 풍기며, 같은 음의 반복, 순차적인 선율 진행, 마지막 두 단어의 종지 연장 등에서 특색을 찾을 수 있다. 시작 부분과 결말 부분의 악절은 유조와 비슷하다. 마조를 기초로 하여 발전한 유파로 위옥경魏钰卿에게서 비롯된 위조魏調, 심검안沈俭安에게서 비롯된 심조沈調, 설소경薛筱卿에게서 비롯된 설조薛調, 주설금朱雪琴에게서 비롯된 금조琴調 등이 있다. 진조陳調는 진우건陳遇乾이 창시한 것이다.

한편 앞서 언급한 광유사는 왕주사가 소주에서 최초로 만든 탄사 연희자들의 조합으로, 이름난 단원을 다수 보유하고 있었다. 마여비, 요사장, 조상주, 왕석천 등 '4대 인물'로 칭해진 4명을 비롯해 많은 유명 예인들이 광유사 단원이었다. 1906년 광유사는 제자 육성을 위해 무료 교육 기관인 광유학교光裕學校를 설립했다. 조합원들이 학교 설립 기금을 마련하고, 연주자들이 조합에 참여하는 형식이었다. 이에 따라 1년 내내 탄사 공연이 가능하게 되었다. 그외 큰 규모의 조합으로 상해의 윤여사潤餘社가 있었는데, 이곳은 광유사보다는 후에 조직된 곳이었다.

탄사 조합의 표면적 기능은 조합 단원들의 생계를 보호하기 위해 조합에 소속되지 않은 탄사 연희자들에 제재를 가하는 데 있었다. 그래서 비조합원이 탄사 공연을 할 때는, 공연 이전에 반드시 지역 조합으로 공연 허가 신청을 하도록 했다. 심지어, 공연

허가가 난 이후라 하더라도 비조합원에 정식 무대 공연을 허락하지 않는 일도 있었다. 또한, 탄사 조합은 단원들의 비윤리적인 행위를 징계하는 기능도 담당했다.[136] 이러한 탄사 조합의 면모는 판소리 연희자의 소속 집단으로 기능하였던 전통 사회의 신청과 재인청, 근대 이후 설립된 조선음률협회, 조선성악연구회 등 단체의 그것과 유사하다.

다음으로 북방의 고사鼓詞는 각 지역으로 확산되어 그 지역의 설창 양식들과 영향을 주고받으며 '○○대고○○大鼓'와 같은 명칭의 설창 갈래로 분화되었다. 매화대고梅花大鼓, 경운대고京韻大鼓, 경동대고京東大鼓, 창주목판대고滄州木板大鼓, 서하대고西河大鼓, 낙정대고樂亭大鼓, 노안고서潞安鼓書, 산동대고山東大鼓, 섬북설서陝北說書, 이화대고梨花大鼓, 봉조대고奉調大鼓, 동북대고東北大鼓 등 그 종류가 수십 종에 달하지만, 여기서는 북경의 경운대고를 중심으로 그 전승 양상을 살펴보고자 한다.

경운대고의 유파는 크게 유파劉派, 장파張派, 백파白派의 셋으로 나뉜다.

우선 유파劉派는 경운대고를 완성한 예인 유보전劉寶全이 창시한 유파이다. 어려서부터 겁대고怯大鼓 예인인 아버지 유능劉能에게 삼현三絃과 목판대고를 배웠으며, 호십胡十에게 사사하여 창법을 연마했고, 20세쯤에는 천진天津에서 경극京劇을 배워 상해上海에서 공연하기도 했다. 그밖에도 자강子腔, 석운서石韻書, 마두조碼頭調 등 각종 공연의 연기와 음악적인 장점들을 흡수하고 기존에

136. 같은 글, 159~160쪽.

사투리로 말하던 가사를 북경北京 언어로 바꾸어 청중들의 환영을 받기 시작했다. 1910년에 천진의 사해승평희원四海昇平戱院에서 공연하며 명성을 얻고 유파劉派 경운대고를 완성했다. 그는 1942년 세상을 떠나기 직전까지도 편곡과 공연을 계속했다.

백파는 백운붕白雲鵬이 창시한 유파이다. 젊은 시절 농촌의 묘회廟會에서 공연하다 1890년경부터 천진에서 공연하기 시작했고, 이후 북경에 가서 사진림史振林에게 사사받으며 목판대고를 혁신한 소구대고小口大鼓로 공연종목을 바꾸었다. 1910년경 북경과 천진에서 공연하며 자신만의 특색을 찾아 내면감정의 표현에 뛰어난 기교를 갖추었고, 그에 따라 백파를 완성했다. 장취봉章翠鳳에 따르면, 백운붕은 자신의 목소리가 가진 성격을 고려해 느리고 약하며 슬픈 내용으로 이루어진 곡목을 주로 공연했다고 한다.

장파는 장소헌張嘯軒이 창시한 유파로, 주검운周劍雲은 "장소헌의 대고는 특별한 풍격이 있으니, 희곡戱曲의 각색에 비유하자면 유보전과 백운동은 노생老生에 가깝고 장소헌은 무정武淨에 가깝다."라고 했다. 이때 노생은 충효의직忠孝義直의 인물을 나타내는 중년 이상의 남자 주역, 무정은 무술을 전문적으로 행하는 역할을 의미한다. 한때 유파, 백파와 함께 일시를 풍미했으나, 앞의 두 사람이 유명해지면서 그의 이름은 점차 잊었다. 거칠고 과장되며 자유분방한 창법이 특징이었으며, 해학적인 작품으로 인기를 얻기도 했다.

이밖에 주검운의 『대고한평大鼓閒評 일一』에 따르면, 이품일李品一, 유옥장劉玉長, 노왜과老倭瓜, 일대가자一大茄子 등의 남자 예인과 소흑고랑小黑姑娘, 장묵경張墨卿, 유운경劉韻卿, 왕금자王金子, 왕

도판 25. 경운대고의 명인 유보전(劉寶全)의 공연 장면

은계王銀桂 등의 여자 예인이 있었다고 한다. 이중 장묵경은 장소
헌의 부인이며, 유운경은 유보전의 부인이다.[137]-(도판 25)

한편 평서評書의 예인 운유객雲游客[138]-이 남긴 『강호총담江湖叢
談』(1936)에 따르면, 북경에서 향유된 설창, 즉 고사계강창의 예인
이 갖추어야 할 조건에 다음의 4가지가 있었다고 한다. '첫째, 생
김새가 좋아야 한다人式順流. 둘째, 말소리가 똑똑해야 한다磔子正.
셋째, 목소리가 우렁차야 한다夯頭正. 넷째, 몸동작이나 표정연기

가 좋아야 한다發托賣像驚人.' 그런데 이는 신재효가 지은 〈광대
가〉 둘째 단락의 "그러나 광대 행세 어렵고 또 어렵다. 광대라 하
는 것은 제일은 인물치레人物致禮 둘째는 사설치례辭說致禮 그 지
차至次 득음得音이요 그 지차 너름새라"와 정확히 대응한다. 연희
자에 요구하는 요건으로 연희자의 인물, 사설의 올바른 구성과 전
달, 음악적 성취, 연극적 동작의 중요성을 공통적으로 지적한 것
은, 중국 설창과 한국의 판소리 모두 강창예술로서, 한 명의 창자
가 다양한 인물이 등장하는 긴 서사를 객석의 수많은 청중 앞에
서 들려주는 연행 양식을 공유하기 때문이라고 할 수 있다.[139]

2) 일본 조루리淨琉璃 연희자의 성격과 특성

조루리는 다유太夫의 낭창, 샤미센의 연주, 인형조정자의 인형
조정으로 구성되는 종합 공연예술로서, 다유, 샤미센, 인형 그 어
느 하나만 빠져도 성립될 수 없다. 이런 점에서 '삼업일체三業一體'
의 예능이라고도 한다. 연희자의 역할 역시 이에 따라 셋으로 구
분된다.

먼저 조루리에서 가장 중요한 연희자인 다유는 샤미센 주자와
함께 조루리의 음악인 기다유부시를 담당한다. 등장인물인 인형
의 대사는 물론 상황 설명, 분위기 묘사에 이르기까지 모든 것을
말과 노래로 곡진하게 표현한다. 다유 한 사람이 내레이터, 성우,

139_ 서유석, 「판소리 중국(中國) 강창문학(講唱文學) 기원설(起源說) 재론(再論)」, 『공연문화연
구』 36, 한국공연문화학회, 2018, 122~123쪽.

가수의 역할을 모두 소화해내는 것이 조루리의 원칙이다. 한 사람의 다유가 담당하는 시간은 대략 1시간 반 정도이며, 중간에 다른 다유와 교대하기도 한다. 기다유부시 다유의 예명은 다케모토와 도요타케의 두 가지를 사용한다.[140]

샤미센 연주자는 다유와 함께 기다유부시를 담당한다. 다유와 달리 악보를 보지 않고 암기하여 연주하는데, 이는 다유의 호흡에 따라 호응하며 그에 어울리는 음악을 만들어 나가기 위함이다. 그래서 다유와 샤미센의 관계를 종종 부부에 비유하기도 한다. 남편에 해당하는 다유가 중심이 되고, 아내 역의 샤미센이 다유를 보좌하는 것이다. 샤미센 주자는 원칙적으로 1명이 담당하지만, 무용적 요소가 강한 작품 등에 한해 2명 이상이 함께 연주하는 경우도 있다. 샤미센 주자의 예명은 다케자와竹沢, 쓰루자와鶴沢, 노자와野沢, 도요자와豊沢로, 뒷부분에 '자와沢'가 붙는 것이 특색이다.[141]

마지막은 인형조정자이다. 오늘날 전승되는 분라쿠 인형의 가장 큰 특징은 하나의 인형을 세 사람이 조정한다는 데서 찾을 수 있다. 머리와 오른손을 맡는 오모즈카이主遣い, 왼손을 맡는 히다리즈카이左遣い, 양 발을 맡는 아시즈카이足遣い가 호흡을 맞추어 마치 살아있는 사람이 움직이는 것처럼 인형을 실감나게 다룬다. 이렇게 3명에 의한 조정방식을 산닌즈카이三人遣い라고 하는데, 아시즈카이의 수련을 10년, 히다리즈카이의 수련을 10년 거쳐야

140_ 이상 다유의 역할에 대해서는 이지선, 『일본전통공연예술』, 제이앤씨, 2009, 155~157쪽.
141_ 이상 샤미센 주자의 역할에 대해서는 같은 책, 157~159쪽.

비로소 오모즈카이를 담당할 수 있는 자격을 갖추게 된다. 다만 어린아이, 하인, 마을 사람과 같은 단역이나 동물을 다룰 때는 히토리즈카이一人遣い 방식으로 1명이 조정하기도 한다. 인형조정자들은 관객들이 이들을 의식하지 않고 인형에 집중할 수 있도록 검은 옷과 검은 두건을 쓰는 구로고黑衣라는 복장을 한다. 인형조정자가 사용하는 예명은 요시다吉田와 기리타케桐竹이다.[142]

이번에는 조루리의 유파에 대해 살펴보기로 한다. 앞서 살펴본 바와 같이 기다유부시 이전의 조루리를 고류古流 또는 고조루리라고 불러 그 이후와 구분했으며, 이들 고류는 점차 쇠퇴해 지금은 몇몇 지방에서 전승되고 있을 뿐이다.

에도시대 중기에는 노래 위주의 우타조루리歌淨琉璃가 에도를 중심으로 발생했는데, 이것은 뒤에 분고계豊後係의 갈래인 도키와즈부시常磐津節, 도미모토부시富本節, 기요모토부시淸元節와 같이 가부키 무용극인 쇼사고토所作事에 무대음악으로 도입되거나, 잇추부시一中節, 가토부시河東節, 미야조노부시宮薗節, 신나이부시新内節와 같이 연회석 등에서 자시키조루리座敷淨瑠璃로 연주되는 두 종류로 분화되었다.

우타조루리의 경우, 같은 서사음악인 헤이쿄쿠에서의 비파 역할과 달리 샤미센이 구의 끝부분 간주만 맡는 것이 아니라 노래와 함께 연주되는 특색을 지닌다. 이것은 이야기적인 성격보다는 노래적인 성격을 중시하기 시작했다는 증거로, 조루리는 가타리모노인 동시에 우타이모노적인 성격을 겸하게 되었다고 할 수 있다.

---

[142] 이상 인형조정자의 역할에 대해서는 같은 책, 159~161쪽.

이제 조루리에 속하는 기다유부시, 도키와즈부시, 기요모토부시, 잇추부시, 가토부시, 신나이부시 등 유파에 대해 살펴볼 차례이다.

첫째, 기다유부시義太夫節는 다케모토 기다유竹本義太夫에 의해 1684년에 만들어진 조루리로, 연주의 유형이 다음의 셋으로 구분된다. 첫째는 인형극인 분라쿠에서 인형의 대화나 상황 설명, 반주 음악을 담당하는 것이고, 둘째는 가부키에서 내레이터의 역할이다. 셋째 유형은 스조루리素浄瑠璃로, 분라쿠나 가부키와 관계없이 기다유부시의 음악만 연주한다. 스조루리 형태의 기다유부시는 여성 연주자들도 연주하는데, 이것을 특별히 조류기다유女流義太夫라고 한다. 기다유부시는 오사카의 서민 음악으로, 오사카 방언의 사용을 기본으로 한다. 또 여기서 사용하는 샤미센은 다른 장르의 샤미센보다 크기가 크고 목이 두꺼우며 무겁다.[143] 이러한 특징을 지니기에, 다소 거칠면서 둔탁한 다유의 목소리와 조화를 이룬다. 기다유부시는 말하는 부분과 노래하는 부분에 따라 고토바바詞, 이로色, 지아이地合로 구분된다. 고토바는 선율 없이 대사를 말하는 부분이며, 지아이는 샤미센의 반주에 맞추어 계절이나 시간, 심정이나 행동, 배경 등을 노래하는 선율적인 부분이다. 이로는 성격상 고토바와 지아이의 중간 정도에 위치하며, 둘 사이의 순조로운 전환을 위해 사용된다. 기다유부시의 대본은 마루혼

---

143. 샤미센은 목(사오)의 굵기에 따라 굵은 대(후토자오, 太棹), 보통 대(추자오, 中棹), 가는 대(호소자오, 細棹)로 구분되며, 각 조루리부시마다 샤미센을 달리 사용한다. 후토자오는 목의 굵기뿐 아니라 악기의 몸통이나 줄을 괴는 고마, 줄을 뜯는 바치도 크고, 줄도 굵은 줄을 사용한다. 크고, 두껍고, 무거운 기다유부시의 샤미센이 내는 깊고 굵직한 음색은 비극성이 강한 분라쿠에 잘 어울린다. 같은 책, 158쪽.

丸本이라고 부른다. 한 페이지당 7행으로 되어 있으며, 삽화는 없다. 작품의 일부를 뽑아 학습용으로 만든 것을 게이코본稽古本이라고 하며, 분라쿠나 가부키 무대 옆 유카床에서 사용하는 유카혼床本도 있다. 유카혼의 경우 가사나 선율을 바꿀 수 있지만, 마루혼은 원작과 초연의 선율을 그대로 전한다.

둘째, 분고부시豊後節는 미야코지 분고노조宮古路豊後掾를 시조로 한다. 보통 가부키의 조루리라고 하면 도키와즈부시常磐津節와 기요모토부시淸元節를 꼽는데 그 원류가 되는 것이 분고부시이다. 미야코지 분고는 잇추부시一中節의 시조 미야코다유 잇추都太夫一中의 문하에 있다가, 18세기 초 미야코구니타유 한추都国太夫半中로 불렸고, 후에 미야코지 분고宮古路豊後로 개명했다. 교토에서 에도로 진출하여 큰 호평을 받아 미야코지 분고노조宮古路豊後掾라는 이름을 얻었다.

에도는 무가武家의 도시로 사농공상의 신분질서가 아주 엄격했는데, 분고부시가 인기를 끌면서 무사계급 여성과 분고부시 음악가 상의 연애가 빈번하게 일어났고, 연인 간의 동반자살 사건(情死, 心中) 등도 발생했다. 이 때문에 분고부시의 연희자들은 극에 출연하는 것이 금지되었으며, 일반인들이 분고부시를 배우는 것도 전면적으로 금지되었다. 생계 자체가 어려워진 분고부시 연희자들은 후지마쓰부시富士松節, 도키와즈부시常磐津節 등으로 이름을 바꾸어 새출발하기에 이르렀다.

셋째, 도키와즈부시常磐津節는 분고부시에서 파생한 것으로, 시조는 초대 도키와즈 모지타유常磐津文子太夫이다. 그는 미야코지 분고노조 문하에서 미야코지 모지타유宮古路文子太夫로 불리다가,

1747년 도키와즈 모지타유常磐津文字太夫로 개명했다.

도키와즈부시는 본래 분고부시의 영향을 수용해 아름답고 요염한 풍격을 지니고 있었으나, 2대 도키와즈 모지타유의 시대, 즉 18세기 중엽에 이르러, 용장勇壯하고 강건한 시대물의 대작을 만들어내는 방향으로 곡풍의 변화를 시도했다. 〈구모노이토蜘蛛の糸〉, 〈세키노토関の戸〉 등이 그러한 특징을 보여준다.

에도 말기, 1857년에 공연된 〈산제소三世相〉가 큰 인기를 얻자 다유인 4대 도키와즈 모지타유와 샤미센 연주자이자 작곡자 5대 기시자와 시키사岸澤式佐 간의 세력 다툼으로 번지게 되었다. 이로 인해 도키와즈와 기시자와는 분리되었다. 이들의 대립은 메이지시대의 명인 도키와즈 린츄常磐津林中가 11대 도키와즈 모지타유로서 이에모토를 계승하게 된 시대에 와서야 해소되었다. 이후 다시 분열되는 사태가 발생하기도 했으나, 결국 화합하여 오늘에 이르고 있다.

도키와즈부시의 샤미센은 중간 굵기의 목인 추자오를 사용하는데, 굵기가 기요모토부시의 샤미센보다 조금 가늘다. 줄을 괴는 고마와 줄을 뜯는 바치는 모두 상아를 재료로 한 것이다. 노래 발성은 가성을 거의 사용하지 않고 진성을 사용하는 것을 원칙으로 하기 때문에 표면적인 기교를 금기시하는 편이다. 언어의 자연스러운 억양을 중시하여 대사를 사실적으로 말하며, 대부분의 곡이 후반에서 급격하게 빨라지는 것이 특징이다. 다만 작품 가운데 기다유부시의 명곡을 개작한 작품들에서는 선율이나 표현 등에 명확하게 기다유부시의 영향이 드러난다. 기본적인 연주 형태는 샤미센 2명에 다유 3명이며, 대표곡으로 〈세키노토〉, 〈노리아이

부네乘合船〉, 〈오이마쓰若松〉, 〈마쓰시마松島〉 등이 있다.

넷째, 기요모토부시清元節의 시조는 초대 기요모토 엔주다유清元延寿太夫이다. 원래 도미모토부시富本節 소속이므로 2대 도미모토 이쓰키다유富本斎宮太夫라고 불렸지만, 도미모토부시에서 독립한 후 분고지기요미다유豊後路清海太夫로 개명했다. 그 후 1814년에 기요모토 엔주다유清元延寿太夫로 이름을 바꾼 후 기요모토부시를 창시했다.

기요모토부시는 여러 조루리 가운데 가장 새로운 조루리로, 도회적인 세련미를 추구하며 도시 상공인 계층에서 특히 애호되었다. 경쾌하고 발랄하며 산뜻한 것이 특색이며, 기교를 부리면서 높은 소리를 낸다. 가부키의 무용 반주 음악은 물론 극, 무용과 관계없는 스조루리素浄瑠璃로도 많이 연주되어 곡종이 다양하다.

샤미센은 중간 굵기의 목인 추자오이고, 줄의 굵기는 나가우타보다 굵은 것을 사용한다. 줄을 괴는 고마와 줄을 뜯는 바치는 상아를 재료로 쓰며, 조현에 혼초시·니아가리·산사가리 등이 사용된다.

목소리의 음역에서는 샤미센의 제1현에 맞는 저음역과 제3현에 맞는 고음역이 있어, 고음역 부분에서 가성을 사용하기도 한다. 비음은 특별한 경우에만 쓰며, 전체적인 느낌으로 보면 도키와즈부시보다는 우타이모노적이다. 목소리 기교로는 이로ィロ와 한이로半ィロ가 있는데, 이로에서는 말의 억양이 극도로 강조되며, 한이로에서는 조금만 강조된다. 둘 다 가타리모노적인 부분, 우타이모노적인 부분에 관계없이 이용된다. 노래의 음은 반주인 샤미센의 음보다 조금 높이 부른다. 전반적으로 정서적인 분위기의

도판 26. 기요모토부시의 공연 장면

곡풍이 특징이다. 가부키 무대에서는 주로 녹색의 가타기누肩衣[144]-를 입는 경우가 많다. 가타기누를 입고 무대에서 연주 및 가창하는 장면을 아래 그림에서 확인할 수 있다.(도판 26)

대표곡으로 〈간다마쓰리神田祭〉, 〈스미다가와隅田川〉, 〈아케가라스明鳥〉, 〈류세이流星〉 등이 있다.

다섯째, 잇추부시一中節는 17세기 말 교토의 미야코다유 잇추都太夫一中가 창시한 유파로, 처음에 연회석 음악으로 사용되다 나중에 가부키 음악으로도 쓰였다. 잇추부시의 분파로 미야코 잇추都一中를 중심으로 하는 미야코파都派, 거문고 기악곡인 야마다류

---

[144] 어깨에 각이 진 조끼 형태의 웃옷이다.

山田流와 관계가 있는 우지파宇治派, 그 밖에 스기노파菅野派가 있었는데, 각기 독자적으로 활동하며 가부키와는 멀어져 요시와라 유곽을 중심으로 하는 연회석 음악이 되었다.

잇추부시는 태생적으로 교토의 우아한 곡풍으로부터 영향을 받았고 주 향유층이 문인 등 에도의 상류 계층이었기 때문에, 분고부시 계통의 조루리와 달리 현실적이거나 자극적인 표현을 하지 않고 기품을 유지했다. 기다유부시가 극적이라면 잇추부시는 서정적이어서, 주로 미치유키道行 등에 사용되었다. 잇추부시의 예풍이 온화하고 품격있었기 때문에, 에도시대 노래인 나가우타長唄나 고우타小唄에서 품격을 강조하는 부분을 잇추가카리一中ガカリ라고 부르며 잇추부시의 선율을 도입하기도 했다. 특히 샤미센 음악에서는 고상한 분위기를 연출하기 위해 잇추부시의 선율을 사용하는 경우가 많았다.

샤미센은 추자오를 사용하고 바치는 상아로 만든다. 바치로 줄을 누르면서 뜯는 네리바치ネリ撥는 잇추부시에서 사용하는 독특한 기법이다.

대표곡으로는 〈요로즈야 스케로쿠 신주미치유키萬屋助六心中道行〉, 〈네비키노 가도마쓰根曳の門松〉, 〈마쓰가사네松襲〉 등이 있다.

여섯째, 가토부시河東節는 1717년 마스미 가토十寸見河東 또는 에도타유 가토江戶太夫河東가 창시한 유파이다. 오사카에서 기다유부시, 교토에서 잇추부시가 유행했다면, 에도에서는 가토부시가 사랑받았다고 할 수 있다.

가토부시는 잇추부시와 마찬가지로 연회석과 가부키 양쪽에서 연주되었지만, 현재는 가부키에서 거의 사용되지 않는다. 우아

함과 품격을 중시한다는 점에서 잇추부시와 유사하나, 그보다 경쾌하고 담백한 느낌을 주며 음역대가 높은 편이다. 또 잇추부시에는 높은 조현인 우와조시上調子가 없는 반면 가토부시는 우와조시가 있고, 잇추부시는 소박함을 즐기는 반면 가토부시는 화려함을 즐긴다. 샤미센은 목이 가는 호소자오 샤미센을 사용한다.

대표곡으로 〈스케로쿠 유카리노 에도자쿠라助六所緣江戶桜〉, 〈기누타砧〉, 〈마쓰노우치松の內〉, 〈구루와핫케이廓八景〉 등이 있다.

마지막 일곱째, 신나이부시新內節의 전신은 후지마쓰부시富士松節와 쓰루가부시鶴賀節이다. 후지마쓰부시의 연주자인 쓰루가와카사노조鶴賀若狹掾가 많은 명작을 발표했으며, 쓰루가부시를 부르던 2대 쓰루가 신나이鶴賀新內가 미성으로 평판이 높았다. 19세기 초부터 쓰루가부시는 신나이부시로 불리기 시작했고, 이 무렵 거리공연으로 유행하기 시작했다. 현전하는 신나이부시는 이전의 후지마쓰부시와 쓰루가부시를 포함하는 것이나, 신나이부시는 쓰루가 와카사노조의 말년부터 극과 멀어져 주로 연회석에서 연주되었다.

신나이부시는 추자오 샤미센을 사용한다. 보통 기본 조현인 혼초시와 높은 조현인 우와조시 2개의 샤미센으로 연주하는데, 신나이부시의 기본적인 형태는 단모노端物라는 짧은 곡에 전형적으로 나타난다. 조루리에는 구도키クドキ라는 것이 있다. 이야기의 클라이맥스에서 그 장면의 중심인물이 가슴에 담아두었던 이야기를 말하는 부분인데, 대개 독백으로 처리된다. 서양식 오페라의 아리아에 해당되는 개념으로, 선율이 아름다우며 시간은 짧게는 1~2분, 길게는 20분 정도에 이른다. 이 구도키가 중심을 이루고

그 길이가 긴 것이 신나이부시의 특색이다.

신나이부시의 대표작으로 〈란초蘭蝶〉, 〈아케가라스 노치노 마사유메明烏後正夢〉, 〈야지키타弥次喜多〉, 〈와카키노 아다나구사若木仇名草〉, 〈오토코다테슈세노 가조에우타男作出世員唄〉, 〈게이세이 오토와노타키傾城音羽滝〉 등이 있다.[145]

Ⅳ. 판소리의 연희 내용

1. 판소리의 연행 요소

1) 판소리의 사설[146]

판소리 사설은 판소리로 불리는 서사물을 가리킨다. 주지하듯이, 판소리는 문학, 음악, 연극의 요소를 두루 지니고 있는바, 사설은 판소리의 문학적 측면을 보여주는 중요한 구성 요소이다. 판소리 사설을 기록·정리한 것이 곧 '창본'이며, 소리꾼이 학습 과정에서 배운 사설을 기록해 놓은 것을 '소리책'이라고 일컫기도 한다. 신재효는 〈광대가〉에서 광대가 갖추어야 할 네 가지 요건으로,

---

[145] 이상 조루리의 각 유파에 대해서는 이지선, 앞의 책, 280~288쪽 참조.
[146] 상층 언어와 민중 언어가 공존하는 판소리 사설의 특징적 면모에 대한 논의는 김기형, 「판소리 언어의 중층적 성격 - 계층언어와 방언의 측면에서」, 『돈암어문학』 32, 돈암어문학회, 2017, 324~335쪽의 내용을 참조하여 정리했음.

인물치레, 사설, 득음, 너름새를 제시했다. 네 가지 요건 가운데 '사설'이 포함되어있는 것이다. 광대는 음악적 표현력뿐만 아니라 사설 전달력을 갖추어야 진정한 명창으로 인정받을 수 있다.

판소리 사설에는 민중 언어와 상층의 언어가 공존하고 있다. 일반적으로 언어에는 그 언어를 사용하는 계층의 생활상이나 세계관 등이 반영되기 마련이다. 그래서 계층 간에 사용하는 언어에는 일정한 차별성이 존재한다. 그런데 판소리에는 민중언어와 상층의 언어가 공존하고 있는 것이다. 상층 언어가 공식문화를 반영하는 권위적인 언술이나 전아하고 규범적인 언어를 의미한다면, 민중언어는 비공식문화를 반영하는 욕설이나 상소리와 같은 비속한 언어나 말장난 그리고 허리 아래의 신체부위와 관련된 성적性的인 표현 등을 말한다. 그리고 상층 언어와 민중 언어를 구분하는 문제는 국문체인가 한문체인가 하는 것과 깊은 연관이 있다.

훈민정음 창제 이후에도 국문 언어는 한문과 공존해 왔다. 한문 문화권 속에서 자국의 언어가 지배적인 표현 언어로 자리 잡지 못한 상황에서 한문은 상층 사대부의 표현 언어로서 그 기능을 다해 왔던 것이다. 따라서 국문을 사용했는가 한문을 사용했는가가 민중언어와 상층 언어를 구분하는 기준의 하나가 될 수 있다. 그렇다고 해서 국문체는 민중언어이고 한문체는 상층 언어라는 등식이 언제나 성립하는 것은 아니다. 오히려 조선조에 국문으로 된 내간체나 시조는 본래 상층의 문학양식이었으며, 판소리에서 보이는 한문체 가운데에는 오히려 민중언어로 기능하는 경우가 허다하기 때문이다. 이처럼 민중언어와 상층 언어를 나누는 것이 다분히 도식적임에도 불구하고 서로 변별되는 특질을 지니고 있는 것 또한 사실이다. 판소리는 기본적으로 혼효문체적 성격을 지니고 있다. 그렇지만 판소리 사설에 있어서 그 공존의 양상이 작품에 따라 다르게 나타나며, 비중으로 볼 때 민중언어가 압도적으로 많다고 할 수 있다. 판소리가 민중언어적 성격을 강하게 지니고 있는 이유는 그 출발에 있어서의 민중적 성격으로 말미암는 것이다. 그리고 일상적 민중의 언어 속에 전래의 속담俗談, 재담才談, 육담肉談, 소담笑譚, 욕설辱說 등이 자연스럽게 등장하여 서민적 체취를 사실적으로 보여주고 있다. 자료가 온전하게 남아있지 않아서 초기 판소리의 모습이 어떠했는지 정확히 알 수는 없지만, 후대에 비해 민중언어의 비중이 보다 강했을 것으로 생각된다. 1873년 정현석이 신재효에게 보낸 〈증동리신군서贈桐里申君序〉라는 글에 다음과 같은 대목이 들어 있다.

　　俗唱을 두루 들어보니 이야기에 近理하지 않은 것이 많고, 말 또한 간혹 無倫하다. 하물며 광대가 글을 아는 것이 매우 적어 높낮이가 뒤바뀌고 미친듯이 소리를 질러대어, 열을 들으면 한 둘을 알아듣기가 어렵다. 또한 머리를 흔들고 눈을 이리저리 굴리며 온몸을 어지럽게 흔들어, 차마 똑바로 보기 어려운 바가 있다. 이런 폐단을 고치려면 가사의 속되고 悖理한 것을 없애 文字로써 윤색하여 그 事情을 형용하여, 일편의 文理가 잘 이어지고 말을 우아하고 단정하게 하라 … (후략)[147]

147_ 歷聽俗唱 敍事多不近理 遣語亦或無倫 況倡之識字者甚少 高低倒錯 狂呼叫嚷 聽其十九語
　　莫曉其一二 且搖頭轉目 全身亂荒 有不忍正視 欲革是폐 先將歌詞 祛其鄙俚悖理者 潤色以

속창俗唱이란 판소리를 말한다. 여기서 지적하고 있는 중요한 사항은 첫째, 광대가 무식하다는 점이며, 둘째, 사설이 속되고 이치에 어그러지는 것이 많다는 점이다. 그래서 이를 문자로 윤색하여 문리가 통하게 할 필요가 있음을 요구하고 있는데, 문자는 한문체를 지칭하는 것으로 보인다. 비리패리鄙俚悖理와 문리아정文理雅正이 서로 대립적인 의미로 쓰이고 있는데, 이것이 곧 민중 언어와 상층 언어의 특징을 단적으로 표현한 것으로 이해해도 좋을 듯하다. 이 글이 쓰여진 시기는 이미 19세기 후반으로, 양반·중인·부호층이 이미 판소리의 주요 향수층으로 자리잡고 있던 때이다. 그러니까 판소리 사설에도 이들의 영향력 행사가 가능하던 시점이고, 정현석은 그러한 요구가 어떤 성격의 것인지를 잘 보여주는 사례이다.

한편으로 정현석의 이러한 언급은 당시까지의 판소리에는 '속되고 이치에 어그러진' 표현이 많았다는 것을 보여주고 있는데, 이는 본래 판소리는 민중 언어적 성격이 강했다는 사실을 역설적으로 입증해 주는 것이다. 판소리 사설의 가장 중요한 민중 언어적 특질은 재담에서 찾을 수 있다. 재담은 판소리 사설 전반에 걸쳐 나타나는데, 〈흥보가〉의 경우는 그 자체를 '재담소리'라고 일컬을 정도이며, 실전失傳 판소리의 경우에도 재담적 성격이 강하게 나타난다. 또한 판소리 사설에는 쓸데없이 하는 허담虛談, 술 마시고 하는 주담酒談, 실없이 하는 객담客談, 화내어 하는 분담憤談, 농지거리로 하는 희담戱談, 성적인 표현으로 된 걸쭉한 육담肉

文字 形容其事情 使一篇文理接續 語言雅正 --後略.

談 등이 상당히 많이 등장한다. 이러한 말들은 대부분 민중적 정서를 잘드러내 주는 비공식문화적 언어들인 것이다. 재담 이외에 민중언어적 성격을 잘 보여주는 것으로, 욕설, 말장난, 문맥에 따라 적절하게 수용된 민요·잡가·무가와 같은 민속예술 등이 있다. 판소리에는 또한 한시나 시조 그리고 12가사와 같은 사대부의 문학양식이 수용되어 있기도 한데, 판소리에 다양한 문학양식이 수용될 수 있었던 이유는 판소리가 지닌 개방적 성격에서 비롯한다. 판소리는 단형서사체에서 출발하여, 문맥에 따라 필요한 표현들을 다른 문학양식에서 적절하게 수용하여 다채로운 작품세계를 구축해 나갔던 것이다.

판소리에는 또한 상층의 언어도 많이 들어 있다. 특히 〈적벽가〉의 경우 〈삼국지연의〉의 규정성 속에서 작품이 형성되었기 때문이겠지만, 한문체의 표현뿐만 아니라 전아하고 규범적인 언어가 상대적으로 많이 나온다. 〈적벽가〉가 중세사회에 있어서 양반에게 가장 인기가 있었던 이유는 이러한 문체적인 특징에서도 찾을 수 있겠다. 기본적으로 한문체가 식자층의 언어로, 한문의 소양을 갖춘 사람만이 감흥을 느낄 수 있는 표현으로서 판소리 사설에 반영된 양반들의 영향력을 보여주는 것이라 할 수 있다. 판소리 사설은 광대들만의 힘으로 이룩된 것이 아니고 식자층에 의해 지어진 경우도 있었기 때문에, 한시라든가 고사성어 그리고 한자를 이용한 희문戱文 등과 같은 한문체가 판소리에 수용될 수 있었다. 오늘날까지 전승되고 있는 판소리 사설 가운데 광범위하게 확인되는 오자誤字나 탈자脫字의 대부분이 한자로 된 고사성어나 한시구 등에 집중되어 있는 이유는 배움이 짧은 광대가 의미도 모르고 부르며 구전심수口傳心授한 데 그 원인이 있는 것이다. 그러나 한문체의 표현이 모두 상층의 언어는 아니다. 한문체 가운데 이두한문체는 이두문체로서 중인층의 언어이고, 의사한문체 역시 엄밀한 의미에서 상층계급의 언어라기보다는 하층의 것으로 전이 변모된 것으로서, 변용문체를 이루고 있는 경우도 상당히 많다. 그 대표적인 사례를 들어 보기로 한다.

　(중중모리)자시에 생천허니 불언행사시 유유피창 하늘 천, 축시에 생지허여 금 목 수 화를 맡았으니 양생만물 따 지, 유현미묘 흑정색 북방현무 검을 현, 궁상각치우 동서남북 중앙토색의 누루 황, 천지 사방이 몇 만리 하루광활 집 우, 연대국조 흥망성쇠 왕고래금 집 주, 우치홍수 기자 추연 홍범이 구주 넓을 홍, 전원이 장무호불귀라 삼경취황 거칠 황, 요순천지 장헐시구 취지여일 날 일, 억조창생 격양가 강구연월 달 월, 오거시서 백가어 적안영상 찰 영, 이 해가 왜 이리 더디 진고 일중즉측의 기울 측, 이십팔수 하도 낙서 진우천강 별 진, 가련금야숙창가라 원앙금침 잘 숙, 절대가인 좋은 풍류 나열춘추 벌릴 렬, 의의월색 삼경야의 탐탐정회 베풀 장, 부귀공명 꿈밖이라 포의한사 찰 한, 인생이 유수 같이 세월이 절로 올 래, 남방천리 불모지지 춘거하래 더울 서, 공부자 착한 도덕 이왕지사 갈 왕, 상성이 추서방지의 초목이 황락 가을 추, 백발이 장차 오거드면 소년 풍도 걸을 수, 낙목한천 찬 바람의 백설강산의 겨우 동, 오매불망 우리 사랑 규중심처 감출 장, 부용 작약의 세류 중의 왕안옥태 부를 윤,

저러한 고운 태도 일생 보아도 남을 여, 이 몸이 훨훨 날아 천사 만사 이룰 성, 이리저리 노니다가 부지세월 해 세, 조강지처는 박대 못 허느니 대전통편의 법중 율, 춘향과 날과 단둘이 앉어 법중 여자로 놀아보자.[148]

한문을 이용한 표현 언어는 기본적으로 한자에 소양이 있는 사람이 잘 이해할 수 있는 것이지만, 이러한 한문체의 표현 가운데 한문현토체나 변용문체 등에서 볼 수 있는 바와 같이 민중언어의 속성이 반영되어 있다는 사실을 직시할 필요가 있는 것이다.

그런데 역사적으로 볼 때, 초기에 강하게 나타났던 민중 언어적 성격이 후대로 내려오면서 점차 그 비중이 약화되어 왔다고 할 수 있다. 그러한 조짐은 이미 신재효에게서도 어느 정도 발견된다. 신재효의 〈남창 춘향가〉와 〈동창 춘향가〉를 비교해 보면, 〈동창 춘향가〉는 골계적이고 외설스러운 대목을 거의 그대로 간직하고 있는 데 비해 〈남창 춘향가〉에는 외설스러운 대목이 많이 소거되어 있음을 알 수 있다. 당대에 불리던 사설에 입각하여 정리한 것이 〈동창 춘향가〉이고 신재효의 의식이 투사되어 양반 지향적으로 개작된 작품이 〈남창 춘향가〉라 할 수 있는데, 그 결과 판소리가 지니고 있던 민중언어적 성격이 일정하게 약화되었다고 볼 수 있다.

본래 12마당이었던 판소리 가운데 7마당이 실전失傳되고 5마

---

[148] 고우회 편, 『성우향이 전하는 김세종제 판소리 춘향가』, 희성출판사, 1987, 22~23쪽.

당만 전승에서 살아남은 원인도 이와 관련하여 생각해 볼 수 있다. 실전 판소리는 전반적으로 '철저하게 세속적인 세계의 극히 희극적으로 강조된 표현'으로 되어있어 비장의 요소가 박약하다. 바로 이러한 점 때문에 19세기 중반에 판소리의 주요 향유층으로 등장한 양반·중인·부호층의 취향에 부합하지 못하고 결국 전승에서 탈락하고 만 사실은 판소리에 있어서 재담적 요소, 다시 말하면 민중언어적 성격이 강한 작품이 도태되고 말았다는 것을 의미한다.

또한 20세기 초에 이르러 여성 창자唱者가 대거 출현하면서 골계적인 표현이나 외설스러운 사설이 축소 내지 삭제되는 현상이 생겨났다. 최초의 여성명창으로 알려진 진채선 이후 허금파, 강소향, 이화중선, 김녹주, 김초향, 박록주, 김여란 등 다수의 여성명창이 등장했는 바, 배역의 분화를 통해 연극적 양식을 지향하던 창극에 있어서 극중 여성인물 역을 맡을 수 있다는 점에서 여성명창이 기여한 바 적지 않으나, 판소리 자체의 전승에는 또 다른 변화요인으로 작용했던 것이다. 본래 판소리는 남성 명창의 전유물이었다. 여성 창자는 아무래도 남성 창자보다 연창演唱능력이 떨어지기 때문에 판소리의 토막소리화를 촉진했으며, 또한 센소리나 어려운 대목보다는 계면을 위주로 한 고운 목으로 쉬운 소리 대목을 즐겨 부르는 현상이 생기게 된 것이다. 그러나 본고의 주제와 관련하여 주목해야 할 사실은 앞에서도 잠깐 언급한 것처럼, 여성 명창이 등장함으로 해서 판소리에 있어서 민중언어적 성격이 상당히 약화되었다는 점이다. 박동진 명창의 다음과 같은 언급은 이를 분명하게 뒷받침해 주고 있다.

우리 판소리는 여자들이 하기 때문에, 그 참 외설적인 거, 그 남자들만이 들을 수 있는 그 세계, 옛날에 사랑방에서 앉아 가지고, 부인들은 판소리를 듣지 못했거든요. 내외하느라고요, 감히 들을라고도 안하고요. 그러니께 사랑방에서 남자들끼리만 소리를 하고 이래 놓으니께, 그 잡탕소리며 뭐 그런 것이, 민요는 물론이요 판소리에는 굉장히 많았습니다. 그래서 〈배비장타령〉이라든지 또한 〈변강쇠타령〉이라든지 이런 걸 그땐 한창 했었는데, 여자들이 소리를 배우고 나니까 그거를 감히 할 수가 없단 말이에요. 여자 얼굴로서는 부끄럽고 면구스럽고 그래 안 해가지고 그냥 젖혀 놔 버렸어요. 그래 그것이 사장이 되고 말았거든요. 썩어요.[149]

〈배비장타령〉이나 〈변강쇠타령〉과 같은 실전 판소리의 실전 원인의 하나로 여성창자의 등장을 꼽을 수 있겠거니와, 현전現傳 판소리에 있어서도 여성 창자가 재담소리나 외설스러운 대목을 축소 내지 삭제시킨 사례를 확인할 수 있다. 그 대표적인 예로 박록주의 〈흥보가〉를 들 수 있다. 박록주는 동편제 명창인 김정문으로 부터 〈흥보가〉를 전수받았다. 그러나 그녀는 '놀보가 제비 후리러 나가는 대목'까지만 배웠고, 그 뒷부분인 '놀보 박타령'은 배우지 않았다. 왜냐하면 '놀보 박타령'은 그야말로 재담소리이고 갖은 발림을 곁들여 골계적인 표현을 소화해 내야 하기 때문에

149_ 박동진 명창, 국악당 소극장 공연 중(1993. 9. 19.).

여성으로서 부르기가 난처했기 때문이다. 뿐만 아니라 박록주 〈홍보가〉에는 '홍보 밥타령'도 들어 있지 않다. '홍보 밥타령'은 홍보가 제비 박에서 나온 쌀로 지은 밥을 공처럼 만들어 공중에 던져놓고 받아먹는다는 익살스러운 내용으로, 휘모리로 불리면서 골계적인 웃음을 자아내는 이 대목이 여성이 부르기에 적합치 않다고 하여 뺀 것이다. 박록주의 〈홍보가〉를 역시 김정문으로 부터 배운 강도근의 〈홍보가〉와 비교해 보면, 강도근의 〈홍보가〉에는 육담이나 골계적이고 외설스러운 대목이 상당히 많이 있음을 알 수 있다. 골계적 재담이나 외설스러운 표현의 약화가 전적으로 여성명창의 등장에 기인했다고 말하는 것은 지나치다 하더라도, 상당한 영향을 끼쳤음은 분명하다고 생각한다.

민중 언어와 상층 언어의 문제는 작중 인물의 신분이나 위상과도 밀접한 연관이 있다. 작중인물이 상층에 속하거나 격조 있는 인물로 묘사하고자 할 때, 상대적으로 상층 언어인 한문체 표현의 비중이 크다. 오늘날 대부분의 〈춘향가〉에 보면, 이도령이 방자에게 춘향을 불러오라고 하자 춘향이 방자에게 "안수해雁隨海 접수화蝶隨花 해수혈蟹隨穴"이라고 전하라는 장면이 있다.[150] "기러기는 바다를 따르고 나비는 꽃을 따르고 게는 구멍을 따른다"는 뜻으로, 남자인 이도령이 여자인 자신을 찾아 오라는 의미를 담고 있는 것이다. 춘향의 말은 두 가지 효과를 자아내고 있다. 춘향이 조신한 여성이라는 점과 학식이 있다는 점을 함축하고 있

---

[150] 성우향 바디 〈춘향가〉를 예로 들면 다음과 같은 사설로 되어있다. "방자야 꽃이 어찌 나비를 따라간단 말이냐. 너나 어서 건너가 도령님전 안수해(雁隨海) 접수화(蝶隨化) 해수혈(蟹隨穴)이라 여쭈어라." 고우회 편, 앞의 책, 19쪽.

다는 사실이 그것이다. 이에 대해 방자는 춘향이가 욕만 담뿍 하더라고 하면서, 이도령에게 "거 뭐드라마는, 옳제 안주에다 접시에다 받쳐서 술 한 잔 잡수시고, 그냥 해수병 걸리라 헙디다."[151] 라고 말하고 있다. 방자는 하층 인물로서 유식한 한문체의 표현을 제대로 이해하지 못하기에, 국문체의 표현으로 재담을 구사한 형국이 된 것이다.

물론 상층에 속하는 인물이라고 해서 격식 있는 한문체의 표현을 구사하는 것은 아니다. 가령, 〈춘향가〉 중 춘향에게 마음을 빼앗긴 이몽룡이 책실로 돌아와 안절부절 못하고 '노루글'로 글을 읽는 장면에서 이러한 점을 잘 확인할 수 있다.

> (아니리) 도련님이 책실로 돌아와서 글을 읽되, 혼은 벌써 춘
> 향 집으로 건너가고 등신等身만 앉어 노리글로 뛰어
> 읽것다.
>
> (창조) "맹자견孟子見 양혜왕梁惠王허신데 왕왈王曰 수불원
> 천리이래叟不遠千里而來하시니 역장유이리오국호亦將
> 有以利吾國乎있가."
>
> (아니리) 이 글도 못 읽겠다. 대학을 들여라.
>
> (창조) 대학지도大學之道는 재명명덕才明明德하며 재신민在
> 新民하며 재지어지선在之於至善이니라. 남창南昌은 고
> 군故郡이요, 홍도洪都넌 신부로다. 홍도洪都 어이 신
> 부新婦되리. 우리 춘향이 신부 되지. 태고太古라 천황

151_ 같은 책, 19쪽.

씨天皇氏는 이쑥떡으로 왕王했것다.

(아니리) 방자 곁에 섰다, 허허 웃고, "아니 여보시오 도령님, 태고라 천황씨 때는 이목덕으로 왕 했단 말은 들었어도 쑥떡으로 왕 했단 말은 금시초문今時初聞이요." "네가 모르는 말이로다. 태고라 천황씨 때는 선비들이 이가 단단허여 목떡을 자셨거니와 지금 선비야 어찌 목떡을 자시겠느냐" 그러기에 공자님께서 후세를 위하여 물씬 물씬한 쑥떡을 명륜당明倫堂에 현몽現夢허였느니라." "허허 도련님, 아 거 하나님이 들으면 깜짝 놀랄 거짓 말씀이오." "이애 방자야 천자千字를 드려라." "도련님 일곱 살 자신 배 아니신데 천자는 드려서 무엇 허시게요." "네가 모르는 말이로다. 천자라 하는 것이 칠서七書의 본문이라. 새겨 읽으면 그 속에 천지우락장막이 다 들었느니라." 도련님이 천자를 들어 놓고 천자 뒷풀이를 허시난디.¹⁵²⁻

이몽룡은 '목덕'을 '쑥떡'이라 하는 등 원전을 엉뚱하게 읽고 있으며, 아랫사람인 방자보다 무지한 인물로 형상화 되기도 한다. 이어 나오는 '천자 뒤풀이' 대목은 한문체의 표현을 사용했으면서도 패러디의 형식으로 되어 있어, 상층 인물인 이몽룡을 골계화하는 데 일조하고 있다. 그러니까 이는 상층 언어인 한문체의 표현

---

152. 같은 책, 20~22쪽.

이 패러디화 됨으로써 웃음을 유발하는 재담의 성격으로 변모된 사례라 할 수 있다. 〈수궁가〉 가운데 별주부와 토끼가 육지에서 만나는 장면에서도 한문체의 표현이 패러디화 된 사례를 확인할 수 있다.

(아니리) …(전략)… "나는 수국 전옥공신 사대손 별주부 별나리라 허요. 게서는 뉘라시오?" 토끼 듣고 대답하되, "예, 나는 이음양순사시理陰陽順四時허던 예부상서 월퇴더니 독약주毒藥酒 취중醉中하야 장생약 그릇 짓고 적하산중謫下山中하오니 세상에서 내 별명을 부르기를 퇴생원이라 불르오." 자라가 퇴끼란 말 듣더니 으뜱게 좋던지, "허허. 하상견지만야何相見之晚也오, 만만무고불칙晚晚無故不測으로, 천하 후레아들놈으 자식이로구나." 아 퇴끼가 가만히 생각하니 쾌깐한 것이 문자를 쓰는디 이런 가관이 없지. '내가 문자 한마디라도 요놈한티 질 것 같으면은 우리 세상 문장들이 날로 하야금 멸시를 당할 거 아니라구여. 내가 문자 전후 배운 걸 쫙 내가 베풀백에 수가 없다.' 허고, "여보시오, 내 문자통 궁글어 나가요. 법안홍안法眼弘眼이오, 홍안紅顔은 백발이요, 거석擧石에 홍안이라. 출가出嫁하면 외인이요. 탄탄대로 어동육서魚東肉西, 좌포우혜左脯右醢, 홍동백서紅東白西요. 오륙칠 두루숭숭이요, 일삼오 대감이요. 명기위적明其爲賊은 전라감영이라." 어 이 급살맞을 놈의 문자를 뒤집어썼다 짧혀 썼다 이런 발광이 없지. …(후략)…[153]

별주부는 수궁 벼슬아치로서 예의를 갖추고 격조 있게 "하상견지만야何相見之晚也오, 만만무고불칙晚晚無故不測"이라 하여 한문체 표현을 사용하고 있다. 그렇지만 한문체 표현에 그치지 않고 "천하 후레아들놈으 자식이로구나"라는 말을 하는데, 이는 품위 있는 모습과는 거리가 먼 것이다. 이에 대해 토끼는 별주부가 '문자'를 썼다고 여기는데, 여기서 문자는 한문체 표현을 의미한다. 토끼는 약자로서 서민 계층을 대변하는 인물이라 할 수 있다. 토끼는 문자를 써야 유식하게 보일 것이라고 생각하며 자신이 알고 있는 문자를 모두 늘어놓는데, 사실은 진정한 문자와는 별로 상관이 없는 것이다. 결국 이러한 대화를 통해 토끼의 허위의식이 잘 드러나게 되는데, 그 과정에서 문자 곧 한문체의 사용 능력여부가 중요하게 작동하고 있음을 알 수 있다.

작품 맥락상 비장하거나 장중한 미의식을 자아내면서 무언가 격조 있게 표현하는 경우에도 한문체의 표현이 많이 사용된다. 그 대표적인 예로 〈심청가〉 중 '범피중류'를 들 수 있다. '범피중류'는 심청이 인당수에 빠져 죽으러 가는 과정에 등장하는 소리 대목으로, 가장 느린 장단인 진양으로 불리는 '소상팔경'과 중모리로 불리는 '혼령대목'으로 구성되어 있다. 이 가운데 '소상팔경' 장면은 중국의 전기錢起, 최호崔灝, 이백, 백낙천, 장계, 두목지 등의 한시문에 기반하여 사설이 짜여져 있다. 즉 한문체의 표현이 주를 이루고 있는 것이다. 죽음을 앞둔 심청의 눈에 비친 소상팔

---

153. 김기형, 『박동진 명창 판소리 완창사설집 〈흥보가〉·〈수궁가〉·〈적벽가〉』, 문화관광부·충청남도 공주시, 2007, 96~97쪽.

경 장면을 한문체로 표현한 것은 곧 심청의 격을 높여 주는 것과
마찬가지라 할 수 있다. 그리고 뒤이어 나오는 '혼령대목'에서 심
청은 이비나 오자서 그리고 굴원과 같은 인물을 만남으로써 그들
과 마찬가지로 훌륭한 인물로 형상화되고 있다. 한시에 기반한
이러한 한문체의 표현은 광대에 의해 창작되었다고 보기는 힘들
며, 양반 좌상객이나 한량에 속하는 식자층 혹은 비가비 광대의
도움에 힘입어 창작된 것으로 볼 수 있다.[154]

오늘날 '판소리는 난해한 예술'이라는 인식이 일정하게 자리
잡고 있는데, 이는 한문체 표현에서 기인하는 바 크다. 판소리의
대중성을 확보하는 방안의 하나로 한문체를 국문체로 바꾸는 작
업이 필요하다는 주장도 제기된 바 있다.[155] 판소리의 소통력을
높이기 위해 이러한 작업을 시도하는 것은 필요한 일이지만, 압축
적 표현미를 지니고 있는 한문체의 특질을 어떻게 온존시킬 수
있는가 하는 점이 과제이다.

사설은 미의식의 성격을 규정하는 일차적 중요성을 가진다.
재담이나 육담, 욕설, 패러디 등은 판소리에서 골계미를 자아내는
주요 기제이다. 골계는 해학과 풍자로 나뉘는데, 해학은 지체가
높은 인물이나 낮은 인물이 웃음거리가 되는 데서 두루 나타나지

154_ 김석배, 「심청가의 '범피중류(泛彼中流)' 연구」, 『문학과 언어』 14, 문학과 언어연구회,
1993, 12쪽 참조.
155_ 판소리 연구자나 애호가들 가운데 이러한 주장을 하는 경우를 심심치 않게 볼 수 있다. 몇
해 전에 판소리 연구자이자 실기 역량을 지니고 있는 이규호는 판소리 〈적벽가〉 사설 가운
데 한문체 표현을 국문체로 바꾸어 부르는 시도를 한 바 있다. 그렇지만 원래 한문체가 지
니고 있는 압축적 표현미를 훼손하지 않으면서 국문체로 전환하는 작업은 매우 제한적으로
이루어졌던 것으로 보인다. 이 문제는 앞으로도 지속적으로 고민해 보아야 할 과제라고 생
각한다.

만 풍자는 주로 지체 높은 인물을 웃음거리로 만들어 비속화하고 조롱하는 데서 집중적으로 나타난다. 비장미는 긍정적 인물이 고난을 당하거나 위기 상황에 놓여 있는 장면을 묘사하는 데서 잘 드러나며, 장중미는 긍정적 인물의 위풍당당하고 영웅적인 면모를 그리는 데서 나타난다. 그렇지만 비장미나 장중미는 사설 자체보다는 음악을 동반할 때 더욱 실감나게 표현된다.

판소리의 문학성과 음악성의 연관성에 주목하여, 문학적 사설이 음악적 장단, 조와 어떻게 결합하는지에 대해 상세히 밝힌 연구도 있다.[156] 이 논문에 의하면, 비장은 '자진모리+계면' '휘모리+계면'으로 불리는 경우도 간혹 있으나 주로 '진양+계면조'나 '중모리+계면조'로 불리는 경우가 많다. 그리고 장중미는 '자진모리+우평조'나 '휘모리+우평조'로 불리기도 하나 주로 '진양+우평조', '중모리+우평조' 혹은 '엇모리+계면조'로 많이 불린다. 그런데 판소리에는 비장미나 골계미 혹은 장중미 이외에 우아미라고 해야 좋을 경우가 의외로 많이 있다. 우아미는 '이상적인 것'보다 '현실적인 것'이 우세한 상황에서 '현실적인 것'을 추구할 때 나타나는데, 이 때 '이상적인 것'과 '현실적인 것'은 조화, 통일되어 혼연일체가 된다.[157] 판소리에는 등장인물이 현실과 조화로운 관계에 있으면서 화평하고 흥취있는 대목이 자주 나오는데, 이런 대목이 자아내는 미의식이 바로 우아미에 가깝다는 것이다. 우아미를 자아내는 화평스럽고 유유한 정경이 구현되는 상황에는 '진양+우평

---

156. 이보형, 「판소리 사설의 劇的 상황에 따른 長短 調의 구성」, 『판소리의 이해』, 창작과 비평사, 1978 참조.
157. 김학성, 『한국 고전시가의 연구』, 원광대 출판부, 1980, 49쪽.

조', '중모리+우평조', '엇모리+계면조로 구성되는 경우가 많다.

강도근 명창의 사설을 통해 판소리에 나타나는 미의식의 실제를 살펴보자. 먼저 골계미의 경우이다. 골계는 그 사설의 내용이 일차적인 중요성을 갖는다. 아주 느린 장단인 진양이 골계미를 자아내는 데 쓰이는 일은 거의 없다.

> (자진모리) 대장군방大將軍方 벌목하고, 오귀방五鬼方에 집을
> 짓고, 삼살방三煞方으다 이사 권코, 불 붙넌 디 부채질을 그저
> 활활 허고, 호박에 말뚝 박고, 길 가는 과객 양반 재울 듯기
> 붙들었다 해가 지면은 내어쫓고, 초란이 보면은 딴낯 짓고, 거
> 사 보면은 소고 도적, 의원 보면 침 도적질, 양반 보면은 관을
> 찢고, 애 밴 부인 배통차기, 수절 과부는 무함 잡고, 다 큰 큰
> 애기 겁탈, 꼽사됭이는 되잡아 놓고, 앉은뱅이는 택을 차고,
> 비단전에 물총 놓고, 고추밭에 말 달리기, 옹구짐 받쳐노면 가
> 만 가만 가만 가만 가만가만히 찾아가서 작대기 걷어차기, 똥
> 누는 놈 주잖히고, 봉사 눈에다 똥칠하기, 노는 애기 집어 뜯
> 고, 우는 애기는 코 빨리기, 물 이고 오는 부인 귀 잡고 입 맞
> 추기, 시암질에다 허방 놓고, 새 망건 편자 끊고, 새 갓 보면
> 땀때떼기, 소리허는 데 잔소리, 풍류허는 데 나발 불고, 길가
> 에 허방 놓고. 어따, 이놈이 심술이 이래노니, 삼강을 아느냐,
> 오륜을 아느냐. 이러한 불칙한不測한 놈이, (강도근 〈흥보가〉 중)

순일한 골계미를 자아내고 있는 사례로 '놀보심술' 대목을 제

시한 것이다. 실제로 있을 법한 내용에다 과장적인 표현을 곁들여 놀보를 우스꽝스러운 인물로 그리고 있다. 그리고 여러 가지 심술을 자진모리 장단으로 엮어서 열거하는 방식을 취하고 있어서 효과적으로 골계미를 연출하고 있다. 판소리에서 골계는 소리 대목 뿐만 아니라 아니리를 통해서 자주 표출된다. 아니리를 통해 비장이 표현되는 경우는 거의 없는 것과는 대조적인 현상이라 하겠다.

> (진양) 추월은 만정허고 산호주렴을 비쳐 들고 장천의 외기러기는 월하의 높이 떠서 뚜루루루 기힐룩 울음을 우니, 심황후 기가 맥혀 산호주렴을 걸어 버리고 밖으로 나와 기러기 불러 말을 헌다. "오느냐, 저 기럭아. 소중랑의 북해상의 편지 전튼 기러기냐. 도화동을 가거드면 불쌍허신 우리 부친 전의 편지 일장을 전해 다오." 방으로 들어와 편지를 쓸랴 헐 제, 한 자 쓰고 눈물짓고 두 자 쓰고 한숨 쉬니, 눈물이 먼저 떨어져서 글자가 모두 수묵이 되야 언어가 토착이라. 편지를 써서 들고 밖으로 나와 사면을 둘러보니 기러기는 간곳이 없고 망망헌 구름 속에 별과 달만 밝았구나. 심황후 기가 맥혀 편지를 내던지고 그 자리 버석 주저 앉어서, "아이고 아버지, 불쌍한 울 아버지 나를 생각허느라고 혼자 앉어 울음을 운가."
>
> (강도근 〈심청가〉 중)

'추월만정'으로 잘 알려진 이 대목은 황후가 된 심청이 앞 못

보는 부친을 생각하며 눈물짓는 내용으로, 그야말로 순일한 비장미를 자아내고 있다. 그러나 사설만으로는 심청이 아버지를 그리워하며 애달파 하는 그 마음이 절절하게 전해져 오지 않는다. 비장미는 음악적 표현과 애절한 육성肉聲을 동반하여야 비로소 진면목이 드러난다.[158]

그런데 판소리에는 골계미와 비장미가 순일하게 표출되는 경우만 있는 것이 아니다. 오히려 표면적으로는 골계미를 연출하는 듯 하지만 실제로는 비장의 효과를 자아내거나, 비극적 정황인데도 골계적으로 묘사하는 경우가 많다. 이를 개념적으로 명명한다면 '비장적 골계' 혹은 '골계적 비장'으로 부를 수 있을 것이다.

> 가련할손 백만 군병들은 날도 뛰도 못하고, 숨 맥히고 기 맥히고 활도 맞고 창에도 찔려, 불에도 타고 다리도 직끈 팔도 부러지고, 앉어 죽고 서서 죽고 울다 웃다 밟혀 죽고 맞어 죽고 원통히 죽고 불쌍히 죽고 애타 죽고 똥 누다가 죽고 어이없이 죽고 가히없이 죽고 실없이 죽고 자다가 죽고 조구다가 죽고 죽어 보느라고 죽고 떡 입에다 꽉물고 죽고 죽는 놈 흉내내고 죽고 무단히 죽고 열없이 죽고 함부로 덤부로 죽고 때때그르르 궁구러 가다 아뿔사 낙상하야 가슴을 쾅쾅 뚜다리다 한놈 죽고 이 제기를 붙을 욕하다 죽고 더럽게 죽고 무섭게 죽고 사람이 모두 적벽강에 국시 풀듯 더럭더럭 풀 적에, 이통에 한놈은 뱃전모리로 우

158_ 김흥규, 앞의 글, 3쪽 참조.

루루루루루퉁퉁퉁 나오더니, 이마 위에 손을 얹고 고향을 바라보며 앙천통곡仰天慟哭, 호천망극昊天罔極, "아이고 어머니 죽습니다." 하더니 물에 가 풍, 또 한 군사 내달으며, "나는 남은 오대독자요, 칠십 당년 늙은 양친을 내가 못보고 죽것구나. 나는 어느 때라도 이 봉변 당하거드면 먹고 죽을라고 비상砒霜 사 넣었더니라." 와시락 와시락 깨물아 먹고 죽고, 또 한 놈은 이통에 한가한 체 하느라고 시조 반장쯤 빼다가 죽고, 또 한 군사는 돛대 끝으로 뿍뿍뿍 올라가서, "아이고 하나님 나는 아무 죄도 없소." 하더니 물에 가 풍, 적급 조침 괴약 통남 날게 도리 송곳 독바늘 적벽 풍파에 떠나갈 제, 일등명장一等名將이 쓸 데가 없고, 날랜 장수가 무용無用이라. (강도근 〈적벽가〉 중)

전쟁 상황에서 군사들이 죽어가는 모습을 사실적으로 묘사하다가 "죽어 보느라고 죽고…"에 이르러 죽음이 야기하는 비극적 정조와 긴장은 더 이상 지속되지 않는다. 이렇듯 비장과 골계가 교직되어 눈물과 웃음이 공존하는 양상이야말로 판소리가 지닌 독특한 미의식이라 하겠다. 한편 판소리에는 비장과 골계만으로 설명하기 어려운 대목이 적지 않다.

(중중모리) 고고 천변일륜홍天邊日輪紅 부상扶桑으 높이 떠, 양곡暘谷 잦인 안개 월봉月峰으로 돌고 돌아 예장촌豫章村 개 짖고, 회안봉廻雁峰 구름이 떠, 노화蘆花 눈 되고, 부평浮萍은 물에 둥실, 어룡魚龍은 잠자고, 자규새 펄펄 날아들 적, 동

정여천洞庭如天으 파시추波始秋 금성추파金聲秋波가 여그라. 앞발로 벽파碧波를 찍어 당겨, 뒷발로 창랑滄浪을 탕탕, 요리 저리 저리요리 앙금둥실 떠 사면을 바래봐. 지광地廣은 칠백 리, 파광波光은 천일색天一色인디, 천외天外 무산巫山 십이봉十二峰은 구름 밖에가 멀고, 해외海外 소상瀟湘은 일천리一千里 눈 앞에 경개로다. …(후략)… (강도근 〈수궁가〉)

'고고천변'은 별주부가 수궁에서 육지로 나와 세상 구경을 하는 대목인데, 평우조로 매우 화평한 분위기로 불린다. 이런 대목은 골계나 비장과는 거리가 멀다. 오히려 우아미에 가깝다. '적성가'(진양+우평조), '백백홍홍'(중모리+우평조), '자진 사랑가'(중중모리+계면조), '기산영수'(중중모리+우평조), '범피중류'(진양+우조) 등 판소리에서 우아미를 자아내는 대목은 적지 않은 편이다. 이런 대목들은 대개 한자 고사 성어를 위주로 하여 사설이 짜여졌다는 점이 특징적이다.

2) 판소리의 기예

판소리의 가장 중요한 핵심적 기예는 '득음得音'이라 할 수 있다. 득음은 판소리 창자가 상청에서 하청까지 자유자재로 구사하면서 인간의 희로애락을 핍진하게 표현할 수 있는 경지에 이르렀다는 의미이다. 득음은 말 그대로 '소리/목音를 얻었다得'는 것인데, 이 용어가 판소리와 관련해 쓰인 비교적 이른 시기의 문헌은 신재효의 〈광대가〉이다. 여기서는 판소리 창자가 갖추어야 할 필수 요건으로 인물치레, 사설치레, 너름새와 함께 득음을 꼽았다. 셋째 요건인 득음에 대해서는 "오음을 분별하고 육률을 변화하여 오장에서 나는 소리 농락하여 자아낼 제 그도 또한 어렵구나"라는 설명이 덧붙어 있다. 지금까지도 창자들 사이에서는 "판소리는 성음놀음이다", "성음이 아니면 소리가 아니다"라는 다소 극단적인 말이 널리 통용된다. 이른바 '소리/목을 얻는' 과정에 해당하는 득음은 명창의 반열에 오르는 데 반드시 필요한 요건이었다.

득음의 경지에 이르기 위해서는 호흡법, 발성법, 발음법을 익히고 독공을 통해 심화시키는 과정이 필요하다. 첫째, 판소리 호흡법의 기본은 단전호흡이다. 판소리에서 구사되는 부분의 성음은 단전으로부터 울려 나오며, 단전호흡이 제대로 이루어져야 숨이 길어지고, 소리를 장시간 하는 공력도 생긴다. 소리 중간에 다른 사람들이 눈치 채지 못하게 효율적으로 숨을 쉬는 '도둑숨'을 잘 활용하는 것도 중요하다. 이러한 창자의 호흡은 반복되는 음악적 속도의 단위인 '한배'의 실제적인 기준이 되며, 장단의 운용과도 관련이 깊다. 또 창자가 호흡을 얼마나 기술적으로 활용하느냐에 따라 극적인 상황에서 감정을 표현하고 조절하는 능력도 결정된다.

판소리 발성의 기본은 '통성' 발성이다. 판소리에서는 아랫배의 단전에 숨을 모으고 성대를 자연스럽게 긴장시킨 상태에서 질러내는 통성 발성이 기본이다. 공명을 강조하고 소리를 맑게 띄우는 서양 성악의 벨칸토Belcanto 창법과는 차이가 있는 것이다. 판소리는 민요, 잡가, 가곡, 가사, 시조, 무가 등 우리의 전통적인 성악 장르 중에서도 성대를 가장 강하게 긴장시키는 유형에 해당한다. 득음에 이르는 발성을 위해서는 창자에 맞는 청聽을 유지하고, 가락에 맞는 시김새를 구사하며, 조에 따라 성음을 내어야 한다. 또 단전을 중심으로 소리를 내면서 소리를 들어 올려 앞으로 내는 우조·항성 위주의 양성 발성과 배에 힘을 주되 아랫배를 집어넣고 잡아당기면서 뽑아 올리는 계면조 위주의 음성 발성을 이면에 맞게 조화시켜야 한다. 노랑목, 함성㗇聲, 전성顫聲, 비성鼻聲은 판소리에서 대체로 기피하는 성음이며, 이상적인 성음으로는 천구성과 수리성이 주로 꼽힌다. 발성을 과도하게 하면 성대에 마찰이 심하게 일어나 목이 쉬고 염증이 생겨, 심한 경우 자신의 소리를 자신이 듣지 못하는 지경에 이르게 된다. 그렇게 목이 쉰 상태로 계속 소리 수련을 하다보면, 나중에는 그 염증이 사라지고 성대에 굳은살이 박히게 되면서 수련 정도에 따라 거한 성량과 구성진 성음을 얻게 된다고 한다.

판소리에서 창자는 사설의 개념을 확인하고 그 사설의 발음을 정확히 해야 한다. 발음은 공연의 수준을 좌우하는 중요한 요소이다. 창자가 이야기하는 사설의 내용이 정확한 발음을 통해 청중들에게 잘 전달될 때, 무대와 객석의 진정한 소통이 가능해진다. 이를 위해 사설의 내용과 의미에 따라 발음의 높고 낮음, 소리의 길고 짧음을 분명히 하는 '고저장단高低長短', 소리를 할 때 말은 빨리 붙이고 소리는 길게 내는 '어단성장語短聲長' 등을 잘 활용해야 한다.

판소리 창자는 독공을 통해 스승으로부터 배운 소리를 종합하고 자기화하는 한편, 소리 공력을 극대화해 득음의 경지에 이를 수 있다. 예로부터 폭포수 아래는 많은 창자들이 찾는 독공 장소다. 창자가 득음을 하게 되면, 그의 소리는 떨어지는 폭포수 소리를 뚫고 나가게 된다고 한다. 시끄러운 폭포수 소리 때문에 잘 들리지 않던 목소리도 득음을 하면 비로소 들리게 된다는 것이다.

판소리에서 최고로 치는 성음은 천구성이다. 선천적으로 철성과 수리성을 겸비한 목을 말하는 것인데, 천구성을 타고나지 못했을 때에는 공력을 통해 수리성으로 만들어야 하는 것이다. 그러나 곰삭은 성음인 수리성만이 판소리사 초기부터 최고의 성음으로 평가를 받았던 것은 아닌 것으로 보인다. 『조선창극사』에서 권삼득, 모흥갑, 고수관, 박유전, 박만순, 이날치, 윤영석, 서성관, 황호통, 송재현, 송만갑 등에 관한 기록을 살펴보면, 과거 명창들의 소리는 공력으로 다져진 소리로서 통성을 중시한 것이 사실이나, 의외로 소리가 미려하다거나 양성이라는 평가를 받는 명창도 많았다. 수리성에 대한 언급은 「이날치」 조에 이르러서야 발견된다. 수리성이란 맑은 양성과 탁성이 혼재된 것으로, 그늘진 소리를 표현해 내기에 적합한 목성음이다. 이러한 성음적 특질은 진계면에 애원성으로 부르는 전라도의 육자배기 토리가 가진 특질과 상통한다. 이로부터 처음에는 다양한 목성음이 인정되었으나, 판소리에서 호남권이 전승의 중심축으로 자리하게 되면서, 수리성을 최고의 성음으로 평가하는 경향이 강화되었을 가능성을 생각해 볼 수 있다.

물론 이상적인 득음의 경지는 시대 흐름에 따라 또 변화될 수 있다. 수리성을 최고의 성음으로 간주한 것도 19세기 후반 무렵이라고 할 수 있으며, 최근에는 서울을 중심으로 맑고 고운 목을 중시하는 경향이 점차 생겨나고 있기도 하다.

"양반 집안에서 정승 나기보다 광대 집안에서 명창 나기가 더 어렵다", "명창 하나 얻으려면 30년이 필요하다"는 말에서 알 수 있듯이, 판소리 창자가 득음해 명창의 반열에 오르는 것은 어렵고도 흔치 않은 일이었다. 이러한 실정을 반영하듯, 『조선창극사』에 소개된 명창들의 일화 중에는 득음에 초점을 맞춘 이야기들이 적지 않다.

㉠-1 그곳 폭포 밑에서 다시 공부를 시작하고, 목을 얻으려고 소리를 지르는데 며칠을 지난 즉 목이 아주 잠겨서 당초에 터지지 아니했다. 그렇게 석 달을 고생하다가 하루는 목구멍이 섬섬거리며 검붉은 선지피를 토한 것이 거의 서너 동이 폭이나 되었다. 따라 목이 터지기 시작하여 필경 폭포 밖으로 소리가 튀어나게 되었다. (『조선창극사』 「송흥록」조)

㉡-1 황해도 봉산군 어느 절에 가서 4년간을 고심탁마苦心琢磨할 때에 성음수련聲音修鍊으로 주야 없이 목을 써서 성대가 극도로 팽창하여 발성을 못할 경우에 이르렀다. 그 괴롭고 답답함을 어찌 형언할 수 있었으랴. 하루는 절 기둥을 안고 목이 터지도록 전력을 다하여 소리를 몇 번이나 질렀다. 그러나 목은 여전히 터지지 아니하여, 나중에는 죽도록 힘을 써서 소리를 질러 놓고는 기력이 자진하여 그 자리에 꺼꾸러지고 말았다. 때마침 절 목공이 산에서 나무를 하다가 뜻밖에 절이 무너지는 듯한 웬 굉장한 소리가 들리므로 깜짝 놀라 곧 좇아 내려와서 본즉 여러

사승寺僧들은 다 외출하고 방씨만 홀로 넋을 잃은 사람 모양으로 앉았을 뿐이었다. 뇌성한 일도 없고 웬 소리가 그리 굉장하게 났느냐고 물은 즉, 방씨는 괴이하게 생각하면서 모르는 일로 답했다. 이것은 그가 기둥을 안고 목을 터치기 위하여 죽을 힘을 써서 소리를 질러 목이 툭 터지는 바람에 굉장하게 울려 나왔던 것이나, 기력이 다하여 정신을 잃고 꺼꾸러졌으므로 자기 스스로는 전연 몰랐던 것이다. (『조선창극사』 「방만춘」조)

위와 같이 목숨을 걸고 치열하게 노력한 득음의 과정뿐만 아니라, 그들이 이룩한 경이로운 득음의 경지도 아래와 같이 전설처럼 꾸며져 회자되었다.

㉠-2 어느 때 진주 촉석루에서 판소리를 하는데, 만좌는 모두들 느껴서 눈물을 금치 못했고 또는 사면이 적요한 깊은 밤인데 춘향가 중 옥중가獄中歌의 귀성鬼聲을 발하는 목에 이르러서 창거창래唱去唱來 소리가 진경眞境에 들어가매, 음풍陰風이 슬 돌면서 수십 의 촛불이 일시에 탁 꺼지고 반공에서 귀곡성鬼哭聲이 은은히 나는 듯했다. 청중은 모두들 아울러 그 신기神技에 무불감탄無不感歎했다고 전하는 것도 유명한 이야기이다. (『조선창극사』 「송흥록」조)

㉡-2 적벽화전赤壁火戰의 장면을 할 때에는, 그 광경은 좌석이 온통 바다물과 불빛 천지로 화했다 한다. (『조선창극사』 「방만춘」조)

이처럼 득음은 소릿길에 들어선 창자라면 누구나 각고의 노력을 들여 달성하고자 하는 과업이자 목표이다. 또 판소리가 연희의 한 장르로 독립해 나름의 예술성을 추구하기 시작한 후부터 지금에 이르기까지, 판소리 창자가 명창이라는 사회적·예술적 공인을 받는 데 가장 필수적인 요건은 바로 득음이다.

　　발림 또한 판소리의 중요한 기예로 꼽을 수 있다. 발림은 판소리 창자가 신체를 활용한 몸짓·표정이나 소도구인 부채로 극적인 상황을 실감 나게 그려내는 동작을 일컫는다. '발림', '너름새', '사체' 등이 판소리 창자의 연행 동작을 가리키는 용어로 함께 사용되고 있는데, 현재로서는 그 구분이 뚜렷하지 않다. 1993년 국악용어 통일안에서 '발림'으로 그 용어가 일단 통합되었으나, 애초에는 그 각각이 포괄하는 범주와 구체적인 쓰임새에 다소 차이가 있었던 것으로 보인다. '너름새'는 '너르다' 또는 '너르다'라는 옛말에서 그 어원을 찾아볼 수 있다. '너르고 넓다'는 의미로 쓰이던 이 말이 이후 '폭넓은 행위나 이를 가능하게 하는 능력의 펼침'을 가리키는 '너름새'라는 용어로 정착했을 것으로 보인다.

　　조선 시대 신재효가 〈광대가〉에서 "너름새라 하는 것은 귀성 끼고 맵시 있고 경각頃刻에 천태만상千態萬象 위선위귀爲仙爲鬼 천변만화千變萬化 좌상座上에 풍류호걸風流豪傑 구경하는 노소남녀 웃게 하고 울게 하니 어찌 아니 어려우며"라고 하여, 판소리 광대가 갖추어야 할 주요한 자질의 하나로 너름새를 언급한 바 있다. 이처럼 너름새는 무대 위에서 청중들을 웃기고 울리며 판을 이끌어가는 솜씨, 그리고 표정과 몸짓을 아우르는 연기력을 포괄하는 용어이다. '발림'은 '덧붙이거나 꾸미기 위해 풀이나 화장품 등을 문질러서 묻힌다'는 뜻의 '브ᄅ다' 혹은 '브르다' 라는 옛말에 어원을 두고 있는 것으로 보인다. 이후 꾸며서 보이는 표현 동작을 뜻하는 '발림'이라는 용어로 정착한 것인데, 이 용어가 송파산대놀이 등 다른 전통공연예술에서도 특정한 춤사위를 가리키는 말로 쓰이고 있음을 감안하면 특히 몸짓의 무용적인 측면에 특화된 표현일 가능성도 있다.

박헌봉은 발림에 대해, "창인唱人이 입창立唱할 때에 가사歌詞의 이면과 성음의 고저청탁高低淸濁을 조격調格에 꼭 맞게 하여 일거수일투족一擧手一投足이 어떤 환영幻影을 그린 듯이 한 손으로 반월형半月形 또는 두 손으로 원월형圓月形과 같이 곱게 들어 그 창唱의 내용이면內容裡面을 잘 표현하는 동작을 말한다."라고 설명한 바 있다. 그에 따르면, 발림은 판소리의 이면론과도 관련이 있다. 창자가 판소리의 음악적 형식인 소리와 문학적 내용인 사설을 몸동작으로 구체화시켜 나타내는 표현 동작으로 볼 수 있기 때문이다.

'사체四體'는 두 팔과 두 다리를 뜻하는 '사지四肢'의 다른 말로, 팔다리와 머리, 몸뚱이를 의미하기도 한다. 따라서 판소리에서의 '사체'는 창자가 팔·다리 등을 사용해 표현하는 동작을 가리키는 용어로 해석할 수 있다. 박헌봉은 '사체하는 너름새가 좋구나'라는 용어를 "창인唱人이 소리를 할 때에 그 입체적立體的 표정면表情面을 들어서 말하는 것인데 체격體格 전모全貌가 훤출하고 기거동지起居動止와 진퇴굴신進退屈伸하는 태도가 좋다는 뜻"으로 풀이한 바 있다. 또 정권진에 따르면, '사체'는 단순히 서사 진행과 맞물린 극적 동작만이 아니라 연행 현장에서 창자가 보여줄 수 있는 형식화되고 관습적인, 단정한 동작까지 포괄한다. 따라서 사방으로 이유 없이 활보하거나 의미 없이 부채질을 자주 하는 등의 난잡한 행동을 보여 품격을 떨어뜨리면 올바른 사체라 할 수 없게 된다. 즉 '사체'란 '발림'보다는 극적인 의미가 강조되지만, '너름새'만큼 극적 동작의 의미로까지 확장되지는 않은 용어라고 할 수 있다.

판소리에서 창자는 창과 아니리를 구사하는 동시에 극중 인물의 거동이나 이야기가 전개되는 장면 등을 실감 나는 몸짓으로 표현해야 한다. 창자는 작품의 전개를 담당하는 서술자이자, 작중 인물의 역을 맡는 연기자인 만큼 다양한 몸짓 표현에도 능숙해야 하는 것이다. 창자의 발림은 크게 얼굴 표정의 변화, 부채의 이용을 포함한 손과 팔의 움직임, 앉은 자세와 선 자세, 창자와 고수의 상호 작용을 기초로 이루어진다. 얼굴 표정은 판소리 동작 중에서 가장 다양하며, 청중의 반응에 강한 영향력을 미치는 요소이다. 진지하고 비장한 감정 표현을 하는 대목일수록 얼굴 표정은 긴장되며, 그와 반대 방향으로 갈수록 얼굴 표정은 이완된다. 손과 팔의 움직임은 부채라는 요긴한 도구 활용을 통해 표현 효과를 극화시킨다. 활짝 편 부채는 흥부가 박을 써는 톱이 되고, 몽룡이 읽어 내려가는 춘향의 편지가 되기도 한다. 접은 부채는 심봉사에게 안긴 아기 심청이가 되고, 관우의 청룡도가 되기도 한다. 판소리에서 매우 강렬하고 진지한 정서 표현이 필요하거나 작중 사건의 내용 전개상 인물의 동작을 따를 것이 요구되는 때, 창자는 앉은 자세에서 선 자세 혹은 선 자세에서 앉은 자세로 자세를 크게 변화시킨다.

이날치·김창환·장판개·김연수·오정숙·박동진 등은 발림이 특히 뛰어났던 명창으로 유명하다. 판소리를 연극화시킨 장르인 창극 분야에서 활발히 활동했던 창자들의 경우, 발림을 특히 능숙하게 구사했다. 한편 창자와 고수 및 청중과의 상호 작용은 매우 다양하고 복잡하게 구현되는 양상을 보인다.

3) 판소리의 음악

판소리의 가장 중요한 음악적 요소는 장단과 조調라고 할 수 있다. 장단은 판소리에서 박자와 속도, 강약의 차이에 따라 구별되는 일종의 리듬형이다. 판소리 장단은 판소리의 골격에 해당하는 것으로, 소리북을 통해 구체적으로 표현된다. 판소리 장단에는 진양, 중모리, 중중모리, 자진모리, 휘모리, 엇모리, 엇중모리, 세마치 등이 있다.[159] 이밖에 느진중모리, 평중모리, 단중모리, 휘중모리, 느진자진모리, 빠른자진모리, 단모리 등이 있다. 장단 명칭이 사용된 창본 가운데 가장 시기가 오랜 것으로 허홍식 소장 〈심청가〉 창본을 들 수 있다. 여기에는 진양, 중머리, 엇모리, 우조, 평장단, 진장단, 세마치, 삼궁져비, 삼궁계, 후탄 등이 쓰이고 있다. 1920년 대한일보에 연재되었던 심정순의 창본에는 긴양죠,

---

[159] 장단명에 붙는 '-머리', '-모리', '-몰이'의 용법이나 의미가 정확하게 구분되어 있지 않아 혼용되는 경우가 많다. 일설에 의하면, '-머리'는 독립된 기본 장단이고, '-모리'는 하나의 기본 장단에서 파생된 것으로, 어떤 장단을 차츰차츰 빨리 몰아간다는 의미에서 '-모리'라고 한다는 견해가 있다. 또 장단은 '몰아가는 정도'를 표현하는 것이므로 그 의미를 살려 '-몰이'로 써야 한다는 주장도 있다. 『초·중·고등학교 국악교육용어 통일안』에서는 '-모리'로 통일한 바 있으나, 여전히 위의 세 용어가 혼용되고 있는 형편이다.

줌모리, 휘줌모리, 중중모리, 엇줌모리, 엇모리, 평중머리, 느진중머리, 자진모리 등 현재 사용되는 판소리 장단과 유사한 명칭도 많이 등장한다. 보다 현재적인 모습을 잘 보여주는 이선유의 『오가전집』에는 진양죠, 느린 줌모리, 줌모리, 중중모리, 자진모리, 자진줌모리, 엇머리 등이 사용되고 있다. 1940년경 출간된 정노식의 『조선창극사』에서는 진양조, 늦은중모리, 중중모리(엇중모리), 중모리, 자진모리, 휘모리(단모리)의 여섯 장단을 들고 있다. 이처럼 비교적 가까운 시기까지도 고수에 따라 같은 장단을 다른 이름으로 지시하는 현상이 빈번했던 점으로 미루어볼 때, 장단 형성의 역사는 그리 오래지 않을 것으로 생각된다.

　판소리에 쓰이는 우조는 가곡·시조와 같은 정악풍과 유사한 느낌의 악조이다. 정노식은 『조선창극사』에서 우조를 계면조와 대비하면서 "기해단전氣海丹田, 즉 배 속에서 우러나오는 소리이니 담담연淡淡然 온화하고도 웅건청원雄建淸遠한 편"이라고 설명한 바 있다. 우조는 전통음악 가운데 가곡의 영향을 받은 명칭으로, 정악에서 쓰던 가곡식 악조명을 판소리에서 수용한 것이다. 호령조라고도 한다. 웅장하고 화평한 느낌을 주기 때문에 화평스러운 장면, 장엄하고 남성적인 장면, 여유 있고 유유한 장면 등에 주로 쓰인다. 우조는 진우조, 평우조, 가곡성 우조로 세분화되기도 한다. 진우조는 무섭고 호기로우며 위엄 있는 성음을 위주로 하므로, 여러 장수가 등장하는 〈적벽가〉에 많이 쓰인다. 〈춘향가〉의 '긴 사랑가', 〈적벽가〉의 '삼고초려' 등이 이에 해당한다. 평우조는 평조의 성음과 우조의 길로 짜인 악조로, 지체 높은 사람의 기쁘고 즐거운 감정을 표현하는 데 적절하다. 〈심청가〉의 '화초타령’ 등이 이에 해당한다. 가곡성 우조는 전통가곡의 성음을 판소리에 수용한 것으로, 품위 있고 우아하며 점잖게 표현된다. 〈춘향가〉의 ‘적성가’, 〈심청가〉의 ‘범피중류’, 〈적벽가〉의 ‘동남풍 비는 대목’ 등이 이에 해당한다. 이중 진우조와 가곡성 우조의 음악적 특징은 남창 가곡 〈소용〉과 매우 유사하다. 남창가곡 평조 〈소용〉은 본가곡보다 높은 음역을 사용하고, 소가곡에 비해 출현음이 다양하다는 점에서 다른 가곡들과 구별되는 변조 양식이다. 가곡성 우조는 내드름, 선율진행, 음계 등 남창가곡 평조 〈소용〉과 동일한 음악요소와 판소리적 기법으로 구성된 판소리 악조라 할 수 있다.

계면조는 남도 지역 육자배기의 가풍과 유사한 느낌의 악조이다. 정노식은 『조선창극사』에서 계면조를 우조와 대비하면서 “후설치아喉舌齒牙 사이에서 나오는 소리이니 평평연平平然 애원哀怨하고도 연미부화軟美浮華한 편”이라고 설명한 바 있다. ‘계면조’는 전통음악 가운데 가곡의 영향을 받은 명칭으로, 정악에서 쓰던 가곡식 악조명을 판소리에서 수용한 것이다. 선율상 미분음으로 하행하는 꺾는 목이 많아서 슬픈 느낌을 주기 때문에 서름제 혹은 서름조라고도 한다. 슬프면서도 섬세하고 부드러운 인상을 주므로, 판소리의 극적 상황이 슬픈 목이나 여인의 거동을 묘사하는 목에 주로 쓰인다. 계면조는 서편제에서 두드러지게 사용된다. 계면조는 진계면, 단계면, 평계면로 세분화되기도 한다. 진계면은 계면조 중에서 슬픈 감정의 정도가 가장 높은 것으로, 이때의 ‘진眞’은 ‘참’, ‘진짜’로 해석된다. 〈춘향가〉 중 이별 대목 부분과 ‘옥중가’, 〈심청가〉의 슬픈 대목, 〈흥보가〉에서 흥보 처와 흥보가 한

탄하는 대목, 〈적벽가〉의 '군사설움 대목'은 모두 진계면으로 되어 있다. 단계면은 전반적인 억양과 표현의 굴곡이 진계면에 비해 덜한 것으로, 〈춘향가〉의 '쑥대머리', 〈흥보가〉의 '흑공단 대목' 등이 이에 해당한다. 평계면은 계면길에 우조나 평조적 요소가 포함된 것으로, 〈심청가〉 중 '화초타령' 일부, 〈수궁가〉의 '토끼 수궁 나오는 대목' 일부 등에 나타난다. 일제 강점기라는 시대적 굴곡을 겪는 과정에서 한때 슬픈 계면조가 소리판에서 주류를 형성하기도 했으나, 소리가 계면조 일변으로 흘러버리는 지나친 계면화에 대해서는 이를 비판적으로 바라보는 시각도 공존했다.

장단과 조 외에, 판소리에는 일종의 악조라 할 수 있는 여러 음악적 표현 수법이 있다. 경드름이나 추천목 등이 그것이다. 경드름은 염계달, 고수관, 모홍갑 등이 경기 지역의 민속음악어법을 판소리화한 악조이다. 경제, 경조, 경토리라고도 한다.[160] 경드름은 경기 지역의 음악양식 혹은 경기 지역 음악양식으로 구성된 부분을 구체적으로 지칭하는 용어로, 이때 '드름'은 고기나 나물을 세는 단위명사 '두름'의 옛말이다.

경기 지역의 음악적 특징인 경드름'을 판소리에 수용한 명창은 19세기의 염계달로 알려져 있다. 그리고 그를 방창했다는 고수관의 추천목, 모홍갑의 동강산제도 경드름의 일종이다. 20세기 전반 송만갑은 염계달의 경드름을 즐겨 사용하여 청중들에게 인

160_ '경제'의 '제'는 경기 지역의 음악적 특성이 더늠·바디·조(調)·파(派) 등으로 법제화된 측면을 강조하는 용어이다. '경조'는 경기 지역 스타일風의 음악 이라는 뜻으로, 이때 '조'는 선법·조명(key)·선율·속도·스타일 등 여러 가지 복합 개념을 내포하고 있다. '경토리'는 '경기도 토리'의 줄임말로, 경기도 지역 음악의 특징을 가리키는 말이다.

기가 있었다고 한다. 경기 지역의 음악은 솔-라-도-레-미의 음계로 구성되고, 대부분 '솔'로 종지하며, 음악적 분위기가 전체적으로 밝고 경쾌한 느낌을 주는 편이다. 염계달, 모흥갑, 고수관 등이 이러한 음악적 특징을 판소리화한 것이 경드름이다.

경드름은 그 성격에 따라 진경드름, 반경드름, 추천목, 동강산제로 분류할 수 있다. 진경드름은 염계달의 더늠으로 알려진 '이별가(춘향 달래는 대목)'·'남원골 한량'·'돈타령(사령들 돈 받는 대목)'과 단가 〈백구타령〉·〈진국명산〉 등에 사용되었다. 염계달제로 부르는 〈수궁가〉 중 '토끼 욕하는 대목'은 반경드름, '토끼 춤추는 대목'은 추천목으로 볼 수 있다. "여보 도련님 날 다려가오"로 시작하는 〈춘향가〉 중 '이별가'는 모흥갑의 더늠으로 동강산제이며, 고수관제 추천목은 '자진사랑가'에서 찾아볼 수 있다. 경드름을 활용해 개작한 대목으로 송만갑의 〈백구타령〉·〈진국명산〉·'방자 달래는 대목', 김연수의 '향단 달래는 대목'·'옥중 춘향 달래는 대목'·'어사와 장모 만나는 대목', 정정렬의 '어사와 장모 만나는 대목'·'사랑가', 임방울의 '토끼 춤추는 대목' 등이 있다. 경드름은 경기 음악을 그대로 수용해 부른 것이 아니라 판소리화하여 수용한 것이므로, 경기 민속음악을 기반으로 하면서도 경기 민속음악과는 다른 판소리만의 색깔을 가지는 음악어법이라 할 수 있다.

한편 경드름은 19세기 창자인 염계달, 모흥갑, 고수관의 더늠으로 그치지 않고, 이후 일종의 음악어법으로 작용해 기존 목을 변화시키거나 새로운 목을 만들어 내는 기초로 활용되었다. 송만갑을 비롯하여 김연수, 정정렬, 임방울 등 20세기 창자의 소리에

서 이러한 경드름의 전승을 살펴볼 수 있다.[161]

추천목은 조선 후기 판소리 명창 염계달의 더늠으로, 그네 타는 모습과 비슷한 선율형태를 가진 악조이다. 그네가 오락가락하는 것처럼 흔들흔들하는 가락으로 춘향이 광한루에서 추천하는 모습을 묘사했다 하여 추천목이라 부르게 된 것이다. 추천목은 경드름과 선율 구조와 창법이 유사해 크게는 그 범주에 넣기도 한다. 추천목으로 널리 알려진 대목으로 〈춘향가〉 중 '네 그른 내력'이 있으며, 이 대목의 영향을 받은 것이 〈수궁가〉의 '토끼 춤 추는 대목'이다. 고수관의 더늠으로 알려진 〈춘향가〉 중 '자진사랑가'도 염계달의 소리제를 받아서 짠 추천목 대목이다. 추천목은 주로 중중모리장단과 결합된다.

4) 판소리의 연행 공간

엄밀히 말한다면 전통 사회에서 극장은 존재하지 않았다. 생활공간에서 '판'이 벌어지면 그곳이 곧 연행 공간이 되었다. 공연장의 무대라는 서양식 연행 공간이 형성되기 이전까지 판소리는 여타의 전통 연희와 더불어 광장廣場, 관아官衙, 집, 방안[房中] 등에서 연행되었다. 판소리가 연행되었던 장소를 시기에 따라 구별하여, 초기 판소리의 연행 공간을 광장, 관아를 포함하는 외정外廷

161_ 이상 경드름에 대한 구체적인 논의는 이보형, 「판소리 경드름에 관한 연구」, 『서낭당』 1, 한국민속극연구회, 1971; 성기련, 「20세기 염계달제 경드름의 변모양상 연구」, 『판소리연구』 12, 판소리학회, 2001; 김혜정, 「경드름의 성립과 전개」, 『경기판소리』, 경기도국악당, 2005 참조.

으로, 19세기 중반 이후의 판소리 연행 공간을 집, 방안을 포함하는 실내 공간으로 제한하는 견해도 있다. 그렇지만 통시적으로 볼 때 판소리 연행 공간이 일정한 변화 양상을 보이는 것이 사실이나, 순차적으로 단선적인 변모 과정을 거쳤다기보다는 서로 다른 연행 공간이 공존하기도 했다는 점을 고려할 필요가 있다. 그러니까 판소리의 연행 공간은 순간에 나타나거나 순간에 사라진 것이 아니라, 서로 공존하다가 점차 '광장→관아→집→방안'의 순서로 그 비중이 확대되었다고 할 수 있다. 그리고 장소의 크기에 주목하여 보면, '광장→관아→집→방안'의 순서로 점차 축소된 것으로 보인다.[162]

근대 이전 전통사회에서 판소리의 주요 연행 공간은 외정外廷이었다. 초기 판소리는 '창우지희倡優之戲'의 하나로 연행되었다. 판소리가 단독 종목으로 연행되지 않았다는 사실은 송만재의 〈관우희〉를 통해 잘 알 수 있다. 줄타기, 땅재주, 솟대타기 등 여러 연희와 함께 연행되었던바, 판소리의 초기 연행 공간은 창우희의 연행 공간이었던 광장, 즉 사면이 모두 트인 열린 공간이었다.(도판 27)

서울대학교 박물관에 소장되어 있는 〈평안감사 환영연도(일명 평양도)〉 10폭 병풍 중에 명창 모흥갑이 평양감사의 초청으로 능라도 연회장에서 소리하는 장면이 있다. 일명 '모흥갑 판소리도'라고도 불리는 이 자료를 보면, 탁 트인 야외에서 모흥갑 명창은

---

162. 이후 판소리 연행 공간으로서의 광장, 관아, 집, 방안 등에 대한 논의는 다음의 연구 내용을 토대로 정리한 것임. 이보형, 「판소리 공연문화의 변동이 판소리에 끼친 영향」, 『한국학연구』 7, 고려대 한국학연구소, 1995; 이명진, 「연행 공간에 따른 판소리의 변화양상 연구」, 『민속연구』 29, 안동대학교 민속학연구소, 2014.

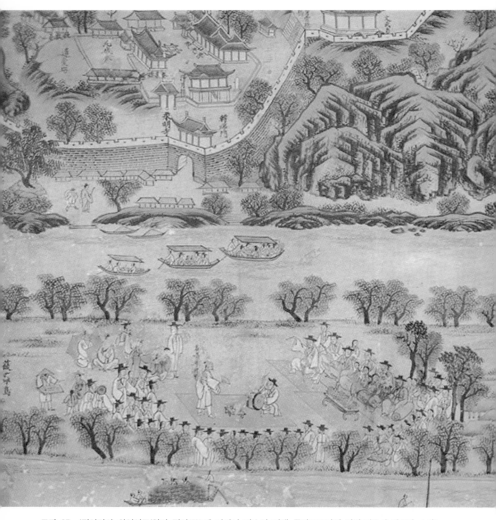

도판 27. 〈평안감사 환영연도(일명 평양도)〉에 나타난 판소리 연행 공간으로서의 광장(서울대 박물관 소장)

서서 소리하고 고수는 앉아서 북 반주를 담당하며 판소리를 연행하는 모습이 잘 나타나 있다. '판소리 열두 마당' 등의 표현에서 보이는 바와 같이 '마당'이라는 용어가 사용된 이유도 판소리가 야외에서 연행된 데서 비롯된 것으로 보인다. 이러한 광장에서의 판소리는 다양한 신분, 성별, 연령층의 청중들과 가까이 호흡하며 서로 즐기는 형태를 띠었을 것이다.

관아는 관리나 벼슬아치가 모여 나랏일을 보던 곳으로, 공식/비공식의 연회가 잦았고 이러한 연회에 판소리는 거의 빠지지 않았다.

㉠ 송씨가 처음 공부를 마치고 세간에 나와서 명성이 원근에 퍼지자, 대구 감영에 불려가서 소리를 하는데 명창이란 칭찬이 만좌에 넘쳤으되, 인물과 가무의 일등명기로 당시 수청으로 있던 맹렬의 입에서는 한 마디 잘잘못의 평이 없었다. 송씨가 그 곡절을 알지 못하여, 그 이튿날 맹렬의 집을 찾아가서 그 어머니에게 맹렬을 좀 보게 해달라고 간청하여, 무슨 핑계로 맹렬을 불러 나오게 했다. 그리하여 송씨는 맹렬에게 어젯밤 소리판에서 한 마디의 평이 없는 것을 물으니, 맹렬이 웃으며 그대의 목소리가 명창은 명창이나 아직도 미진한 대목이 있으니 피를 세 동이는 더 토하여야 비로소 참 명창이 되리라 했다. …(중략)… 다시 대구에 가서 선화당宣化堂에서 소리를 하는데, 소리도 소리려니와 일단 정신은 맹렬의 동정을 살피는 데 집중이 되었다. (『조선창극사』 「송흥록」조)

ⓛ 당년에 대구감사 도임초 연석에 불려가서 소리를 하는데 춘향가 중 기생점고하는 대목에 이르러서 고전 중에 있는 기명으로 호칭하지 아니하고, 다수한 시재時在 기생의 이름의 의의를 시적으로 만들어 불러서 좌석을 경탄케 하여 일시 회자했다 한다. (『조선창극사』 「고수관」조)

ⓒ 전주 창부 성창렬成昌烈이 왔다. 명성이 있으므로 공소에서 야회夜會를 마련하고 〈춘향가〉를 들었는데 정말 잘 불렀다. 닭이 운 뒤에 자리를 파했다. (『하재일기』 1892.11.17.)

ⓡ 창부唱夫 백가白哥가 광주光州에서 왔다. 김한림金翰林이 그가 창을 잘한다는 소문을 듣고 저녁이 지난 뒤 회사로 불러 대청에서 노래를 들었다. 밤이 깊어서야 자리를 파했는데, 나는 연고가 있어 참석하지 못했다가 추후에 들어가니 한림이 이미 잠이 들었었다. (『하재일기』 1899.4.1.)

판소리 창자들은 각 지역의 감영으로 불려가 관아의 연회석에서 소리를 했다. 이러한 연회석은 광장처럼 완전히 트인 공간은 아니지만 판소리 연행자와 청중 간 거리는 비교적 가까웠으리라 짐작해볼 수 있다. 관아는 광장과 달리 외부인의 출입이 자유롭지 않은 공간이었기 때문에, 청중은 관리, 기생, 이속吏屬 등으로 매우 제한적이었다. 또 위의 인용문을 통해 명창이 소리를 하고 나면 그에 대해 평을 하는 관례가 있었음을 확인할 수 있는데, 이는 관아에서 판소리를 즐기는 청중들의 수준이 상당했음을 방증한다. 잘 알려진 바와 같이 전주 관아의 통인청 이속들은 판소리 명창들을 동원하여 대사습을 주관했으며, 대사습의 전통은 우여곡절을 겪으며 내려오다가 오늘날 '전주 대사습 전국대회'라는 이름의 판소리 경연대회로 그 명성을 떨치고 있다. 판소리 연행 공간으로서의 관아는 공적 공간이었기에, 이곳에서 열리는 공연도 자연 공식성을 띠게 되었다. 관아에 불려가 판소리를 연행하는 그 자체가 명창으로서 대단한 명예였을 뿐만 아니라 일정하게 공식화된 지위를 획득한다는 의미를 지니게 된 것이다.

집[家]의 대청마루나 사랑방 등은 양반들의 판소리 향유와 관련하여 중요한 연행 공간으로 기능하기도 했다. 판소리 창자를 불러 연회를 벌이는 연행 형태가 양반들 사이에 유행했고, 그 가운데 문회연은 1894년 갑오경장으로 과거가 폐지될 때까지 연행 배경으로 중요한 역할을 했다.

　　㉠ 이 모든 일이 끝나면 크게 행렬을 지어 사방으로 친척들과 친구들을 방문한다. 이때 악사들을 거느리고 가는데, 종종 광대들을 데리고 가기도 한다. 각자가 자신의 재력에 따라서 행한다. 이 광대들 가운데 어떤 이들은 줄 위에서 아래위로 뛰면서 춤을 추고, 온갖 종류의 재주넘기와 곡예를 부린다. 또 다른 광대들은 혼자서 모든 역할을 맡는 연극을 한다. 이 광대는 노래와 섞어서 이야기를 들려주는데, 웃다가 울다가 하면서, 이 사람 저 사람에게 말을 걸기도 하고, 칭찬을 하다가도 비꼬는 말도 하고 기분 좋은 말 등을 해주기도 한다. 그가 모든 것을 진행하는 방식은

감탄할 만하며, 대단히 우스꽝스럽고도 대단히 유쾌하지만, 그러
나 종종 지나치게 음탕한 방식이다.[163]

(Mgr. Daveluy, *Notes pour l'introduction a l'histoire de Coree*)

ⓒ 노래하는 이들이 세월歲月이 조을 째는 갑오이전甲午以前
입니다. 갑오년甲午年의 봄 과거科擧까지 과거科擧가 계속繼續햇
고 그 후에는 과거科擧가 업서젓스나 우리는 그째가 조앗습니
다. 과거科擧에 급제及第를 하면 압헤다 금의화동錦衣花童을 세우
고 긴 행렬行列을 지어 환향還鄕하는 법法이엇섯는데 창부倡夫들
이 금의화동錦衣花童 노릇을 하엿습니다. 집에 도라가서는 도문
잔치를 베풀고 몃칠씩 잔치를 계속繼續하엿슴으로 으레히 잔치
가 계속하는 날짜지 노래를 불넛습니다. 그리고 창부倡夫가 먼
사랑문門을 열고 사랑잔치부터 시작始作하엿는데 그 까닭에 창
부倡夫의 대접待接도 상당相當하엿고 잔치가 끗난 뒤에도 사례射
禮도 퍽 후厚하엿습니다. (「그들의 회고록③ 조선성악회 정정렬」, 『매일신보』
1937.5.5., 8면)

양반들은 집안에 과거 급제자가 나오면 창부들을 집으로 불러
잔치를 열었다. 송만재가 〈관우희〉를 지은 배경도 이와 관련된
다. 아들이 과거에 급제했지만 가난한 집안 형편으로 인해 문희

163_ 이유진, 「다블뤼 주교의 저술에 나타난 1860년 무렵 판소리의 모습」, 『판소리연구』 32, 판소
리학회, 2011, 238~239쪽에서 재인용.

연을 제대로 베풀어줄 수 없어 〈관우희〉라는 시로 대신했다는 것이다. 이 시에 의거해, 문희연에서 재인들이 산붕山棚도 설치하고, 영산회상靈山會相, 가곡, 십이가사, 어룡만연지희, 불토해내기, 포구락, 사자무, 처용무, 유자희儒者戱, 요요기, 판소리 단가, 판소리, 땅재주, 검무, 줄타기, 솟대타기, 홍패고사 등을 연행했음을 알 수 있다. 위에 인용한 ㉠을 통해서도 문희연이 벌어지는 사가私家에서 판소리가 여러 연희와 함께 한 자리에서 이루어졌음을 확인할 수 있으며, ㉡을 통해서는 그중 판소리 및 판소리 명창이 문희연에서 큰 비중을 차지했음을 짐작할 수 있다.

양반들은 문희연 뿐만 아니라 그 외 집안 잔치가 있을 때에도 판소리 창자를 불러들였다. 1857년경 그려진 것으로 추정되는 여흥민씨 집안의 〈회혼례도〉를 보면, 대청 앞에 덧마루를 댄 무대에서 노부부가 여러 연희를 감상하고 있는데, 그 중심에 있는 것이 판소리를 연행 중인 판소리 창자와 고수이다.(도판 28)

19세기 후반으로 가며 문희연 등의 연회를 구성하는 내용은 점차 판소리로 집중되었다. 특히 연행 장소가 집[家]에서 방 앤[房內], 즉 실내 공간으로 이동되는 과정에서 줄타기나 땅재주처럼 야외에서 벌어지는 연희는 자연 빠지거나 축소되었다.(도판 29)

19세기 말에 그려진 김준근의 『기산풍속도』 중 〈소리하는 모양〉은 판소리가 방안에서 연행되었음을 보여준다. 방안에서의 판소리 연행은 비교적 소규모로 이루어졌으며, 청중은 유사한 신분의 양반 또는 중인 남성들로 주로 구성되었다. 지규식의 『하재일기』에 따르면, 판소리가 개인의 집 방안만이 아니라 여관의 방안에서도 연행되었음을 알 수 있다.

도판 28. 〈여흥 민씨(驪興閔氏) 회혼례도(回婚禮圖)〉에 보이는 판소리 연행 장면(홍익대 박물관 소장)
도판 29. 김준근의 『기산풍속도첩』에 실린 〈소리하는 모양〉에 나타난 판소리 연행 장면(독일 함부르크 민족학 박물관 소장)

[서울 인사동 여관] 창부라고 하는 사람을 불러다가 시험 삼아 노래를 들어봤다. 저녁을 먹은 뒤 김창환金昌煥이 찾아와서 밤이 깊도록 잘 들었다. (『하재일기』 1891.6.6.)

소규모로 이루어지는 방안에서의 판소리 연행은 청중들로 하여금 그 소리에 더욱 집중할 수 있도록 했다. 방이라는 좁고 가까운 실내 공간에서는 창자의 목소리가 야외 공간과 비교해 훨씬 잘 들렸고, 창자의 표정이나 너름새도 자세히 볼 수 있었다. 이러한 연행 공간의 변화는 판소리에도 여러 가지 영향을 끼쳤다. 폭

넓은 음역을 가지고 소리에 힘을 주지 않아도 청중과의 교감이
비교적 용이해지면서, 이것이 여성 명창이 등장할 수 있는 요인으
로 작용하기도 했다.

　20세기에 들어와 판소리 연행 공간은 다변화되는 양상을 보
인다. 처음 세워진 극장 공간인 '희대'는 우리나라의 관객을 위한
것이 아니라 외국인의 접대를 위한 연행 공간이었다. 외국인을
위한 공간이었기 때문에, 서양식 무대를 표방한 극장 공간을 만들
었던 것이다.(도판 30) 근대 이후 판소리는 이러한 서양식 극장 공

도판 30. 극장에서 이동백이 판소리를 공연하는 장면(『매일신보』 1928.9.14.)
도판 31. 인사동 거리소리판에서 김지영이 판소리를 공연하는 장면(2006)
도판 32. 전주 학인당에서 전인삼이 판소리를 공연하는 장면(2012)

간뿐만 아니라 요정과 같은 실내 공간, 유랑 연희자 집단의 포장 극장 혹은 '나이롱 극장' 등과 같은 다양한 공간에서 연행되었다. 2000년대에는 또랑광대를 표방한 소리꾼들이 주축이 되어 '인사동 거리 소리판'을 열기도 했다. 야외 공간으로서의 거리는 과거의 광장과도 유사한 '열린' 공간으로 기능했다.(도판 31) 최근에는 한옥도 판소리의 연행 공간의 하나로 다시 주목받고 있다. 전주세계소리축제의 일부 공연을 기존의 전주 한국소리문화의 전당과 같은 서양식 프로시니엄 무대 외에 전주한옥마을 내 전통문화관의 화명원, 경업당, 학인당, 다문, 한옥생활체험관과 같은 전통 한옥 공간에서 진행한 것이 계기가 되었는데, 이는 과거 집[家], 방안[房中]에서 이루어졌던 판소리 연행의 재현이라고도 할 수 있겠다.(도판 32)

5) 판소리의 연행 도구

판소리에서 극적 표현을 너름새 혹은 발림이라고 한다. 너름새는 공연에 수반되는 연극적인 제반 동작을 말한다. 너름새는 공연 내용에 실감을 더하며 사실성을 부여한다. 너름새는 판소리의 핵심 구성 요소라고 하기는 어렵지만, 공연 상황에 맞는 적절한 극적 동작을 취함으로써 이면을 그리는 데 일조한다는 점에서 일정한 의미를 지니고 있다. 전통사회에서 판소리 창자는 상당히 적극적으로 너름새를 구사했던 것으로 보인다. 그러던 것이 오늘날에 와서는 단아하고 절제된 너름새를 구사하는 쪽으로 흐름이 바뀌고 있다.[164]

너름새를 표현함에 있어 창자가 중요하게 사용하는 도구가 바로 부채이다. 부채는 그 형태나 기능 등에 따라 종류가 다양하지만, 판소리에서 연행 도구로 활용되는 부채는 여러 개의 살을 모아 한지韓紙를 발라서 만든 것으로, 폈다 접었다 할 수 있는 합죽선을 지칭한다. 부채는 줄타기, 탈춤 등의 민속 연희에도 두루 쓰이는 연행 도구이다. 줄타기에서의 부채는 몸의 균형을 맞추는 데 중요한 역할을 하며, 탈춤에서의 부채는 판소리에서의 부채와 그 역할이 비슷하다.

소리판에서 부채가 언제부터 쓰였는지는 구체적으로 알려진 바가 없으나, 다음과 같은 자료를 통해 이미 18세기에 부채가 판소리의 연행 도구로 사용된 예가 있음을 알 수 있다.

桃紅扇打汗衫飛　　붉은 부채 탁 치니 한삼 소매 너울
羽調靈山當世稀　　우조 영산은 당세 독보라네.
臨別春眠更一曲　　이별할 때에 춘면곡 또 한 가락
落花時節渡江歸　　꽃지는 이 시절에 강 건너 돌아가네.[165]

이 시는 석북 신광수[166]가 1750년 진사에 급제하여 유가遊街

---

164. 필자는 1991년 12월 28일 국립극장 소극장에서 한승호 명창의 〈흥보가〉 공연을 본 적이 있었다. 당시 한승호 명창은 지나치다 할 정도로 너름새를 상당히 적극적으로 구사했다. 공연이 끝난 후 청중의 일부가 "저게 무슨 소리야. 연극이지"라고 말하는 것을 들었다. 한승호 명창은 전통적인 방식대로 판을 이끌어 간 것이고, 청중의 반응은 오늘날의 취향을 보여주는 것으로 이해할 수 있지 않을까 생각한다.
165. 申光洙, 〈題遠昌扇〉, 『石北先生文集卷之四』
166. 石北詩에는 演戱와 藝人을 노래한 작품이 적지 않다. 〈觀倡童走索〉은 줄타기를 소재로 노래한 작품이며, 〈題岫雲畫竹障〉은 화가 柳岫雲이 그린 대나무 그림을 보고 지은 작품이다.

때 거느렸던 광대 원창에게 준 작품이다. 이와 관련하여 다음의 두 기록이 전한다. 하나는 『지수염필智水拈筆』에 기록된 것으로, 석북이 노년에 비로소 진사에 합격했는데, 집이 가난하여 유가 때 거느렸던 명창에게 보수를 줄 수 없어 붉은 접부채 하나를 구해 이 시를 지어주었다는 것이다. 다른 기록은 『송남잡지松南雜識』에 전하는 것으로, 앞의 기록과 유사하게 유가의 행하 비용이 없어 창부唱夫에게 붉은 부채 하나를 주며 시를 써주었는데, 뒤에 그 창부가 내원內苑에 들어가 타령을 할 때에 임금이 그 부채를 보고 즉시 석북에게 벼슬을 내렸다는 내용이다. 석북이 원창에게 행하 대신 부채에 시를 써주었던 일은 꽤나 유명한 일화였던 것 같다. 원창은 자신을 알아준 서울 양반에게 받은 부채를 보물처럼 아끼며 지녔고, 어전에서 창을 하는 특별한 기회를 얻게되자 그 부채로 너름새를 했을 것이다.[167] 조선 초기 왕조실록에 의하면 홍선紅扇은 최고 관직인 정일품과 정이품에만 한정하여 사용하자는 논의가 있었던 부채이나, 후에 무관들이 주로 사용했고, 조선 말기에는 부녀자나 기생들도 많이 사용했다고 한다. 석북이 원창에게 준 '도홍선桃紅扇'은 당시로서는 이른바 귀한 부채에 속한다. 따라서 그러한 형태의 부채가 판소리 연행도구로서 널리 쓰였다기보다는, 접었다 펴는 방식으로 다양한 동작과 사물 형태를 연출할

〈寄姜光之世晃〉에서는 詩書畵 三絶로 유명한 姜世晃을, 〈又寄許煙客泌〉에서는 화가 許泌을, 〈題遠昌扇〉에서는 당시의 名唱인 遠昌을, 〈贈琴生〉에서는 風流客 琴生을, 〈崔北雪江圖歌〉에서는 화가 최북을 읊었다. 歌客 李世春을 노래한 작품도 몇 편 보인다. 李起炫, 『石北 申光洙 文學 硏究』, 寶庫社, 1996.
167. 두 편의 기록에 대한 상세한 내용은 김종철, 『판소리사 연구』, 역사비평사, 1996, 31~33쪽 참조.

수 있는 부채가 판소리 공연에 너름새를 위한 연행 도구로 사용되었다는 데에 주목해야 할 것이다.

여성이 판소리 창자로 등장한 시기는 19세기 중반 이후로, 처음에 여성 창자들은 부채 대신 손수건 등을 사용했다. 지금처럼 부채가 남녀의 구별 없이 널리 쓰이게 된 것은 최근 몇 십 년 사이의 일로 알려져 있다. 지금도 부채의 크기가 창자의 성별에 따라 조금 다른 편인데, 남성 창자의 부채가 여성 창자의 부채보다 큰 것이 일반적이다.

소리판에서 사용되는 부채의 중요한 용도로 소품으로서의 기능, 방향 지시와 장면 변환의 기능, 소리를 돕는 용구로서의 기능 등을 들 수 있다.

소품으로서의 기능은 부채의 접고 펴는 기능을 이용하여 지팡이, 편지, 톱, 화살, 칼, 몽둥이 등으로 둔갑시켜 사용하는 데서 확인할 수 있다. 부채는 접힌 끝으로 방향을 가리키거나 펼친 면으로 얼굴을 가리는 등의 동작으로 방향을 지시하고 장면을 변환하는 기능을 하기도 한다. 가령, 〈춘향가〉 중 '이몽룡이 방자에게 그네 뛰는 춘향을 가리키며 데려오라고 하는 장면'에서, 이몽룡은 부채 끝으로 춘향이 있는 곳을 가리킨다. 그리고 〈춘향가〉 중 '장모와 어사 상봉 대목'에서 소리꾼은 부채를 이용하여 장면과 인물 전환을 표현하는데, 부채의 펼친 면으로 얼굴을 가리면 걸인의 행색의 이도령이고 부채를 치우면 춘향모가 되는 것이다. 부채는 창자가 힘을 주어 잡을 용구가 되어 창자의 소리를 돕기도 한다. 힘을 주어야 할 부분에서 부채를 꼭 잡음으로써 소리에 더욱 힘이 실리게 되고, 시김새에 따라 부채를 상하 또는 좌우로 흔들며

소리를 표현하기도 한다. 상청을 내지를 때에는 부채를 접어 천정을 향해 찌르고, 하청으로 소리를 낮게 깔 때에는 부채도 함께 활짝 펴서 바닥과 수평으로 흔들어주는 모습을 자주 볼 수 있다.

소리를 하면서 창자는 부채를 적절히 활용하여 해당 장면을 극적으로 표현하는데, 극적 표현이 사실적이라기보다는 상징적인 의미를 갖는 정도에 그치기 때문에, "근경近景을 그린다"라고 말한다. 판소리에서는 이러한 극적 표현을 위해 상황에 따라 부채 또는 손수건이라는 연행 도구를 사용했던 것이다.

고수가 반주 도구로 사용하는 북 또한 판소리의 중요한 연행 도구라 할 수 있다. 우리나라에는 '고鼓'라고 불리는 장고·절고·용고·소고(매구북), '북'이라고 불리는 걸궁북·매구북·승무북·굿북 등이 있는데, 판소리에 쓰이는 북을 '소리북' 혹은 '고장북'이라고 한다.

우리 민속 음악에서는 원래 반주 악기로 북을 사용해 왔으나, 장고가 들어오면서 차츰 장고를 반주 악기로 쓰며 널리 애용하게 되었다. 판소리 고수도 북만 사용한 것은 아니었다. 일제강점기에 발간된 판소리 유성기 음반 가운데 고수가 장고로 반주하는 사례를 심심치 않게 볼 수 있다. 그렇지만 언제부터인지 정확히 알기는 어려우나, 오늘날에는 판소리 반주 악기로 거의 대부분 소리북을 사용한다.

가장 이상적인 소리북(고장북)은 높이 23~25cm, 지름 40cm가량이 되게 하여 소나무로 통을 짜고 양편에 놋쇠못을 여러 개 박아 소가죽을 맨 것이다. 주로 오동나무와 소나무를 쓰는데, 통째로 안을 파서 만든 북을 통북이라 하며, 소나무를 여러 쪽 깎아서 통처럼 짜 만든 것을 쪽북이라 한다. 북통에는 가죽을 씌우되 너무 딱딱한 소리가 나지 않게 속에 종이나 헝겊을 바른 다음 그 위에 가죽을 씌운다. 북채는 2~3cm의 지름에 길이가 23~28cm쯤 되도록 박달나무와 대추나무, 탱자나무를 깎아 만드는데 박달나무와 대추나무는 잘 부서지므로 탱자나무를 많이 쓴다.[168]

소리북의 북면에 아무런 그림이 없으면 백북이라 하며, 좌고처럼 태극무늬를 그리거나 용고처럼 용의 모습을 그린 경우를 단청북이라 한다. 중부지방에서는 단청북, 남부 지방에서는 백북을 많이 썼다고 하나 현재는 백북이 주로 쓰이고 있다. 〈모흥갑 판소리도〉라고도 불리는 〈평안감사 환영연도(일명 평양도)〉나 기산 김준근의 〈가객 소리하고〉 등에서 태극무늬의 단청북을 발견할 수 있다.

현 국가무형문화재 제5호 판소리고법 보유자 김청만의 전수 내용에 의거하여 소리북의 부분별 명칭 및 연주법을 살펴보면 다음과 같다.[169]

첫째, 채궁자리는 채편 가죽의 한복판이다. 장단 머리에 치지만 악절의 머리에 크게 울려서 악절 '기起'[170]의 기능을 나타낸다. 때로는 가락 중간에 쓰이기도 한다. 둘째, 소점小點자리는 북통의 꼭대기에서 안쪽으로 10cm 내려 오른편으로 당겨진 부분이다. 흔히 잔가락을 구사할 때 이 타점을 치는데, 소리가 밀고 가는 '기

168_ 김청만 외, 『한국의 장단Ⅱ』, 도서출판 율가, 2016(4쇄), 15쪽.
169_ 같은 책, 49~50쪽.
170_ 북가락의 기본 구조는 '밀고', '달고', '맺고', '풀고'하는 '기경결해(起景結解)'의 원칙에 따라 설명된다.

起'에서는 이 타점을 크게 치고, 달고 가는 '경輕'에서도 이 타점에 잔가락을 친다. 악절의 중간에 가락을 맺을 때 이 타점을 강타强 打하기도 한다. 셋째, 매화점梅花點자리는 북통의 꼭대기에서 오른 편으로 당겨진, 즉 모서리에서 안으로 3cm 정도 들어간 부분이 다. 진양 제2각을 반각171-으로 풀 때, 달고 나갈 때와 같은 상황 에서 이 타점을 친다. 넷째, 대점大點 자리는 북통의 꼭대기 중앙 부분이다. 진양의 제3각에 이 타점을 강타하는 데, 이 타점을 강타하는 것은 가락을 맺는 '결結'의 기능을 한다. 다섯째, 뒷 궁자리는 뒷궁의 윗부분이다. 장단 머 리에서 각을 낼 때, 박을 짚을 때, 가 락을 낼 때와 같은 상황에서 이 타점 을 친다. 뒷궁자리를 치는 것은 악절 을 맺은 다음 풀어주는 '해解'의 기능 을 지닌다.(도판 33)

도판 33. 김명환 고수의 소리북
(국립민속박물관 소장)

소리북은 단순해 보이지만, 채편, 궁편, 온각, 반각 등을 어떻 게 치느냐에 따라 다양한 음색과 느낌을 표현할 수 있는 매력적 인 타악기이다.172- 판소리가 희로애락을 표현하는 예술인 것처 럼, 북가락도 희로애락을 표현할 수 있는 것이다. 소리의 이면뿐 만 아니라 북가락의 이면을 논할 수 있는 근거도 여기에 있다고

171- 반각(장단)이란 장단의 반을 가리키는 말로, 한 장단 전부를 의미하는 온각장단의 대칭어로 사용된다.
172- 구음으로 장단을 합, 궁, 구궁, 구구궁, 엇궁, 딱 등등으로 표현할 수 있다.

하겠다. 그러나 아무나 소리꾼의 소리에 맞추어 소리북이 지니고 있는 천변만화의 표현을 끌어낼 수 있는 것은 아니며, 그 경지에 이르렀을 때 명고名鼓라 할 수 있는 것이다.

2. 동아시아 강창예술의 연행 요소

1) 중국 설창說唱의 연행 요소

앞서 살펴본 바와 같이, 평서評書의 예인 운유객雲游客이 『강호총담江湖叢談』(1936)에서 고사계강창의 예인이 갖추어야 할 조건으로 강조한 내용 '첫째, 생김새가 좋아야 한다人式順流. 둘째, 말소리가 똑똑해야 한다碟子正. 셋째, 목소리가 우렁차야 한다夯頭正. 넷째, 몸동작이나 표정연기가 좋아야 한다發托賣像驚人'는 신재효가 〈광대가〉에서 판소리 광대가 갖추어야 할 덕목으로 이야기한 인물치레, 사설치레, 득음, 너름새와 정확히 대응하였다. 이는 중국 설창과 한국의 판소리가 연행 방식상 강창예술의 범주에 드는 데서 자연스럽게 공유하게 된 공통점이라고도 할 수 있다.[173]

여기서는 이 요건에 근거하여 중국 설창의 연행 요소를 언어, 음악, 연기의 측면으로 나누어 살펴보기로 한다. 설창에서는 노래와 말이 주요한 연행 수단이 되므로, 언어와 음악이 핵심적인 위

173_ 서유석, 「판소리 중국(中國) 강창문학(講唱文學) 기원설(起源說) 재론(再論)」, 『공연문화연구』 36, 한국공연문화학회, 2018, 122~123쪽.

치를 차지한다. 또한 희곡과 비교해 연희자의 연기 동작 자체가 중시되지는 않았으나. 효과적인 공연을 위해 공연자와 청중의 감정이입을 지향하는 각종 표정 연기나 동작들이 필수적인 수련 지침 가운데 한 부분을 차지했다.

우선 언어의 측면이다. 설창은 기본적으로 공연예술이면서 언어예술이기에, 그 언어 역시 공연 현장과 밀접한 관계를 맺고 있다. 그 특징은 다음의 세 가지로 이야기할 수 있다. 첫째, 대중이 알아듣기 쉬운 구어를 사용한다. 둘째, 청중의 성격과 상황에 따라 언어적으로 유연하게 대응한다. 셋째, 설창의 상업화와 더불어 대중의 기호에 부합하는 언어 표현이 발달했다. 즉 전반적으로 통속성과 현장 적응성이 가장 중요한 원리로 작용했다고 볼 수 있다.

설창의 언어는 악곡계와 시찬계의 운문, 강설에 해당하는 산문로 나누어볼 수 있다.

악곡계 가창의 언어는 노래 부분이 사곡詞曲의 형태로 구성된 것을 말한다. 사곡은 한 구절의 길이가 일정하지 않고 각 사패나 곡패별로 구절당 글자 수가 규정되어 있다. 또 여러 악곡이 이어지는 제궁조諸宮調 등에서는 악곡이 연결되는 순서와 방식까지도 대개 규정되어 있다. 악곡계 가창의 경우 고전시처럼 규율이 엄격한 것은 아니지만, 압운, 평측, 대장對仗과 같은 기본 규칙은 지키도록 되어 있다. 악곡계 가창은 민간음악 및 외래음악과의 활발한 교섭과 상호작용을 통해 언어에 생기를 불어넣었고, 실제 설창의 악곡계 가창 가운데 각 지역의 민속 가창으로 전승되고 있는 것도 있어 의의가 크다. 악곡계 가창의 경우 같은 곡조에 새로운 가사를 제한 없이 대입하여 부를 수 있도록 했기에, 다양한 언어 표현과 내용이 가능하게 하는 원동력이 되었다.

다음 시찬계 가창의 언어는 노래 부분이 7언 또는 10언의 제언체齊言體를 기본으로 한다. 여기서 제언체란 매구每句의 자수가 전편에 걸쳐 일정한 운문 형식을 말하며, 일부 7언구보다 길어지거나 6언 등으로 짧아지는 경우는 변이형으로 보아야 한다. 시찬체는 당대唐代 불교의 게찬偈讚에서 유래한 것으로, 상하 두 구절이 한 묶음이 되고 각 두 구절의 끝에 압운하는 것이 특징이다. 이러한 운문 사이에 대사가 들어가는 것이 설창의 기본 형식이다. 당대 변문, 원元·명대明代 사화詞話, 청대淸代 고사鼓詞와 탄사彈詞 등이 시찬체의 운문을 포함한다. 시찬계 가창의 언어는 외형상 전통적인 7언시와 같거나 유사하지만, 전통적인 시가 문언문文言文의 차원에서 지어진 데 반해 시찬계 강창은 통속적인 백화체白話體를 운용하고 있다는 점에서 결정적인 차이를 보인다. 백화체 시가는 그 작시법이나 응용법이 자유롭기 때문에, 민간의 다양한 내용과 사상을 담는 중요한 수단으로 자리잡을 수 있었다. 이런 점에서도 시찬계 강창이 지니는 언어적 의의를 인정할 만하다.

마지막으로 서사 강설은 산문으로만 이루어진 것으로, 현전 곡예로 그 범주를 넓혀보면 평서評書, 평화評話 같은 류가 여기에 속한다. 서사 강설의 언어는 이야기 내용을 얼마나 알기 쉽고 재미있게, 그리고 호소력 있게 전달하느냐와 관련되는 요소라 할 수 있다. 이에 설창의 예인들은 이야기 내용을 효과적으로 전달하는 자신만의 특기를 보유하기 위해 오랜 시간 연마하고 노력한다. 서사 강설의 언어에 필요한 기술 및 표현법에는 다음과 같은 것들이 있다.

첫째, 형상화의 기법이다. 인물이나 사건에 대한 생생한 묘사를 통해 청중들의 상상력을 자극한다.

> 머리에는 검은 깁에 금박 장식 모자를 썼는데, 찬란한 진주구슬 한 알을 모자 중앙에다 박았네. 진홍색 도포 겉에다 또 황금 갑옷을 덮어 입고, 청동 엄심경 가슴과 등에 대어 심장을 가리웠네. 온갖 보석으로 장식한 사만대를 허리에 둘러매고, 푸른산 바위와 구름 무늬를 수놓은 새신을 신었네. (〈花關索傳〉)[174]

위의 작품 〈화관색전〉에서도 이러한 형상화의 기법을 확인할 수 있다. 특히 이러한 묘사의 방식은 판소리의 인물 치레 사설에 나타나는 것과 매우 유사하다.

둘째, 묻고 답하기의 기법이다. 자문자답하는 방법을 사용하여 청중의 주의를 환기하는 것이다. 상성相聲 예인인 유보서劉寶瑞가 공연한 작품에서도 이와 같은 방식을 찾아볼 수 있다.

> "관우는 왜 사당 안에서 기다리고 있지 않았을까요? (청중의 대답을 들은 듯) 뭐라구요? 방세를 내지 못해 쫓겨난 거라고요? 참 내, 그런 일이야 있었겠습니까?"

---

174. 같은 글, 125쪽에서 재인용.

셋째, 소리 모방의 기법이다. 등장인물의 목소리나 사투리를 흉내 내어 현장감을 강화하는 방식이다. 역시 유보서가 공연한 작품의 일부이다.

> "그는 거울을 하나 사서 한 사람에게 부탁하여 집으로 보냈습니
> 다. 집에서는 며느리가 거울을 받아들자마자 울기 시작했습니다.
> (여자의 울음소리를 내면서) '엄마! 그이가 또 바람났나 봐,
> 밖에서 여편네 하나를 또 얻은 것 같아요. 아이고 내 신세야!'"

한 명의 창자가 여러 인물의 목소리를 함께 표현해 내는 판소리에서도 이와 유사한 방식을 볼 수 있다. 흉내 내기의 범주는 사람의 목소리뿐만 아니라, 새 소리, 귀신 소리, 바람 소리 등 자연과 사물의 영역에까지 확장된다.

넷째, 동작의 기법이다. 언어 표현과 동작 연기를 동시에 함으로써 청중의 주의를 집중시킬 수 있다. 이 역시 판소리의 연행에서도 유사하게 발견되는 기법이다.

> "계산을 하다 돈이 부족하자 화를 냅니다. '멍청아! 내가 동짓
> 달 열닷새까지 시간을 줄 테니, 오십 냥을 내놓거라. 안 그러면
> 네 놈 마누라를 빼앗아 버릴 거다. 홍, (발길질을 하며) 꺼져.'"

다섯째, 설명의 기법이다. 어려운 말을 쉽게 풀어 설명하면서 청중의 이해를 돕는 방식이다.

"이 제사에는 독축관讀祝官, 그러니까 요샛말로 하면 사회자가 있었습니다. 보통은 예부시랑禮部郎이 맡았지요."[175]

판소리에서도 창자가 즉흥적인 아니리의 첨가를 통해 이렇게 설명을 부연하는 방식을 찾아볼 수 있다.

다음으로 검토하여 볼 것은 음악적 측면이다. 음악은 설창의 핵심을 이루는 중요한 요소로, 연희자가 운문에 해당하는 부분을 연행할 때 부르는 노래聲樂歌唱와 반주음악器樂伴奏으로 구성된다.

설창의 음악은 민간음악에서 출발해 설창의 성장, 발전에 따라 지금의 모습으로 변화해왔다. 역사적으로 설창의 음악은 희곡의 음악과 맥을 같이 하며 발전해왔으므로 서로 밀접하게 연관되어 있다. 설창의 음악은 희곡의 음악에 풍부한 소재를 제공했고, 다시 희곡의 음악적 성취로부터 많은 영향을 받았다. 그 외에 민간의 가무歌舞나 노동요, 산가山歌, 소조小調, 장타령 등에서 음악적 소재를 흡수하고 가공하여 설창의 음악을 만들어내기도 했다.

설창의 음악은 희곡의 음악과 마찬가지로 판강체板腔體와 곡패체曲牌體의 둘로 나뉜다. 판강체와 곡패체는 음악을 구성하는 형태나 방법에 따른 분류인 동시에, 그 각각이 음악에 대칭되는 노랫말의 성격과도 직결된다. 판강체에 사용되는 노랫말은 7언이나 10언의 일정한 길이를 갖는 제언체 운문이며, 곡패체에 사용되는 노랫말은 짧게는 3, 4언에서 길게는 9, 10언에 이르는 일정치

---

[175] 인용 예문을 포함해 설창의 언어적 특징에 대한 내용 전반은 김영구 외, 『중국공연예술』, 한국방송통신대학교출판문화원, 2018, 94~98쪽을 참조했음을 밝혀둔다.

않은 길이의 장단구長短句 운문이다. 판강체에 사용되는 제언체 운문을 시찬체, 곡패체에 사용되는 장단구 운문을 악곡체라고 부르기도 한다. 따라서 설창의 양식을 시찬체, 악곡체로 나누는 개념은 문학적 성격을 고려한 분류인 동시에 음악적 성격에 따른 분류와도 통한다고 하겠다.

　판강체 음악이란 주로 판안板眼, 즉 박자의 변화에 따라 형성된 음악 형식이라 할 수 있다. 판강체 음악은 판강을 이용하여 공연을 진행하며, 탄사, 고사 등의 음악이 여기에 포함된다.

　물론 같은 판강체의 음악이라 하더라도 곡종의 유형에서 요구하는 미학적 특징에 따라 공연의 풍격에 차이가 나타나게 마련이다. 일반적으로 말과 노래를 서로 섞어 공연하는 탄사나 고사와 같은 곡종의 판강체 음악은 서술성이 강한 편이어서, 노래 부분도 언어성이 강하다. 반면 서정성을 지향하는 일부 판강체 음악에서는 그보다 음악성이나 선율성이 강화되는 특징을 보인다.

　판강체 음악의 특징은 대개 상하 2구의 기본 곡조를 끊임없이 반복, 변화시켜 노랫가락으로 구성하는 것이다. 상하의 두 구절은 기본적으로 길이와 박자 면에서 대칭을 이룬다. 노랫말도 역시 상, 하의 2구로 구성되며, 기본적으로 7자나 10자로 고정된 제언체 형식의 시찬체이다. 그 기본적인 가락을 어떻게, 얼마나 반복, 변화시키는가에 따라 음악적 구성이 달라진다.

　첫째, 상하 두 개의 구절을 단순반복하거나, 노랫말 성조聲調와 텍스트의 내용적 정서에 따라 그에 상응하는 변화를 진행시키는 단곡체單曲體이다. 때로는 4구를 기본으로 하여 반복적으로 사용하기도 하는데, 이때 각 두 구는 여전히 상하대칭을 이룬다. 단곡체는 민가나 소조가 판강체로 가는 과도기적 형식이라고도 볼 수 있다. 대체로 이러한 곡조는 비교적 단순하고 평이한 느낌을 주는데, 앞서 살펴본 금서琴書, 보권寶卷, 목어가木魚歌, 연화락蓮花落 등이 이러한 유형의 음악 형식을 사용한다.

둘째, 판강체 음악 중에서 비교적 발달한 형태를 띠는 판식변화체板式變化體이다. 상하 한 쌍의 기본 구절에 박자 즉 판板, 곡조 즉 강腔의 변화를 주고, 또 판식板式의 변화를 준 것이다. 판식의 변화란, 주요 선율을 기초로 하여 곡조를 적절히 확장 또는 축소시키는 것이다. 이때 기본 선율의 확장이나 축소와 같은 변화는 곡조의 골간이 되는 음조가 기본 구절의 테두리에서 벗어나지 않게 한다. 이러한 유형의 판강음악은 대부분 고사鼓詞 계열의 설창이나 탄사彈詞 음악에서 볼 수 있다.

판식변화체의 음악 구성을 살펴보면, 만판慢板, 중판中板, 타판垛板, 긴판緊板, 또는 두판頭板, 이판二板, 삼판三板 및 산판散板 등과 같은 판식의 변화, 기강起腔, 평강平腔, 낙강落腔, 도강挑腔, 솔강甩腔, 비강悲腔 및 화강花腔 등과 같은 곡조의 구별이 있다. 이처럼 풍부하고 다채로운 판식과 창강은 모두 상·하구체의 기본 곡조의 기초로부터 변판變板과 변강變腔의 방법을 구사하여 이룬 것이다. 설창 예술의 발전 과정을 고려해보면, 단곡체의 판강이 모종의 과정을 거쳐 판식변화체로 발전했을 가능성이 크다. 발전하는 과정에서 여러 가지 다른 내용을 표현해야 하는 현실적 필요가 증가하고 관객들의 심미적 요구가 상승했을 것이므로, 음악에서도 이러한 변화와 발전이 불가피했을 것이다. 단순한 판강의 반복은 양식 자체의 도태를 초래할 수밖에 없다. 이런 점에서 판식변화체는 판강체 음악의 주요 발전 방향이라고 할 수 있다.

　그러나 각 곡종의 구체적 발전 상황에 따라 판강의 발전과 변화는 각기 다른 양상을 노정했다. 예를 들어, 경운대고京韻大鼓의 음악이 풍부하고 다채로운 창강과 판식을 가질 수 있었던 것은 기존에 목판대고木板大鼓에서 음송 방식으로 연창하던 단곡체 창강의 기초 위에 민간의 곡조와 경극 배우의 발성법을 흡수하여 일부 선구적 예인이 장기간 끊임없는 노력을 거쳐 곡조와 판안의 변화를 풍부히 한 덕분이다. 소주탄사蘇州彈詞의 음악이 풍부하고 다채로운 것은 다른 배경에서 비롯된다. 소주탄사의 음악은 한 가지 기본 창강의 단순한 반복에 그치지도 않고, 또한 판식의 변화를 크게 강조하지도 않았다. 다만 여러 가지 다른 유파 사이의 음악적 개발을 중시하고 강조하는 분위기에 따라, 점차 판식변화체 곡예음악의 새로운 길을 형성한 것이다.

　판소리에서는 이러한 양상이 고루 나타난다. 명창 개인은 자신의 음악적 역량을 동원해 새로운 더늠을 창작한다. 이때 그 명창이 창작한 더늠이 고정불변의 형태로만 전승되는 것은 아닌데, 이는 창자들이 나름의 개성적인 어법이나 성음을 바탕으로 기존의 더늠을 변화시키는 경우도 있기 때문이다. 또 유파는 각기 다른 더늠 전승을 보여주기도 한다.

　판식변화체 음악은 곡종에 따른 고유의 판식을 보유하는데, 대체로 그 기본 판식은 4박자의 3안판眼板, 2박자의 1안판, 1박자의 유수판流水板, 박자가 자유로운 산판의 네 가지로 나뉜다. 예인들은 이를 각각 1판3안의 만판慢板, 1판1안의 평판平板, 유판무안의 긴판緊板, 무판무안의 산판散板이라고 부른다. 리듬 형식의 차이에 따라 공연에서의 표현도 달라진다. 일반적으로 만판은 속도가 완만하고 선율에 다양한 기교를 장식하기 편리하므로 서정적인 지향에 가깝다. 평판은 속도가 보통 정도이고 선율이 상대적으로 간단하여 서정과 서사 모두에 사용된다. 긴판은 속도가 빠르며 선율로 보면 글자가 적고 음이 많아 표현이 긴박한 분위기와 서사에 적합하다. 산판은 고정된 박자의 제한이 없고 선율과 리듬을 자유롭게 발휘할 수 있으므로, 비교적 가벼운 내용과 한가한 정서를 표현하기도 하고, 격앙되고 격렬한 감정을 전달하기도 한다. 여러 개의 판식을 결합하여 운용할 때는, 보통 만판이나 산판으로 창을 시작하고 점차 평판으로 전환한다. 그리고 줄거리나 내용의 필요에 따라 긴판을 통해 분위기를 고조시키고 결말을 맺거나 산판으로 마무리한다. 판식변화체의 박자는 대체적으로 느린 박자에서 빠른 박자로 가는 것이 보통이다. 속도에서는 만慢 - 중中 - 쾌快로, 판식에서는 산散 - 정整 - 산散의 순이며, 이를 결합하면, 산散 - 만慢 - 중中 - 쾌快 - 산散이 된다. 물론 실제 공연 현장에서는 각각의 곡종과 연희자 개인, 공연하는 곡목 등에 따라 구체적 운용에 변화가 있을 수 있다.

판식변화체 음악의 관건은 공연에서 변주의 수법을 얼마나 기민하게 운용하느냐에 달려 있다. 2박자의 평판 가락을 4박자의 만판으로 바꾸면 속도가 느려지므로, 노래의 선율에 장식을 하여 확장할 수 있게 된다. 2박자의 평판을 1박자의 긴판으로 바꿔 노래하면 곡조가 급속해지고 속도가 빨라지며 구폭도 단축된다. 경우에 따라 특수한 정서를 전달하기 위해 전조轉調의 방법을 사용함으로써 전반적인 음색과 표현에 변화를 주기도 한다.

이 밖에 판식변화체의 일부 곡종이 변체 곡조를 생성한 예도 있다. 경운대고에 경극의 서피西皮, 이황二黃의 곡조를 삽입하기도 하고, 매화대고梅花大鼓에 단현單弦의 곡패를 삽입하기도 한다. 또한 소주탄사에 소남蘇南 지역의 민가소곡과 곤곡崑曲의 곡패를 넣어 새로운 주곡삽곡체主曲揷曲體의 창강 구조를 파생하기도 했다. 공연 시 줄거리의 필요에 따라 강렬한 인상을 주고자 할 때 이러한 삽곡을 선별적으로 사용하며, 이를 통해 음악적 표현을 극대화한다. 연희자가 줄거리에 따른 다양한 감정을 전달하기 위해 사용하는 판식변화체는 관객 입장에서도 듣기 쉽고 기억하기 쉬운 편이어서 표현력면에서 효율적이다.

곡패체 음악은 곡패를 사용하여 연창하는 곡예음악이다. 곡패란 일정하게 정해진 곡조의 제목을 말한다. 따라서 곡패체 음악은 정해진 곡조가 있는 음악에 대한 총칭이기도 하다. 기존의 곡에 새로운 가사를 부여함으로써 변화를 줄 수 있다는 원칙에 입각한 전사塡詞의 전통이 이미 당·송 시기부터 내려오고 있었다. 이러한 전통에 따라 만들어진 음악 형식이 바로 곡패체 음악이다. 곡패체 음악은 상대적으로 판강체 음악보다는 소수의 곡종에서 사용된다. 주로 패자곡牌子曲과 북방에서 유행한 도정 등에 쓰인다.

곡패체 음악의 특징은 여러 개의 곡패를 다양한 방식으로 조합하여 창강을 구성하는 데서 찾을 수 있다. 소수의 곡패를 제외한 대부분의 곡패는 구법과 글자 수가 들쭉날쭉하여 일정치 않다. 구절 수는 적게는 두 구, 많게는 아홉 구까지 있고, 창강의 구절 수와 대응하는 창사의 글자 수는 3, 4자에서 9, 10자까지 있어서 이른바 잡언 형식의 악곡체를 이룬다. 곡패를 운용하여 음악 창강을 구성하는 방식 또한 각 곡패의 형성 및 발전 상황에 따라 다양하게 나타나며, 그 양상은 대개 다음의 세 가지로 나뉜다.

첫째, 단곡單曲 및 단곡의 첩용이다. 한 개의 곡패로 연창하거나, 하나의 곡패를 반복적으로 사용하는 경우가 이에 해당한다. 곡패를 반복적으로 사용할 때는 연창하는 내용에 따라 곡조에 변화를 주기도 한다. 광서 계림 일대에서 유행한 영영락零零落, 안휘의 사구추자四句推子와 기타 여러 지방 소곡의 음악이 이러한 방식에 속한다.

둘째, 쌍곡 순환이다. 상용하는 하나의 장단구 곡패와 하나의 판식 상하 2구의 곡조로 창강을 구성하는 것이다. 두 개의 곡조를 번갈아 순환하여 노래하는데, 경우에 따라 인자引子나 미성尾聲이 있기도 하다. 천진시조天津時調와 산동금서山東琴書의 북로파北路派 음악은 이 방식을 사용한다.

셋째, 다곡多曲 연용의 방법이다. 여러 개의 곡패를 연결하여 사용하는 것인데, 사용되는 곡패의 숫자가 비교적 많고, 곡조 또한 풍부하다. 이러한 방법으로 곡조를 구성하는 경우 자연 표현력이 향상되므로, 비교적 복잡한 내용을 표현하는 데 쓰인다. 곡패를 연결할 때는 동일한 궁조宮調에 속하는 곡패를 연결하여 하나의 투수套數를 이루는 경우가 많다. 이것을 곡패연투체曲牌聯套體라고 한다.

설창의 역사를 음악적 구성 형식에 따라 살펴보면, 송사宋詞의 단곡 가창에서 고자사鼓子詞의 단곡 첩용으로, 다시 전답轉踏의 쌍곡 순환에서 창잠唱賺[176]-의 다곡 연철로, 그리고 마침내 제궁조諸宮調[177]-의 다곡 연투로 발전해 왔다고 할 수 있다. 간단한 것에서 복잡한 것으로, 단일 곡패에서 다곡 연투의 방향으로 변화해온 것이다. 이러한 관점에서 보면, 곡패연투체 음악은 곡패체 음악에서 가장 발전한 형태의 구성 형식이며, 곡패체를 대표하는 음악 형식이라 할 수 있다.

여러 곡패에는 각각의 박자 형식, 즉 판안이 있고, 판안마다 각기 다른 리듬이 있으므로 여러 곡패를 사용하면 여러 가지 다양한 정서를 나타낼 수 있게 된다. 다양한 정감과 내용을 표현하기 위해서는 곡패체 음악의 곡조를 구성할 때 곡패의 배열 순서 또한 중요하다. 여러 가지 리듬 형식의 곡패가 내용의 필요에 따라 배열되고, 한 벌[套]의 곡패체는 판식변화체에서와 같은 리듬의 규칙을 갖게 된다. 일반적인 곡패의 배열을 보면, 4박자의 느린 곡이 앞에 나온 다음 2박자의 중간 곡이 이어지고, 그 뒤에 1박자의 빠른 곡이 온다. 인자와 미성은 대개 산판의 리듬이다. 그래서 곡패체의 경우에도 판식변화체와 마찬가지로 산 - 만 - 중 - 쾌 - 산의 리듬 규칙을 형성한다.

이상 곡패체에서 사용하는 곡패는 남북곡의 곡패에서 기원했으며, 명·청대에 유행한 시조소곡時調小曲에서 발전하여 이루어

176_ '창잠'은 일종의 서사성 있는 강창음악으로 몇 개의 곡을 이어 한 곡으로 합성한 것으로, 일종의 다곡체(多曲體) 구성을 이룬다. 창잠을 구성하는 곡이 비록 수는 많으나 모두 1개 궁조(宮調)의 범위 안에 놓이기 때문에, 단일 궁조의 다곡체라 할 수 있다. 고신 저, 『경극의 이해』, 안말숙·윤미령 역, 박이정, 2008, 23~24쪽.

177_ 궁조는 중국 고대 희곡 및 음악적 용어라 할 수 있다. 이때 '궁(宮)'과 '조(調)'는 서로 다른 함의를 지닌다. '궁'은 오로지 궁음을 주음으로 삼은 장조를 가리키고, '조'는 그 나머지 6개 음을 주음으로 삼은 각종 조식을 두루 일컫는다. 근대 희곡 연구가 오매(吳梅)의 『고곡진담(顧曲塵談)』에 따르면, "궁조란 것은 악기의 관색의 높낮이를 결정하는 것이다."라고 했다. 궁조란 음악의 7개 음계로 악기 음색의 고저를 결정하는 것이라 할 수 있다. 고신 저, 같은 책, 20~21쪽, 24~26쪽.

진 것도 있다. 많은 곡종에서 사용하는 곡패들은 그 기원과 곡명이 대개 유사하지만, 각 방언의 차이와 장기간의 변천 과정 중에 받은 영향에 따라 곡조에 변화가 생기기도 했으며 그 결과 각 지방의 음악적 특색을 지니게 되었다.

반주伴奏의 부분도 음악적 측면에서 살펴볼 수 있겠다. 반주의 주요 역할은 노래를 부각하여 연희자가 창사의 내용을 더욱 잘 표현하도록 돕는 것이다. 때로 노래 사이에 적절한 연주가 삽입되기도 하는데, 이러한 간주는 과문過門이라고 한다. 이 밖에 연행자의 호흡 조절을 위해 반주를 보충하거나, 간주를 통해 양 단락을 연결해주기도 한다. 반주는 연희자가 노래 부를 때 음높이와 리듬의 변화를 파악할 수 있도록 하며, 여러 등장 인물의 말투를 자유자재로 활용하는 것을 돕기도 한다.

현재의 소주탄사蘇州彈詞에서는 연희자가 직접 대삼현大三弦이나 소삼현小三弦으로 반주를 수행한다. 또한 대다수 고사鼓詞류에서는 연행자가 고판鼓板 등의 타악기를 연주하거나, 연희자를 제외한 한 명 또는 여러 명의 악사가 반주하는 것을 볼 수 있다. 탄사彈詞, 금서琴書 등의 계열에서는 비파琵琶, 양금揚琴, 어고漁鼓 등의 악기를 사용하기도 한다. 곡예의 반주자는 반드시 연창자의 예술적 특징과 노래의 창사, 가락을 파악하고 있어야 한다. 설창은 연창자와 반주자가 함께 만들어내는 예술이기 때문이다.[178]

다음 설창의 연기는 크게 노래 연기, 대사 연기, 동작 연기의

178_ 설창의 음악적 특징에 대한 내용 전반은 김영구 외, 『중국공연예술』, 한국방송통신대학교출판문화원, 2018, 99~103쪽과 112~113쪽을 참조했음을 밝혀둔다.

셋으로 나누어볼 수 있다.

먼저 노래 연기의 측면이다. 설창에서의 노래는 줄거리 전달에 중점을 둔 서술성을 위주로 하면서, 서술성과 서정성의 교체를 통해 조화롭고 다채로운 효과를 지향한다. 경물 묘사나 논리적 서술 등의 기능이 있기도 하지만, 이는 어디까지나 부수적이다. 설창의 연희자는 서술자의 신분에서 이야기를 풀어 가고, 정경을 묘사하며, 여러 인물의 사상과 감정을 표현한다. 따라서 음악으로 인물의 희로애락을 표현할 때 일종의 모방성을 지니기는 하지만, 완전히 연극식으로 그 등장인물이 되어 노래하는 것은 아니다. 일부 좌창坐唱류의 설창 형식에서는 희곡에서의 각색과 비슷하게 노래하고 서술적인 노래를 적게 사용하기도 하지만, 그렇다 하더라도 연기에 해당하는 동작은 거의 없이 목소리만을 가지고 인물의 독백과 대화를 표현한다. 예인들은 이를 좌지전정坐地傳情, 즉 '그 자리에 앉아 감정만을 전달한다'라고 한다. 또 한 사람이 두세 가지의 각색을 겸하여 노래하는 경우도 있다.

노래에서 기본이 되는 지침은 '글자에 따라 가락을 운용한다'라는 의미의 '안자행강按字行腔'과 '글자는 바르게 곡조는 원만하게'라는 의미의 '자정강원字正腔圓' 두 가지이다. '자정강원'이란 바로 노래할 때 가사 각 글자의 자음[聲], 모음[韻], 성조[調]를 정확하고 오류 없이 발음하여, 정확한 발음의 기초 위에서 창강을 원만하고 분명하게 할 수 있어야 한다는 뜻이다. 또한 곡예의 악보는 '안자행강'함으로써 해당 곡종의 특색을 유지하면서도 가사의 내용을 적합하게 표현해야 하며, 연희자는 가창 기교를 능숙하게 운용함으로써 청중에게 감동을 주어 그들이 자연스럽게 공연에 빠져들도록 해야 한다는 것이다.

'안자행강', 즉 '글자에 따라 곡조를 행하기' 위해 설창의 예인들은 매 글자의 음, 양, 청, 탁 및 발성 부위와 입 모양에 따라, 또한 매 어휘의 성모, 운모, 성조의 조합의 차이에 따라 '붕崩, 타打, 점黏, 촌寸, 단斷'과 같은 다섯 가지 창법을 결합하여 곡예음악의 창법을 연마하는 기본공으로 삼았다. 또한 공연에 필요한 호흡 조절 기교로 호흡의 얭氣口을 적절히 배분하는 것, 호흡을 조절하는 것, 힘차게 내뿜는 것[噴口] 등을 강조했다.

'안자행강'과 '자정강원' 외에도 청중의 감정이입을 효과적으로 유도하는 지침으로 "목소리를 통해 감정을 전달한다"라는 의미의 '이성전정以聲傳情', "목소리에는 감정이 실려야 한다"라는 의미의 '이정대성以情帶聲' 등이 있다. 모두 목소리와 감정을 모두 풍부히 하는[聲情幷茂] 예술적 효과를 지향한다. 이때의 감정은 여러 가지 다른 인물의 희로애락 같은 정서의 모방뿐 아니라, 다양한 배경과 분위기의 색채를 창조해 내는 것까지 포함하는 개념이다. 청중이 마치 그 사람을 보는 듯한, 그 장면의 현장에 가 있는 듯한 데서 예술적 감동을 받을 수 있어야 한다는 것이다. "입 모양은 또렷하게, 글자는 중후하게, 자모음은 감동적으로, 발음은 도취되게淸淅的口齒, 沈重的字, 動人的聲韻, 醉人的音"라는 말도 있는데 이는 노래 기교의 완벽한 경지를 제시한다.

다음 대사 연기는 강설 부분에서의 기교를 말한다. 고사鼓詞 (탄사彈詞)와 같은 설창에서 강설 부분은 매우 중요하다. "설은 임금이고 창은 신하다.說爲君, 唱爲臣"라든가 "7할은 설백이고 3할은 창이다.七分話白三分唱"라는 말을 통해 그러한 인식을 엿볼 수 있다.

이른바 설공說功에 해당하는 대사 연기의 기교를 몇 가지로 나누어 살펴보기로 한다.

첫째, 토자吐字 즉 발음은 설창 연희자에게 가장 기본적으로 요구되는 기교이다. 매 글자 성모의 발성 부위 [순脣, 치齒, 후喉, 설舌, 아牙]와 운모의 입 모양 [개開, 제齊, 촬撮, 합合]을 파악하고 그에 따른 발음법을 연마해야 한다. 특히 설창에서는 글자의 발음을 묵직하고 멀리까지 들리게 함으로써 장내의 청중이 분명하게 듣고 글자마다 귀에 잘 들어가게 하는 것이 중요하다.

둘째, 전신傳神이다. 말을 통해 환경이나 분위기, 인물을 묘사하거나 인물을 모방할 때 감정이입을 유도하는 전달이 있어야만 청중에게 감염력이 있을 수 있다는 것이다. 감정이입은 설공의 핵심이다. 공연하는 작중인물 속으로 감정이입이 이루어지지 않으면 청중의 마음을 움직일 수 없기 때문이다. 왕주사王周士는 설창의 연희자들이 범할 수 있는 오류에 대해 "즐거워하지만 즐거워 보이지 않고, 슬퍼하지만 원망이 없고, 울지만 참담하지 않고, 고통스러워하지만 힘들어 보이지 않고, 수줍어하지만 과감함이 보이지 않는다.樂而不歡, 哀而不怨, 哭而不慘, 苦而不酸, 羞而不敢"라고 지적하기도 했다. 이는 설서인說書人의 감정이 부족하면 등장인물의 감정을 충분히 전달할 수 없음을 의미한다.

셋째, 사갹使噱이다. 각噱이란 우스개로, 작품 속의 우스운 요소를 일정한 복선과 연기를 통해 충분히 전개하여 소기의 효과를 얻는 것이다. 사갹의 기교는 예인이 충분한 공연 경험을 통해 청중의 청각 심리와 상호작용을 이루어 낼 때 비로소 갖출 수 있다. 이에 여러 가지 다른 연출 상황에서 청중의 심리에 적응하도록

주의하며, 갹을 부릴 때 천편일률적으로 판에 박히지 않게 융통성을 발휘해야 한다.

넷째, 변구變口이다. 인물의 형상을 창조할 때 방언을 활용해 그를 묘사하면 인물의 사회적 지위나 기질 등을 표현하는 데 도움이 된다는 것이다. 설창에서는 전통적으로 방언 변구를 이용하여 인물을 형상화하고, 생활 속의 여러 가지 세태를 나타내왔다. 예를 들면 관아의 아전은 소흥 말을 쓰고, 북경의 장사치는 산서 말을 쓰고, 남방의 전당포 주인은 안휘 말을 쓰는 식이다. 이렇게 말투를 변환하는 것을 남방의 설창에서는 향담鄕談, 북방의 설창에서는 도구倒口라고 한다.

다섯째, 음향音響이다. 즉 음성 모사의 기교를 운용하여 각종 소리를 모방하는 것이다. 이를 통해 극적 분위기를 고조시킬 수 있다. 탄사에서는 뇌고擂鼓, 취호吹號, 명라鳴鑼, 마제馬蹄, 마시馬嘶, 방포放炮, 효규吼叫, 폭두爆頭를 들어 팔기八技라고 부른다.

여섯째, 관구貫口이다. 관구串口나 쾌구快口라고도 하는데, 리듬감 있는 언어로써 사물에 대해 서술하여 막힘 없이 단숨에 꿰버리는 것을 의미한다. 외우기 숙련을 통해 이를 활용함으로써 극적 분위기를 조성하거나 청중의 웃음을 유발할 수 있다.

일곱째, 비강批講이다. 이것은 인물 및 사건에 대한 평론, 작품에 인용된 전고 등에 대한 해석을 포함한다. 때로는 상세하게 해설하고, 때로는 한두 마디 말로 설명하며 청중들의 줄거리 이해를 돕고 사건의 시비와 미추美醜를 판별하게 한다.

이제 동작 연기에 대해 살펴보기로 한다. 설창에서는 표정과 연기 동작을 합하여 주공做功이라고 한다. 이는 설공과 창공을 보조하는 수단이며, 설공, 창공과 마찬가지로 엄격한 훈련과 각고의 연마를 통해 얻을 수 있는 것이다.

설창의 주공은 희곡과 마찬가지로 수手, 안眼, 신身, 보步, 법法으로 나눈다. 그중 중요한 것은 표정 연기를 지칭하는 안신眼神과 몸짓, 손짓을 지칭하는 수세手勢인데, 전자를 더 중시하는 편이다. 안신의 가장 중요한 기능은 연희자가 작중인물의 희로애락을 표현하고 여러 인물의 심경과 변화다단한 줄거리를 전달하는 데 있으며, 이를 '이신전의以神傳意'라는 말로 개괄할 수 있다. 수세는 공간의 원근, 고저와 방향을 지시하고 사물의 수량과 형상을 모방하며, 설공과 창공을 보조하여 작중인물의 형체, 성격, 정서 등을 형용한다. 북방의 설창 예인들 사이에 전하는 〈서강월西江月〉이라는 사를 통해 이에 대한 지침을 확인할 수 있다.

세상에 먹고사는 일이 많고도 많지만, 설서가 가장 익히기 어렵다. 북과 박판의 장단이 어렵고, 온갖 언어를 모두 기억해야 한다. 첫째는 목소리가 맑아야 하고, 둘째는 돈좌지질이 적절해야 한다. 문무의 흉내를 모두 나 혼자서 내야 하니, 대회 한마당 공연하는 것 같다.[179]

끝의 두 구절에 설창 주공의 기본적인 특징이 잘 드러나 있다. 이 흉내 냄이란 희곡의 각색과 비슷하기도 하지만, 설창에서

179_ 世上生意甚多, 惟獨說書難習. 緊鼓慢板非容易, 千言萬語須記. 一要聲音嘹亮, 二要頓挫遲疾, 裝文裝武我自己, 好像一臺大戲.

는 오직 감정이입을 통한 모방에 의존한다.

주공做功의 도구로는 대개 연희자가 손에 들고 있는 북, 박판 같은 타악기나 비파, 삼현 같은 현악기가 쓰인다. 때로 연희자가 활용하는 부채, 손수건, 성목醒木 등도 각종 기물을 모방하는 보조적인 연기 도구가 될 수 있다.[180]

2) 일본 조루리淨琉璃의 연행 요소

현전하는 일본 조루리는 분라쿠文樂라는 이름으로 불리고 있어, 중국의 설창이나 한국의 판소리와는 양식적인 차이가 있다. 이에 조루리의 연행 요소도 언어, 음악, 연기의 측면으로 나누어 살피되, 강창예술로서의 속성을 중심으로 다루고자 한다.

먼저 조루리의 언어적 측면과 관련해서는 그 독특한 구성에 주목해볼 필요가 있다. 전술했듯 '조루리'라는 명칭은 『조루리고젠 모노가타리』 또는 『조루리히메 모노가타리』라는 작품명에서 유래하며, 이 작품은 『조루리십이단소시淨瑠璃十二段の草紙』라는 이칭으로 불렸다. 본래 약사여래의 영험을 설법하는 목적으로 만든 이야기였기 때문에 약사십이신장의 '십이+二'라는 숫자를 따라 십이단으로 구성한 데서 비롯된 이칭이다. 이렇듯 초기 조루리에서는 십이단이 기본이었으나, 실질적으로는 그 절반인 육단 형식이 많았다고 한다. 그러던 것이 이후 일단이 줄어들어 오단

---

[180]_ 설창의 연기적 특징에 대한 내용 전반은 김영구 외, 『중국공연예술』, 한국방송통신대학교출판문화원, 2018, 104~111쪽을 참조했음을 밝혀둔다.

형식으로 이행했는데, 이 오단 형식이 정착되어 기다유義太夫로 계승되었다. 오단 형식은 노能의 오번五番 형식을 따른 것으로, 단段이란 아악雅樂에서 주로 사용하는 용어이다. 단은 사설辭說의 대목, 즉 한 사람의 다유太夫가 이야기하는 장면을 일컫는다. 초기에는 다유의 수가 적고 가락도 간단해서 한 사람이 몇 단을 맡아 이야기했지만, 이후 내용이 길어지고 복잡해지면서 다유의 수가 늘어나 여러 명의 다유가 한 단을 구치口, 나카中, 키리切 즉 첫째 거리, 둘째 거리, 셋째 거리로 나누어 맡았다.[181]

조루리의 구성이 짝수 단에서 현전 형태와 같은 홀수 단으로 이행한 것은 지카마쓰의 작품이 등장하기 조금 전부터인 듯하다. 서사시의 헤이쿄쿠적인 이야기에서 발단 - 전개 - 결말이라는, 즉 피라미드형의 입체적인 드라마 구조로 진화한 것이다. 이후 시대물에서는 5단, 시정물에서는 상·중·하의 3단 구성이 완전히 자리 잡게 된다. 적어도 기다유 조루리의 경우는 모두 그렇다.

기다유부시의 선조 다케모투 기다유는 『조쿄貞享 4년 기다유 단물집段物集』(1687)의 서문에서 5단을 '연모戀慕·수라修羅·탄식愁嘆·미치유키道行[182]·문답問答'으로 규정했다. 이 구성법은 기다유 가부키에서도 통용되는 기본적인 구조라 할 수 있다.

지카마쓰가 확립한 지다이모노時代物의 정형적 구성은 다음과 같다. 5단 구성의 지다이모노에 비해, 세와모노世話物는 상·중·하의 3단으로 구성되며 진행 속도도 훨씬 빠르다.[183]

181_ 김학현 편, 『文樂 : 三味線과 唱이 어우러진 人形劇』, 열화당, 1999, 15~16쪽.
182_ 조루리나 가부키에서 주로 남녀가 여행하는 장면이나 그 동작을 가리키는 말로, 남녀가 함께 야반도주하거나 정사(情死)를 택하는 경우가 많다.

初段 : 작품구조의 기본이 되는 극의 대립이 크게는 천하, 작게는 한 나라 내부의 반역 혹은 중심인물 사이의 불화라는 질서의 위기를 초래한다.

二段 : 초단의 위기를 받아서 악인의 공격이 진행되고 선의 저항이나 질서 회복을 위한 노력이 이루어지지만 성공하지는 못한다.

三段 : 비극적인 장면을 절정으로 전제하고 그 앞에 1~2건의 발단이 되는 장면을 절정에 넣어 통일된 구성을 취한다.

四段 : 대부분은 남녀가 여행하는 장면이나 그 동작, 정사情死 등에 해당하는 미치유키道行나 어느 명소 주위의 경치를 말로 늘어놓는 게이고토景事와 같은 내용으로 약속되어 있다. 그 외에 볼 만한 장면이나 들을 만한 장면이 전개된다.

五段 : 대상황을 종결시키는 내용으로 작품 세계의 질서를 회복하거나 회복을 예고하는 형태로 대단원을 이룬다.[184]

드라마의 홀수 단 전개는 조루리는 물론 동서고금에 공통되는 매우 기본적인 발상에 해당한다. 일본 노能의 제아미는 아악 이론에 의거해 한 곡의 구성을 '서序·파破·급急'의 세 부분으로 보았

183_ 시대물의 5단이나 세화물의 3단 모두를 공연하는 것을 도오시쿄겐(通し狂言)이라고 하고, 유명한 부분만을 모아서 공연하는 것을 미도리쿄겐(見取り狂言)이라고 한다. 도오시쿄겐은 공연시간이 너무 길어 현재는 대부분 미도리쿄겐으로 공연하는 경우가 많다. 이렇게 도오시쿄겐과 미도리쿄겐의 구분을 두는 방식은 가부키와 같다. 이지선, 앞의 책, 172쪽.
184_ 김순전·박경수, 『한국인을 위한 일본문학 감상』, 제이앤씨, 2018, 301~302쪽.

는데,[185]_ 이때 '파'가 '파破의 서序 · 파破의 파破 · 파破의 급急'으로 다시 나뉘어 전체가 5단이 되고, 그것이 다시 하루의 노能 연기에 해당하는 '신神 · 남男 · 여女 · 광狂 · 도깨비鬼'의 다섯 종목에 적용된다. 아리스토텔레스가 말한 '처음 · 중간 · 마지막'이나 로마의 호라티우스가 말한 극시의 5막 형식도 이와 통하는바, 기다유 조루리의 3~5단 전개는 극히 일반적인 드라마 구조라고 할 수 있다.[186]_

앞서 언급한 지다이모노時代物와 세와모노世話物에 대해 조금 더 자세히 알아보기로 한다.

지다이모노, 즉 시대물이란 나라 · 헤이안 · 가마쿠라 · 무로마치 시대를 배경으로 귀족과 무사들 사이에서 일어난 사건이나 역사적인 이야기를 다룬 작품을 가리키는 용어이다. 시대물은 과거를 배경으로 하지만, 희곡이 쓰인 에도시대의 윤리관이나 미의식이 반영된 것이 특징이다. 작품 수는 세와모노에 비해 압도적으로 많아, 현재 연행되는 분라쿠 작품의 주류를 이룬다. 연출이나 연기 등 여러 면에서 과장되어 있고, 무대나 의상 등도 화려하며 세와모노에 비해 양식성이 강하다. 역사적 사건이나 인물을 다루고는 있지만, 순수한 역사극이라고 하기는 어렵고 오히려 양식화된 연출, 과장된 사건과 인물, 극의 웅장한 면을 특색으로 한다.

세와모노, 즉 세화물은 서민들 사이에 일어난 사건이나 애정, 갈등 등을 그린 작품을 말한다. 유통경제가 발달한 에도 시대의 서민들은 계급적으로는 하층에 속했지만, 뛰어난 기술력과 자금

185_ 일본의 음악 · 무용 · 연극 등에서 악곡 구성이나 연출, 속도 등에 관해 세 부분 또는 세 단계를 상정하는 이론 용어라 할 수 있다.
186_ 가와타케 도시오, 최경국 역, 『가부키』, 창해, 2007, 234~235쪽.

력에 바탕한 경제적 힘이 있어 무사 계층과는 다른 자신들만의 문화를 만들어갔다. 그런 서민들의 이야기를 반영한 최초의 세와 모노가 1703년에 발표된 지카마쓰 몬자에몬의 『소네자키신주』이 다. 작품 수는 시대물에 비해 적고, 보통 3단으로 구성된다. 사실 을 기본으로 빠르게 이야기를 진행하는 편이며, 시대물과 달리 다 유의 낭창이나 인형의 동작에 양식성이 강하지 않다. 세와모노 가운데 특히 사실미가 강한 작품을 진세화眞世話라고 하며, 무가 의 집안소동 등을 도입해 변화를 꾀한 여러 단의 작품을 시대세 화時代世話라고 한다.

그 외에 우아하고 서정적인 단막의 짧을 작품을 게이고토景事 라고 한다. 한 작품이 게이고토로 된 예도 있지만, 한 작품의 일 부를 게이고토식으로 연행하기도 한다.

무대를 아름답게 꾸미는 것이 특징이며, 사실적 연기보다는 음악에 맞추어 인형이 춤을 추는 무용적인 요소가 강해 청중의 시각과 청각을 두루 즐겁게 하는 것에 중점을 둔다. 시대물이나 세화물의 기다유부시와는 다르게, 여러 명의 다유와 샤미센 주자 가 함께 연주하여 음악적 요소도 강조하는 편이다. 시대물이나 세화물과는 달리, 노래 부분이 많고 다유가 목소리도 가볍고 우아 하게 낸다. 샤미센은 몇 명이 서로 주고받는 가케아이掛合 형식으 로 연주해, 독특하면서도 아름다운 선율을 들려준다.[187]

한편 조루리는 일본 고유의 말로 된 가타리모노 특유의 수사 법인 '야마토고토바'大和言葉라는 문체적 특징을 지니고 있다. 이

---

[187] 이지선, 앞의 책, 168~171쪽.

것은 『조루리고젠 모노가타리』에서도 볼 수 있다.

    귀공자께서는 거듭 말씀하신다. 아마도 그대는, 스쳐 지나가
는 찰나의 풍경 같소,
    들판의 샘솟는 맑은 물이라고 하면 좋을까, 배가 강을 저으며
지나가는 풍경이라 하면 좋을까.[188]

『조루리고젠 모노가타리』는 주로 셋쿄説経에서 사용되는 문체
인 '야마토고토바'를 이용하여, 사랑의 감정을 묘출해 내는 수사
적 기법과 전설의 유형을 조합해 이야기를 시작한다. '야마토고토
바'는 당시 사람들에게 우아하고 품위 있는 아름다운 말, 부드럽
고 정감 있는 소리로 들렸다고 한다. 그 자체가 시적인 분위기를
연출하기 때문에 사랑을 주고받는 언어 유희에 적합하다.
    수사적 기법의 측면에서는 16세기경에 유입된 샤미센의 예능
이었던 '모노조로에物揃え'를 거론할 수 있다. 작품에서 우시와가
마루牛若丸는 조루리히메가 사는 저택屋敷을 보고, '모노조로에'를
통해 그 배경을 묘사한다.

    주인이 누구인지는 모르지만, 일곱 칸이나 되는 집채가 사방
을 둘러싸고 있는 중국풍 저택이로구나, 여덟 개나 되는 용마루
에, 동서 양쪽을 다 장식하고, 수목이며, 화초며, 수를 셀 수가

188_ 御曹司は重ねて言葉をかけられける。いかにや君、つながぬ駒のふぜいかや、野中の清水…の
    たとへかや沖漕ぐ舟のふぜいかや。

없네. 처마의 흰 매화, 여덟 겹 홍매화, 외겹인 벚꽃, 울창한 버
드나무에 실버들이 봄바람에 살랑거리고, 꽃의 향기도 물씬 풍
기는구나.[189]

뜰의 연못, 연못 속의 늪, 다양한 꽃, 섬과 구릉岡 사이의 다
리, 다리 밑을 지나는 홍서弘誓의 배에 대해 읊으며, "이 배가 바
다 위에 떠있는 모습을 무언가에 비유한다면 극락정토라 하더라
도"라고 말을 이어나간다. 이것은 부쿄쿠舞曲 〈야시마八島〉와 오
쿠조루리奥浄瑠璃 〈아마기미 모노가타리尼公物語〉에서도 발견되는
표현기법으로, 이처럼 저택을 미화하여 표현하는 것은 가타리에
매우 일반화되어 있다. 판소리 〈춘향가〉에서 춘향의 집을 표현하
는 장면에서도 이와 유사한 기법이 나타난다.
또 귀공자 우시와카마루御曹司義経가 조루리히메의 앞에 다시
나타났을 때의 장면을 보면, 역시 묘사의 수법이 두드러진다.

"우선 등에 국화를 수놓은 것은, 미나모토源 집안의 조상신 마
사하치만正八幡을 묘사해 놓았다. 왼쪽 어깨의 자수에 소나무가 서
른세 그루, 미나모토 집안의 상징인 백기白旗를 아침 해의 모양을
본떠 수놓았다. 오른쪽 어깨의 자수에는 삼나무가 서른세 그루, 헤
이케平家의 상징인 적기赤旗를 지는 해를 흉내 내며 수놓았다."[190]

189_ あるじはたれと知らねども、七間四面の唐の御所、八つ棟造りに、東西両間を飾らせて、樹
　　木、前栽、数知らず、軒の白梅、八重紅梅、一重桜、しだり柳に糸…柳、吹く春風にうちな
　　びき、花も匂ひも盛りなり。
190_ "まづ後ろの菊綴じの縫い物は、源氏の氏神正八幡を縫はれたり。弓手の肩の縫い物に、松の

226　한국전통연희총서 8

'수놓은 것縫い物'이라는 제명이 붙은 대사로, 부쿄쿠舞曲 〈에보시오리烏帽子折〉에도 똑같은 부분이 발견되며, 한국 판소리의 치레 사설과도 유사하다. 이런 부분은 노래 부르듯이 연행하는 것이 보통이다. 이렇게 '저택 예찬'이나 '의상 묘사'에서 두드러지는 표현 기법을 모노조로에物揃, 절 이름이나 지명의 열거에서 볼 수 있는 표현 기법을 모노즈쿠시物尽し라고 한다.

한편, 조루리에는 같은 내용의 사설을 거듭 반복하는 부분이 많다. 이것은 구두口頭의 가타리를 기본으로 한 서술체를 문자화한 데서 비롯된 특징이다. 『조루리고젠 모노가타리』 제9단에는 '야마토고토바大和言葉'를 사용하여 우시와카마루가 "이 사람도 나이 일곱 살부터 구라마鞍馬의 산에 오르고, 낮에는 학문을 하고, 밤에는 병법을 익혀서, 지금은 한창 정진하고 있는 중이오."라고 말하는 부분이 두 번 기록되어 있고, 제10단에는 우시와카마루의 대사 "동으로 내려가, 후지와라 히데히라藤原秀衡를 도와주고, 수도로 올라올 때에 그대를 아내로 정하여, 이세二世의 인연을 맺지요."라는 부분도 두 번 반복된다.

판소리의 치레 사설에서도 다양한 제재들을 엮어낼 때 열거와 반복의 수사를 활용한다는 점에서, 조루리에 나타나는 사설 표현 방식과의 유사성을 확인할 수 있다.

이를 통해, 조루리라는 모노가타리의 수사적 기법에 반복과 열거를 통해 이야기의 내용을 풍부하게 하고 서사를 흥미롭게 엮

群立三十三本、源氏の白旗を、朝日をまねいて縫はれたり。馬手の方の縫い物に、杉の群立三十三本、平家の赤旗七流れ、夕日をまなびて縫はれたり。"

어가는 언어적 형식이 존재했다는 것을 알 수 있다.[191]

다음으로 볼 것은 음악적 측면이다.

『조루리고젠 모노가타리』가 "야하기 지방에서 세력을 가진 '레이제이冷泉' 집안으로 이름난 여성 창도자唱導者들이 부르기 시작한 본지물本地物이었다"라는 기록이 있다. 실제 본거지의 유녀에 의해 그 지방의 전설이 이야기로 만들어졌을 것으로 보는 견해가 일반적이다. 이러한 본지물을 부를 때, 처음에는 부채[扇]를 사용했다고 한다. 부채박자[扇拍子]는 펼친 부채를 왼손에 들고, 그 종이나 부채살의 부분을 오른쪽 손가락으로 튕겨서 박자를 맞추는 방식이다. 당시 조루리는 아직 곡절이 있는 가락이 개입하기 이전이고, 가타리 자체의 음악성은 사설의 수사적인 표현 안에 담겨 있었다.

그랬던 조루리가 음악적으로 변화, 발전하게 된 계기가 바로 악기의 도입이었다. 비파의 묘수였던 다키노 겐코瀧野檢校・사와토모 겐코沢住檢校가 여기에 곡절을 붙여 음송했고, 이후 샤미센이라는 복잡 미묘한 음색을 가진 악기가 새롭게 반주 악기로 사용됨에 따라 음곡이 풍부해지고, 음악적으로도 발전을 거듭하게 된 것이다.

현전하는 조루리, 즉 분라쿠는 산주, 오쿠리, 소나에라고 불리는 샤미센의 독주로 시작된다. 이러한 도입 부분이 무대의 이미지를 결정할 정도로 그 시작을 중시한다. 또한 인물의 등장장면

---

191. 박영산, 「일본 가타리모노(語り物)의 양식화(樣式化)와 판소리」, 『판소리연구』 26, 판소리학회, 2008, 62~67쪽.

에도 샤미센이 연주된다. 바치로 줄을 뜯어내는 "텐, 텐, 텐"하는 소리로 등장인물의 성별이나 연령, 그 사람의 기분까지 표현한다. 애인을 만나러 갈 때의 가벼운 발소리, 적에게 쫓김을 당하는 발소리 등 샤미센의 소리에 귀를 기울이고 있으면 눈을 감고 있어도 무대의 상황을 느낄 수 있다.[192]

이렇게 샤미센은 조루리에서 매우 중요한 역할을 하는 반주악기이다. 샤미센은 목의 굵기에 따라 구분되는데, 이것은 각 유파의 음악적 성격, 작품의 성격과도 긴밀하게 연관된다. 특히 기다유부시義太夫節에서 사용하는 샤미센은 다른 장르의 샤미센보다 크기가 크고 목이 두꺼우며 무겁다. 이러한 기다유부시의 샤미센이 내는 깊고 굵직한 음색은 비극성이 강한 작품과 특히 잘 어울린다.

조루리 가창의 특색도 유파에 따라 조금씩 다르다. 예를 들어, 기요모토부시淸元節는 전체적으로 밝고 경쾌하며, 잇추부시一中節는 노래를 사실적, 자극적으로 부르지 않고 온화하고 기품 있는 창법을 사용한다. 가토부시는 경쾌하고 우와조시를 두어 화려한 고음을 사용한다.

마지막으로 살펴볼 것은 연기의 측면이다. 현재 전승되는 조루리, 즉 분라쿠는 기다유부시 다유의 낭창과 샤미센의 연주에 맞추어 세 명의 인형조정자가 호흡을 맞추는 공연예술이다. 이 가운데 다유와 인형조정자로부터 연기와 관련되는 부분을 찾아볼 수 있다.

---

192. 이지선, 앞의 책, 158~159쪽.

우선 다유는 등장인물의 대사는 물론 상황 설명이나 분위기 묘사에 이르기까지 모든 것을 말과 노래로 표현한다. 다유가 내레이터, 성우, 가수의 역할을 모두 소화해 내는 것이 조루리의 원칙이다. 그러나 등장인물은 한 사람이 아니기 때문에 모든 배역의 개성을 살려서 표현해야 한다. 바로 여기서 조루리의 연기적 측면을 볼 수 있다. 등장인물(인형)이 남자인지 여자인지, 젊은이인지 노인인지의 차이는 물론, 무사인지 서민인지, 아가씨인지 부인인지 게이샤藝子인지까지도 분간해 소리를 내어야 한다. 다유는 청중에게 곱고 아름다운 미성美聲으로 노래를 들려주는 것을 목적으로 하지 않는다. 대본에 적힌 텍스트에 감정을 불어넣어 낭창식으로 노래하는 것이 중요하기 때문에, 기다유부시를 '노래한다'라고 하지 않고, '이야기한다'라고 하는 것이다.[193]

다음은 인형의 연기이다. 현전하는 조루리의 인형극은 세 사람이 조종하는 방식이다. 주조종사主遣い는 왼손을 인형의 허리 뒤쪽에서 집어넣어 몸체를 쥐고 인형을 조종하며, 오른손은 인형의 오른손 소매 뒤에서 조종한다. 발 조종자足遣い는 몸을 낮추고 인형의 발뒤꿈치 뒤에 붙어있는 고리를 쥐고 조종한다. 왼쪽 조종자左使い는 인형의 왼쪽에 서서, 인형의 왼손에서 나온 긴 막대기를 오른손으로 잡고 조종한다. 조루리에는 이러한 조종법에 최선을 다하여 인형이 인간처럼 정情을 가지고 자율적으로 행동하게 하면, 그로부터 비로소 극이 성립한다는 정신이 담겨 있다. 인형이 인간처럼 살아 움직이도록 하는 것은 불가능하지만, 세 사람

193_ 이지선, 같은 책, 155쪽.

이 한마음이 되어 하나의 인형을 살아 움직이는 것처럼 보이게 조종하는 것이다.[194]

Ⅴ. 판소리의 작품 세계

1. 판소리 작품의 주제와 특징

1) 전승 5가

송만재의 〈관우희觀優戲〉(1843)에 판소리 열두 마당인 〈춘향가〉, 〈심청가〉, 〈박타령(흥보가)〉, 〈토끼타령(수궁가)〉, 〈화용도(적벽가)〉, 〈배비장전〉, 〈옹고집전〉, 〈변강쇠타령〉, 〈장끼타령〉, 〈왈자타령〉, 〈가짜신선타령〉, 〈강릉매화전〉이 소개되어 있다. 1940년에 간행된 정노식의 『조선창극사』에는 〈가짜신선타령〉 대신 〈숙영낭자전〉이 포함되어 있는데, 그 이유에 대해서는 정확히 알기 어렵다.

〈춘향가〉는 애정을 주제로 한 작품이다. 〈춘향가〉는 양반 자제 이몽룡과 퇴기의 딸 성춘향이 신분상의 한계를 초월해 사랑을 이룬다는 이야기로, 문학과 음악은 물론 연극적 짜임새의 측면에서도 현재까지 전해지는 판소리 다섯 마당 가운데 가장 예술성이

---

[194] 같은 책, 160~161쪽.

높은 작품으로 꼽힌다. 애정의 문제가 단순한 사랑 이야기에 그치지 않고, 신분 갈등이나 탐관오리의 부정 등을 포함한 시대·사회적인 문제와 결부되어 나타난다는 점, 주인공인 춘향과 이도령은 물론 방자, 월매, 변학도, 향단 등 주변인물들에 이르기까지 인물상 하나하나가 생동감 있는 형태로 형상화되어 있다는 점에서 특징적이다.

〈춘향가〉의 주제는 춘향의 정절에 대한 강조와 유교적인 열烈 이념의 찬양, 신분의 질곡을 넘어선 남녀의 숭고한 사랑, 불의한 지배 계급에 대한 서민의 저항, 중세의 완고한 신분 제도 및 윤리로부터의 인간 해방과 사랑의 성취 등으로 해석된 바 있다. 기본적으로 〈춘향가〉의 서사는, 신분이 다른 두 남녀가 우여곡절을 겪은 끝에 다시 결합하게 된다는 사랑 이야기에 뿌리를 두고 있으며, 이러한 구조의 사랑 이야기는 시공간을 초월해 가장 빈번하게 등장하는 대중적인 제재라 할 수 있다. 〈춘향가〉는 이처럼 만남과 이별, 시련과 재회라는 보편적인 공식을 충실하게 따른 사랑 이야기지만, 그보다 중요한 것은 춘향과 몽룡의 사랑이 당대의 구체적인 역사적 현실과 결부되어 있다는 점이다. 〈춘향가〉의 만남, 이별, 시련, 재회의 전 과정에는 조선 후기 신분제의 질곡, 지배층의 횡포 등에 따른 민중의 삶과 그들의 저항이 직간접적으로 반영되어 있다. 따라서 〈춘향가〉의 주제를 파악하는 데 '남녀 간의 사랑' 또는 '서민 계급의 저항' 그 어느 한 쪽만을 강조하는 방식은 지양해야 할 것이다.

19세기 중반 이후 양반층이 판소리의 향유층으로 일정한 역할을 맡게 되면서, 충·효·열 등 보수적이고 관념적인 주제가 작품 전면에 내세워지게 되었다. 이것이 이전에 일반 서민층 사이에 공유되었던 주제와 겹쳐지면서 작품의 해석 층위는 더욱 다양하게 되었다. 판소리의 주제는 물론 미의식에도 변화가 생기게 되었으며, 판소리의 가장 대표적인 작품인 〈춘향가〉 역시 이러한 흐름으로부터 자유로울 수 없었다. 〈춘향가〉에서 강조된 보수적이고 관념적인 주제는 '열烈'에 대한 강조였다. 정현석은 『교방가요』에서 〈춘향가〉가 '열을 권장한' 작품이라고 단정했으며, 19세기 말에 불리던 〈춘향가〉를 거의 그대로 판각했다고 하는 완판 84장본의 제목은 〈열녀춘향수절가〉이다. 춘향이 이도령을 그리며 수절하고 신관사또에게 저항했던 행위 일체의 의미를 정절貞節에 한정한 것이기도 하다. 춘향의 열烈이 강조되면서, 자연 춘향의 인물 형상에도 변화가 있게 되었다. '춘향=열녀의 화신化身'이라는 상징적인 의미를 강조하기 위해, 춘향의 신분을 기생에서 여염집 처자로 격상시키고, 말투와 행동도 그에 걸맞게 고상한 것으로 바꾸는 등 의도적인 변개를 감행했던 것이다.

이처럼 유교적 이념이 강하게 작용하던 시기에는 춘향의 정절이 〈춘향가〉의 주제로 부각되었지만, 신분제 철폐나 인간 해방이 중요시되는 개화기, 일제강점기에 이르러서는 봉건 사회의 질곡에 맞서는 춘향의 항거, 나아가 서민층의 항거가 〈춘향가〉의 새로운 주제로 강조되었다. 그리고 유교 이념과 신분제의 제약이 사라진 현대에 와서는 남녀 간의 진실된 사랑이 〈춘향가〉의 주제로 재조명되기도 했다. 이러한 관점에 따르면, 과거 〈춘향가〉의 주제로 강조했던 유교적 '열烈' 역시 춘향의 일방적인 수절이 아닌, 춘향과 몽룡 두 남녀의 사랑으로부터 비롯된 것으로 본다.

다양한 설화적 단계의 이야기와 남원 지역의 해원굿, 그 외에 무가, 시조, 잡가, 가사 등 여러 가요들의 영향으로 탄생한 판소리 〈춘향가〉는 역대 최고의 명창들이 창작한 더늠들과 함께 그 내용을 더욱 풍부하게 갖추어왔다. 〈춘향가〉는 이렇게 판소리로서 큰 인기를 얻은 것은 물론, 소설 형태의 〈춘향전〉으로도 다양하게 개작·전승되며 널리 향유되었다. 20세기 이후에는 판소리를 기반으로 한 창극이나 여성국극, 그리고 마당놀이, 연극, 드라마, 영화, 뮤지컬, 오페라, 현대시, 현대소설 등 여러 장르로 재구성되었으며, 북한에서도 민족가극의 주요 레퍼토리로 인기를 얻었다. 조선 후기부터 현재에 이르기까지 향유·전승되는 동안 〈춘향가〉의 주제는 남녀 간의 사랑, 정절에 대한 강조, 신분제에 대한 비판, 지배 계층의 부패에 대한 항거, 인간의 존엄성과 자유를 향한 염원 등으로 끊임없이 재해석되어 왔다. 그리고 춘향, 이몽룡, 월매, 방자, 향단, 변학도와 같은 개성적인 등장인물들은 시대에 따라, 맥락에 따라 다양하게 해석되어왔으며, 다른 장르 및 작품의 인물로 재창조되기도 했다.

　　특히 현대적 재창조 작업의 중심에는 주인공 '춘향'이 자리 잡고 있다. 연극·영화·오페라·창극·뮤지컬·무용·현대시·소설 등 다양한 갈래로 변용되며, 춘향은 늘 새롭게 우리에게 다가왔던 것이다. 당대적 의의를 획득하는 데 그치지 않고 시대에 따라 늘 재해석되면서 새로운 작품으로 거듭날 때 진정한 고전이라 할 수 있다. 〈춘향가〉가 고전인 이유 또한 여기에 있다. 요조숙녀로서의 춘향과 에로틱한 춘향, 기생 춘향과 기생이기를 거부한 춘향, 자유연애주의자로서의 춘향과 정숙한 춘향, 애교 넘치는 춘향과 야무지고 당찬 춘향 등 춘향은 다양한 얼굴을 지닌 매력쟁이로, 그동안 그래왔던 것처럼 앞으로도 시대와 호흡하며 새로운 인물로 거듭날 것이다. 특정한 시공간에 국한되지 않고 시대를 초월해 끊임없이 새로운 작품으로 변주되며 새로운 주제의식을 구현하는 창조의 보고寶庫라는 점에서 〈춘향가〉는 영원한 고전이라 할 수 있다.

〈심청가〉는 자기 희생과 구원의 문제를 다룬 작품이다. 슬픈 대목이 특히 많지만, 작품의 후반부에는 골계적 장면이 주를 이루고 있다. 효녀 심청은 아버지 심봉사의 눈을 뜨게 할 공양미 삼백 석을 구하기 위해 남경 선인들에게 몸을 판다. 인당수 제수가 되어 물에 뛰어들었지만, 옥황상제의 명으로 세상에 다시 나와 황후가 되고 아버지의 눈을 뜨게 한다는 내용이다.

〈심청가〉의 주제로 가장 널리 이야기되어 온 것은 심청의 자기희생적인 효이다. 19세기의 정현석은 『교방가요』에서 〈심청가〉가 효를 권장하는 작품이라고 소개했으며, 〈증동리신군서〉에서는 〈춘향가〉, 〈흥보가〉와 함께 권선징악을 다룬 작품의 하나로 〈심청가〉를 꼽았다.

물론 〈심청가〉가 처음 형성되어 판소리로 불리기 시작했을 때부터 유교적인 효 사상이 작품의 중심적인 주제로 자리매김 되었던 것은 아니다. 초기 〈심청가〉에서는 효라는 교훈적인 주제보다, 가난한 현실로부터 야기되는 고난에 대한 풍속화풍의 묘사에 더 큰 의미를 두었던 것으로 보인다. 어린 심청이 동냥을 다닐 때 구박당했던 장면이나 인당수 제수로 팔려가 바다에 뛰어들기 전에 인간적인 갈등을 하는 장면들을 담고 있는 이본에서 그러한 점을 추론해 볼 수 있다.

양반 좌상객이나 식자층이 판소리의 주요한 향유층으로 등장하게 되면서 〈심청가〉의 주제의식이나 미의식에도 일정한 변화가 생겨났다. 신재효가 개작한 〈심청가〉를 살펴보면, '효'를 강조하는 양상이 전보다 강화되었음을 확인할 수 있다. 골계와 비장이 균형을 이루게 된 것도 주목할 만한 특징인데, 비극적인 장면마다 골계적인 사설을 첨가함으로써 작품이 비장 일변도로 흐르는 것을 방지했다.

〈심청가〉 서사의 핵심은 효녀 심청이 아버지 심봉사의 개안을 위해 자신의 몸을 팔아 시주하고, 심봉사도 그 공덕으로 결국눈을 뜨게 되었다는 데 있다. 부모를 위해 자신의 몸을 기꺼이 희생했다는 점에 주목하면, 〈심청가〉는 유교적 이념으로서의 효를 강조한 효행담으로 볼 수 있는 여지가 많은 것이 사실이다. 그렇지만 앞 못 보는 아버지를 두고 죽음을 선택한 심청이 과연 효녀인가에 대해 회의적으로 볼 수 있는 면도 없지 않다. 죽음을 선택한 심청의 행위에서 간취되는 영웅적 비장이나 종교적 희생의 이미지에 주목할 때 특히 그러하다. 사실 〈심청가〉 성립의 기저에는 불교적 세계관이 강하게 자리 잡고 있다. 심청은 철저한 자기희생을 통해 구원의 문제를 해결하는 관음의 형상으로 볼 수 있으며, 부처에게 시주함으로써 공덕을 쌓아 부친이 눈을 뜨게 되었다는 점은 불교 이적담異蹟談의 성격을 잘 보여주고 있는 것이다.

심청이 인당수에 빠진 후 연꽃으로 환생하여 황후가 되고 부녀상봉까지 하게 되었다는 서사는 심청이 인당수 투신이라는 입사식入社式을 통해 영웅적인 인물로 거듭나는 과정이라 할 수 있다.

한편 〈심청가〉에서 뱃사람들이 안전한 뱃길을 위해 용왕신에게 사람을 제물로 바치고 제사를 지냈다는 부분에 초점을 맞추어, 이 작품을 제의적인 신화의 한 유형으로 해석하는 시각도 있다. 이 희생제의를 완전히 다른 각도에서 보아, 심청의 서사를 이념 공동체에 의한 살인 이야기로 규정하여 분석한 논의도 있다. 집단은 심청이라는 한 개인의 고통과 죽음을 '출천대효'라는 특별한 의미로 치환하고, 심청은 그 사이에서 공동체의 위기를 해소하는 '희생양'이 되어 '소외' 상태에 놓여있다는 것이다. 또 심청이 인당수에 빠진 후 연꽃으로 환생하여 황후가 되고 부귀영화를 누리게 되었다는 서사에 의미를 부여하면서, 〈심청가〉를 심청이 인당수 투신이라는 입사식入社式을 통해 영웅적인 인물로 거듭나는 과정을 그린 작품으로 읽어내기도 한다. 이러한 관점에 따르면, 〈심청가〉의 주제는 구원을 통한 자기 정화, 자아의 발견과 회복, 자아 성취의 확장 등으로 확대될 수도 있다.

〈심청가〉 및 〈심청전〉의 이야기는 개화기 당시 이른바 신문학新文學 비평가들에 의해 '가난 교과서요, 눈물 교과서'라는 혹평을 받기도 했다. 그러나 암울한 시대를 살아가던 일반 대중들은 〈심청가〉에 묘사된 가난한 현실과 슬픔의 눈물, 이것이 마치 흐느껴 우는 듯한 느낌의 계면조와 어울려 연출해내는 비극미에 감동하고 위로받았다. 이러한 인기에 힘입어 〈심청가〉는 판소리의 형태로 계속 향유되는 한편, 창극으로도 자주 공연되었고, 유성기 음반으로도 상품화되었다.

〈흥보가〉는 물질적 가치와 심성의 문제를 다루고 있는 작품으로, 물질적 가치에 대한 관심이 증폭되어가는 시대상황이 반영되어 있다. 가난하지만 착한 아우 홍보는 부러진 제비 다리를 고쳐 주어 박씨를 얻고, 그 박을 타서 부자가 된다. 부유하지만 심술궂은 형 놀보도 이 소식을 듣고 일부러 제비 다리를 부러뜨려 박씨를 얻지만, 그 박으로 인해 망하게 된다. 그러나 동생 홍보의 우애로 놀보는 개과천선하고, 함께 행복하게 살았다는 내용이다. 일찍이 〈홍보가〉의 주제는 형제간의 우애를 권장하는 권선징악적인 측면에서 주로 논의되었다. 송만재, 정현석, 이유원 등이 남긴 기록에서도 이러한 주제 의식을 엿볼 수 있는데, 이것은 선한 홍보는 복을 받아 부자가 되고, 악한 홍보는 벌을 받아 가난하게 된다는 〈홍보가〉의 표면적인 서사 구도를 반영한 가장 일반적인 해석이라 할 수 있다. 이후 〈홍보가〉에 대한 연구가 심화되면서, 작품의 주제를 바라보는 시각에도 변화가 있게 되었다. 조선 후기 당대의 사회경제적 상황을 염두에 둔 역사주의적 관점에 따라 새로운 주제들이 도출되기 시작한 것이다. 현실 비판에 근거한 민중적 염원, 의식주를 위한 투쟁, 선악의 갈등과 대립, 기존 관념에 대한 갈등과 민중적 현실주의 세계관의 등장, 조선 후기 현실 모순과 신분 변동 현상의 반영, 대동大同, 즉 공존공영의 세계관 등 다양한 주제가 논의되었다.

올바로 살아가는 인물이 굶주림을 면치 못하고, 돈벌이에 수단과 방법을 가리지 않는 구두쇠는 부유하게 살아가는 현실의 모순을 드러냈다는 점에서 〈홍보가〉는 조선 후기의 사회상을 담고 있는 현실비판적인 작품으로 해석되기도 한다. 이러한 시각에서는 홍보와 놀보 사이의 대립을 계층 간의 갈등 양상으로 파악한다. 홍보가 실생활에서는 빈민으로 전락했으면서도 신분이나 유교적 도덕률에 얽매이는 몰락 양반 또는 사회 변동 속에서도 전통적인 도덕률을 중시하는 인간형을 상징한다면, 놀보는 조선조 후기에 출현한 현실주의적인 서민 부자 또는 세속적 이익만을 추구하는 새로운 인간형을 대변한다는 것이다. 따라서 홍보와 놀보의 성격에 대한 구체적인 묘사는 당시 사회의 핵심적인 갈등을 극명하게 그려내는 한 방법이 된다. 〈홍보가〉의 홍보는 분명히 양반으로 설정되어 있으며, '놀보 박 타는 대목'에서 알 수 있듯 놀보는 도망 노비이다. 따라서 이 두 사람이 형제라는 설정도 사실적인 인간 관계의 반영이 아니라, 동시대를 살아간 두 가지 유형의 문제적 인물이라는 의미로 받아들일 수 있을 것이다. 몰락 양반 계층을 대표하는 홍보는 비록 가진 것은 없으나 윤리적인 태도를 끝까지 지키고자 한다. 신흥 부민 계층을 대표하는 놀보는 이미 상당한 부를 축적했음에도 항상 경제적 가치만을 우선시한다. 홍보가 전래적인 의미에서의 윤리적 인간형이라면, 놀보는 새롭게 출현한 경제적 인간형이라 할 수 있다. 홍보와 놀보라는 두 인물은 조선조 후기에 나타난 가장 전형적이고 특징적인 인간형이다. 그러므로 〈홍보가〉의 작품적 가치는 당대의 전형적·특징적인 인물을 생동감 있게 그려냈다는 데서도 찾을 수 있다. 대체로 〈홍보가〉에서는 새롭게 떠오르는 놀보적 인간형보다는, 보수적이고 전통적인 유교 윤리를 옹호하는 홍보적 인간형을 옹호한다.

한편 극한의 가난에 허덕이던 홍보네 가족이 선한 품성 덕에 제비로부터 보은표 박씨를 얻어 심고, 그 속에서 나온 돈, 쌀, 비단, 집 등으로 부자가 된다는 설정은 상당히 비현실적이다. 수단과 방법을 가리지 않고 상당한 부를 축적한 놀보가 원수 갚을 박씨로 인해 갑자기 패가망신한다는 설정 역시 현실성이 떨어진다. 이러한 결말은 현실의 문제를 해결할 수 있는 방법을 제시하지 못하고, 문제를 단지 드러내는 데 그쳤다는 점에서 한계로 지적되기도 한다. 물론 선한 홍보가 부자가 되고, 악한 놀보가 재물을 잃고 혼난다는 식의 동화적이고 비현실적인 결말 처리 외에 별다른 대안이 없었다는 사실 자체가 당대 사회의 실상이었으리라는 설명도 가능하다. 결국, 이러한 식의 결말 처리는 조선 후기 사회가 홍보적 인간형과 놀보적 인간형으로 대표되는 이들의 빈부 갈등을 해결할 수 있는 현실적 능력을 갖추고 있지 못했음을 보여준다고 할 수 있다.

〈홍보가〉는 흔히 '재담소리'라고 일컬어진다. '재담소리'라는 표현에는 재담 위주의 소리를 폄하하는 의식도 어느 정도 내재되어 있다. 재담을 평가 절하하고 성음을 중시하는 관점에서 볼 때 특히 그러하다. 보성소리의 명창인 정응민이 〈홍보가〉를 '재담소리' 또는 '타령'이라 하여 스스로 부르지도 제자들에게 가르치지도 않았던 것은 이러한 의식의 소산이다.

그러나 판소리에서 재담이 차지하는 비중은 결코 작지 않으며, 그 묘미 또한 각별한 데가 있다. 〈홍보가〉에는 '홍보 집사설', '홍보 자식 기르는 사설', '홍보 자식 음식타령', '홍보 행장 준비', '홍보 자식 선물타령', '보리 사설', '박달몽둥이 사설', '박씨 정체 확인 사설', '밥 사설', '밥 먹다 배 아파하는 사설', '장비와 놀보의 유희' 등 10여 개의 재담 사설이 포함되어 있으며, 〈홍보가〉가 유발하는 대부분의 웃음은 바로 이러한 익살맞고 해학적인 재담에서 나오는 것이다. 따라서 다채로운 재담을 얼마나 잘 살려내느냐 하는 것이 〈흥보가〉 연행의 예술 수준을 가늠하는 잣대가 된다고 할 수 있다.

〈흥보가〉의 주인공인 흥보와 놀보에 대해서는 시대 및 가치관의 변화에 따라 그 인물형을 해석하는 관점이 변모되어 왔다. 흥보는 부모와 형제에 대한 윤리를 중시하고, 제비와 같은 동물에 대해서도 은혜를 베풀 줄 아는 착한 마음씨를 지녔다는 점에서 보통 긍정적인 평가를 받는 인물이지만, 아내에 대해 강압적인 가부장제적 태도를 보이고, 경제적으로 무능하다는 점에서 부정적인 인물로 이해되기도 했다. 유교 윤리의 가치를 낡은 것으로 여기고, 물질적·경제적 가치를 중시하는 입장에서는 흥보가 반대로 부정적인 인물로 인식될 수도 있다. 이러한 관점에서는 오히려 놀보가 새로운 인간형으로서 긍정적으로 평가받을 수 있는 것이다.

흥보와 놀보의 형상은 이본에 따라 조금씩 차이를 보이는데, 이는 결국 작품이 추구하는 지향에 차이가 있는 데서 비롯된 현상이다. 〈흥보가〉는 선악형제담, 풍수담, 모방담과 같은 유형의 설화와 유사한 구조를 가지고 있지만, 선악이라는 윤리적 가치만을 강조하지 않고 물질적 가치와 관련해서 시대의 흐름에 따라 재평가되는 인물들을 생동감 있게 그려냈기 때문에 현재까지 전승될 수 있었다. 어느 특정 시대에 고착화된 이야기가 아니라, 시대의 경계를 넘나들며 윤리적·경제적 가치의 문제를 제기하고 있는 〈흥보가〉는 하나의 쟁점을 형성하면서 오늘날까지 사람들의 입에서 회자되고 있다.

〈수궁가〉는 지혜의 문제를 다룬 우화적인 작품으로, 지배층과 피지배층의 대결을 잘 보여준다. 별주부가 용왕의 병을 낫게 할 토간을 얻기 위해 토끼를 속여 용궁으로 데려오지만, 토끼가 기지를 발휘하여 다시 육지로 살아나간다는 내용이다.

〈수궁가〉의 주제 역시 관점에 따라 여러 측면에서 해석될 수 있다. 별주부의 행위를 긍정적으로 평가하는 가운데 〈수궁가〉가 충의 이념을 강조한 작품이라고 보는 시각이 있다. 송만재는 〈관우희〉의 관극시에서 토끼의 지략을 '요설'로 폄하한 반면 별주부의 충심을 '일심一心'으로 미화해 유교적인 충의 가치를 부각한 바 있다. 경망스럽고 불경不敬한 토끼와 충성스럽고 우직한 별주부를 대립적인 구도에 놓음으로써, 봉건사회에서 절대적인 이념인 충을 권장한 것이다. 송만재가 〈수궁가〉의 주제를 충의 권장으로 본 것과 달리, 정현석은 〈수궁가〉라는 작품 자체가 권선징악적 구도에서 벗어난다고 보았다. 그는 〈증동리신군서〉에서 권선징악을 다룬 〈춘향가〉, 〈심청가〉, 〈흥보가〉를 제외한 나머지 소리는 들을 만한 것이 못 된다고 밝혔는바, 〈수궁가〉를 권선징악적인 작품으로 보지 않았음을 알 수 있다. 다만 감히 절대 권력으로 표상되는 용왕을 속이고 탈출한 토끼에 대해 부정적인 시각을 견지했다는 점에서는 송만재의 관극시 내용과 통하는 면이 있다.

자신의 수명 연장을 위해 목숨을 걸고 육지로 나가 약을 구해오라는 명령을 내린 용왕과 그 명을 충실히 받들어 수궁까지 토끼를 데려온 자라의 행위 자체를 비판적으로 바라보는 시각도 있다. 이유원은 관극시에서 어리석게도 신령스러운 토끼를 속이고자 헛된 노력을 한 용왕과 자라를 비판적인 관점에서 형상화했다. 이런 점에서 〈수궁가〉는 충성만을 앞세우는 봉건사회 지배층의 무능과 위선에 대한 비판과 풍자를 구현한 작품이라 할 수 있다. 지배층을 향한 날카로운 비판과 반항적인 풍자의 주체는 토끼로 표현되는 피지배층, 서민들이다. 그들은 비록 힘없고 나약하나, 지혜와 낙천성으로 삶의 질곡을 헤쳐 나가는 것이다. 용왕의 병을 온갖 잡스러운 병들의 집합으로 열거하는 시선은 봉건 국가의 말기적 증상에 대한 부정적인 시각을 보여준다. 부패하고 무능한 용왕, 국가가 더 이상 회생의 가망을 보이지 않는 상황에서도 별주부는 맹목적인 충성의 태도를 견지한다. 그러나 토끼는 불합리한 희생을 거부하며, 아직도 현실을 직시하지 못하는 지배층을 신랄하게 비판한다.

〈수궁가〉는 본래 석가의 전생담인 불전설화에서 기인한 작품이지만, 강자와 약자, 즉 지배층과 피지배층의 대립 관계가 잘 드러나 있다. 수궁의 어족회의로부터 관료사회의 모습, 육지의 모족회의로부터 향촌사회의 모습을 찾는 논의도 있다. 〈수궁가〉의 등장인물들 사이에 나타나는 강자-약자의 대립 구도는 훨씬 다양하다. 강자인 용왕 및 별주부와 약자인 토끼의 대립, 강자인 호랑이와 약자인 별주부의 대립, 강자인 호랑이와 약자인 작은 동물들 간의 대립, 강자인 사람 및 독수리와 약자인 토끼의 대립 등이 그 예이다. 여기서 강자인 용왕이나 호랑이는 현실사회의 왕이나 수령과 같은 지배층, 약자인 토끼나 작은 동물들은 현실사회의 피지배층을 대변한다. 〈수궁가〉 작품 전체는 이러한 공간 및 인물들 사이에 벌어지는 대립과 갈등의 반복으로 이루어져 있다. 그 대립과 갈등의 양상을 살펴보면, 처음에는 강자가 쉽게 이기는 듯하지만, 중간의 여러 과정을 거쳐 결국에는 약자의 승리로 귀결된다. 이러한 구조는 〈수궁가〉가 풍자성과 발랄성을 유지할 수 있도록 하는 중요한 요인으로 기능한다. 당대 현실에 대한 비판적인 풍자가 〈수궁가〉의 핵심이라 할 수 있겠지만, 우화라는 장르의 기본적인 성격상 작품 전편에 넘쳐흐르는 해학과 웃음도 그에 못지않게 중요한 특징이다.

한편 토끼와 별주부는 지략과 어리석음, 욕망, 허위의식 등의 측면에서 서로 공유하는 부분도 많다. 반전에 반전을 거듭하는 열린 구조 안에서 두 주인공의 성격이 닮게 된 것이다. 별주부는 호랑이에게 잡아먹힐 위기에서 벗어나고 토끼를 수궁으로 유인誘引하는 과정에서 토끼 못지않은 지략을 펼친다. 반대로 꾀 많고 영악한 토끼는 별주부에게 유혹당하는 과정에서 멍청해 보일 정도의 어리석음을 드러낸다. 별주부가 남생이에 대한 질투로 부인에게 성적 욕망을 드러낸 것과 유사하게, 토끼는 수궁에 가서 높은 벼슬과 미인을 취하겠다는 욕망을 노출한다. 토끼가 자신이 살고 있는 산중 세계를 자랑하는 대목이나 별주부가 육지에 나가겠다고 자원하는 대목에는 이들의 허위의식, 허영심이 공통적으로 표출된다.

〈수궁가〉는 현재 전승되는 판소리 다섯 마당 중 유일하게 우화적인 작품으로, 표면적으로는 충의 이념을 강조하기도 하지만, 그 기저에는 조선 후기의 시대 상황에 대한 비판이 깔려있다. 충이라는 교훈과 민중적 발랄함이 대비되는 논쟁적인 성격의 작품으로, 그 지향의 차이에 따라 수많은 이본이 파생·향유되기도 했다.[195] 〈수궁가〉는 다소 메마른 듯하면서도 진중하고 음악성이 뛰어난 작품으로 평가되기도 한다. '바싹 마른' 까다로운 소리로 탄탄한 내공이 없이는 소화하기 어려워 〈소적벽가小赤壁歌〉라는 별칭을 얻기도 했지만, 〈수궁가〉는 여전히 청중들을 웃기고 울리는 판소리의 묘미가 잘 살아 있는 소리로 널리 향유되고 있다.

〈적벽가〉는 나관중이 지은 중국 소설 『삼국지연의』 중 적벽대전 내용을 바탕으로 하여 재창조한 작품으로, 적벽대전에서 패한 조조가 도망가다가 관우와 마주친 협곡의 이름을 따서 〈화용도華容道〉 또는 〈화용도타령華容道打令〉이라고 부르기도 했다. 영웅 위주의 이야기에서 벗어나 군사들에 대한 구체적인 형상화를 통해 민중의 고난을 그려냈다는 점에서 원전과 차별화된다.

〈적벽가〉의 주제는 충과 의의 강조, 조조로 대표되는 지배층에 대한 풍자, 군사들로 대표되는 빈한한 평민들의 안정적인 삶 추구, 전범적인 영웅에 의한 질서의 회복 등으로 해석된 바 있다. 초기 〈적벽가〉는 평민층의 의식이 강하게 드러나는 형태였으나, 19세기 이후 양반이나 중인층, 비가비 광대 등의 영향으로 긍정적인 영웅상이 부각되면서 장중미가 점차 강화되는 방향으로 변모했다.

본래 『삼국지연의』는 군사 개개인의 존재가 거의 드러나지 않는 소설이다. 그러나 〈적벽가〉에는 이들이 조선 후기 사회의 평

---

195 판소리 및 소설본을 아우르는 토끼전 서사 전반을 대상으로 할 때에도 상당히 독특한 결말로 거론되는 내용이 있다. 바로 보성소리 〈수궁가〉이다. 그에 따르면, 별주부가 수궁으로 돌아가 토끼에게 속은 일을 고하고, 용왕이 토끼 한 마리를 보내줄 것을 청하는 글을 산신전에 보낸다. 산신이 수국(水國)과 진세(塵世)의 화친을 도모하는 의미에서 늙은 토끼를 보내주고, 용왕은 그 간을 내어 먹은 뒤 쾌차한다. 이러한 결말은 용왕의 권위와 별주부의 충성을 부각하고자 하는 의도에 기인하며, "이러한 미물들도 진충보국 이 같으니 하물며 우리 인생이야 말을 즉키 힐 수 있나. 우리도 진충보국을 허여보세."라는 마지막 사설은 다시 한 번 유교적 충의 가치를 강조하는 역할을 한다.

민층들을 대변하는 존재로 형상화되어 있다. 군사들의 소망은 지배층의 개인적 욕망을 충족하기 위한 전쟁으로부터 벗어나 일상의 행복을 누릴 수 있는 안정적인 삶의 공간으로 돌아가는 데 있다. 이에 반해 조조는 자신의 야욕을 위해 평민층의 삶을 곤궁하게 만든 지배자로서, 군사들의 원망과 조롱을 받는 인물로 형상화되었다. 조조를 왜소한 인물로 만들어 그의 권위를 철저히 부정하고 비꼬는 의식은 군사들, 원조怨鳥, 장승의 목소리를 통해 표출되는 평민층의 울분과 동궤에 놓여 있다.

초기 〈적벽가〉의 주제는 개인적 욕망을 성취하기 위해 힘없는 군사들을 전쟁터로 몰아넣은 조조에 대한 부정과 비판, 안정적인 삶의 공간으로 돌아가고자 하는 서민들의 소망이라 할 수 있다. 여기에는 〈적벽가〉의 형성과 전승을 주도했던 천민 계급의 판소리 창자들이 실제 자신의 삶에서 겪었던 체험들도 녹아 있다.

19세기 이후에는 '삼고초려', '공명 동남풍 비는 대목', '조자룡 활 쏘는 대목' 등 긍정적 영웅상과 관련된 사설이 작품에 더해지게 되는 양상을 보였다. 그에 따라 〈적벽가〉의 주제도 전범적 인물을 통한 질서의 회복을 강조하는 방향으로 변모되어 왔다. 여기서 '전범적 인물'이란 유비와 같이 패악스럽지 않고 인후한 품성의 소유자로, 불의한 지배층을 징치함으로써 하층의 소망을 실현시켜 주는 관우, 공명, 조자룡 등의 '구원적 인물'과는 다소 차이가 있다. 징치보다는 화해의 의미가 강조되었다는 점에서 '전범적 인물'은 평민층은 물론 양반층 향유자들에게도 비교적 긍정적으로 인식되었다.

현재 전승되는 판소리 다섯 마당과 창이 실전된 판소리 일곱 마당은 미의식의 측면에서 큰 차이를 보인다. 현전 판소리 작품 대부분은 비장미나 골계미 일변도로 흐르는 일이 없으며, 한쪽으로 치우치는 듯하다가도 결국에는 다른 편 미의식과의 조화를 보여준다. 미의식의 균형을 추구하기 때문에, 어떤 비극적인 상황이 있더라도 대부분은 그것을 극단으로 몰고 가지 않으며 마무리도 행복하게 맺는 것이 보통이다. 〈적벽가〉의 작품 전반부와 후반부도 비장과 골계의 구도로 대비된다. 특히 결말에 이르러서는 간웅 조조가 목숨을 부지하게 되고, 조조를 놓아준 관우가 의로운 영웅으로 칭송되는 축제적 분위기까지 연출된다. 〈적벽가〉에서는 악인형 인물로 분류되는 조조마저 결국 용서를 받고 축제적 분위기를 연출하는 데 일조하는 것이다.

남성 영웅들의 쟁패를 다룬 〈적벽가〉는 전통사회, 그 중에서도 양반들 사이에서 특히 인기가 높았다. 박동진에 따르면, 과거에는 〈적벽가〉 잘하는 명창을 최고로 쳤다고 한다. 그래서 소리꾼이 소리를 하러 가면, 먼저 "적벽가를 할 줄 아시오?"라고 공손히 물었다. 부르지 못한다고 대답하면 "춘향가 할 줄 아는가?"라고 말투를 낮추어 다시 묻고, 역시 부르지 못한다고 대답하면 "심청가 할 줄 아냐?"라고 하대해 물었다는 것이다. 〈적벽가〉는 우조 위주로 당당하고 진중하게 부르는 대목이 많아, 소리꾼들은 흔히 소리하기가 '되고 팍팍하다'라고 말한다. 어지간한 공력을 쌓은 명창이 아니면 〈적벽가〉를 제대로 소화해 내기 힘들기 때문이다. 〈적벽가〉는 이처럼 공력을 들여 소리해야 제맛이 나는, 어렵고 진중한 소리였다.

주요 향유층으로서의 양반층이 사라진 20세기 이후 전승이 다소 위축된 면도 없지 않으나, 여전히 고졸하고 웅장한 동편제의 멋을 가장 잘 보여주는 소리로 평가된다. 뿐만 아니라 〈적벽가〉는 창극, 마당놀이, 창작극 등의 갈래로 재창조되면서 새로운 의미 영역을 개척하고 있으며, 전쟁 등을 소재로 한 창작판소리 사설의 창작에도 적극적으로 활용되고 있다.

2) 실전 7가

현재까지 전하는 이른바 '전승 5가'와 전승이 끊어진 '실전失傳 7가'는 미의식의 측면에서 차이를 보인다. '전승 5가'는 보편적인 주제의식을 구현하고 있다는 점, 주인공이 긍정적인 인물이라는 점, 골계와 비장이 적절하게 교직되어 있다는 점 등에서 공통점이 있다. '실전 7가'는 이와 구별되는 면을 보이는데, 작품의 구체적인 내용과 특징을 보면 다음과 같다.

〈변강쇠타령〉에는 조선 후기 유랑민들의 비극적인 생활상이 골계적으로 형상화되어 있다. 남도의 음남淫男 변강쇠와 황해도의 음녀淫女 옹녀가 우연히 만나 지리산에 들어가 함께 살던 중, 변강쇠가 장승을 패어 때고 동티가 나서 죽게 된다. 그런데 이를 치우려던 사람들까지 다 그의 시체에 붙거나 죽었고, 결국 뎁득이가 치상을 하고 떠난다는 내용이다. 성性과 죽음을 노골적으로 다룬 독특한 작품이다.

문학이 삶의 총체적인 모습을 드러내는 것이라고 한다면, 문학 안에는 아름다운 것과 아름답지 않은 것, 정상적인 것과 비정상적인 것이 함께 공존해야 한다. 〈변강쇠타령〉에서는 기괴적인 이미지를 통해 아름답지 않은 것, 비정상적인 것을 통해 사회적 의미를 제시했다는 의의를 가지고 있다. 작품 속 기괴적 이미지는 부정적이고 비정상적인 형태를 극단적으로 드러냄으로써 기존 사회의 질서와 규범을 인정하지 않고 일탈하여 새로운 사회 질서와 규범을 모색할 수 있는 장을 마련했지만, 안타깝게도 일탈에 그치고 말아 새로운 대안을 제시하고 보편적인 의미를 획득하는 데까지는 나아가지 못했다.[196]

〈장끼타령〉은 유랑하는 가장으로서의 장끼의 비극적인 삶과 까투리의 개가가 가지는 현실적인 의미를 다룬 우화적인 작품이다. 배고픈 장끼가 부인 까투리의 만류를 무시하고 콩을 먹다 덫에 걸려 죽는다. 이후 까투리는 여러 새들의 청혼을 받지만, 문상 왔던 홀아비 장끼와 재혼한다는 내용이다.

아마도 초기 판소리에서는 장끼의 죽음까지만을 기본 서사로 하여 불렀을 것으로 추정된다. 이는 하층민들의 고달픈 삶과 비극상에 초점을 두었기 때문이다. 그러나 19세기 중반 이후 판소리의 서사는 장끼에 대한 풍자 및 비판의 시선을 바탕으로 전반부 서사를 확립하는 한편, 까투리의 문제에도 관심을 보이기 시작했다. 이러한 내용이 가사로 정착되면서 개가 문제에 대한 다양한 서사를 만들어내기도 했다. 다만 후대에 개가 관련 서사가 첨가되면서 판소리로 불렸을 가능성은 있으나, 이때의 서사는 완전히 고정 또는 정착된 것이라기보다 형성기의 불완전한 모습이었을 것이다. 〈장끼타령〉은 민요 선행, 가사로의 유통이라는 점에

196_ 서유석, 「변강쇠가」, 정병헌 외, 『판소리사의 재인식』, 인문과교양, 2016, 332~333쪽.

서 다른 판소리들과 차별성을 지니며, 판소리, 소설, 가사, 민요, 설화를 넘나드는 갈래의 다양성을 보여준다는 점에서 문학사적으로도 주목할 만한 작품이라 하겠다.[197]

〈배비장타령〉은 공허하고 위선적인 유가윤리를 풍자하고 있는 작품이다. 평소 도덕군자를 자처하며 주색을 멀리하고 도도하게 지내던 배비장이 상관인 제주목사를 따라 제주에 부임한다. 그러나 배비장은 제주목사의 명을 받은 기생 애랑과 방자의 계교에 빠져 궤 속에 든 채 관아에 끌려가 망신을 당하게 되었다는 내용이다.

이 작품은 곤욕담에서 비롯하여[기], 뒤틀린 애정담으로 이어지며[승], 풍자적인 징치담으로 전이되어[전], 판소리 예술의 속성상 다소 상투적이라 할 수 있는 행복한 결말의 후일담[198]으로 마무리된다[결]. 이러한 이야기 골격은 등장인물 상호 간의 관계와 상하 대결에 기인하는데, 제주목사 김경과 배비장의 관계에서 비롯된 곤욕담, 기생 애랑과 배비장의 관계에서 비롯된 애정담, 방

197- 최혜진, 「장끼타령」, 같은 책, 367~368쪽.
198- 1916년에 소설본으로서의 신구서림본 활자본 『배비장전』이 간행되었으며, 1950년에 국제문화관에서 김삼불(金三不) 교주본이 발간되었다. 신구서림본에는 배비장이 동헌에서 알몸으로 망신을 당한 사건 이후의 후일담이 존재하며, 김삼불 교주본에는 그 부분이 삭제되어 있다. 김삼불은 교주본의 '일러두기'를 통해, 후일담 부분의 문장과 어법이 달라 후인에 의해 덧붙여진 것으로 판단하여 이를 제외했다고 밝혔다. 그 내용은 다음과 같다. 창피를 당한 배비장은 겨우 배를 구해 떠났지만 어느 객사에 갇히게 된다. 그러자 애랑이 그곳으로 찾아와 그를 위로하면서 그간의 사정을 털어놓는다. 얼마 지나 배비장은 김경 목사가 자신에게 정의현감직을 제수했다는 기쁜 소식을 듣는다. 배비장은 목사의 주선에 의해 애랑을 첩으로 맞아들이고, 정의현감으로 부임해 선정을 베푼다. 고을에는 배비장의 송덕비가 세워지고, 배비장은 목사 김경의 집안과 대대로 절친하게 지낸다. 한편 판소리 창본으로서의 박동진본은, 배비장이 동헌에서 망신을 당한 후 잘못을 뉘우치고 애랑과 함께 사랑하며 세월을 보냈다는 간결하고도 행복한 결말로 마무리된다.

자와 배비장의 관계에서 비롯된 징치담, 제주도민과 배비장의 관계에서 비롯된 후일담이 빚어내는 사건 사고 및 풍자적 담론이 작품 전체에 생기를 불어넣는다. 그리고 20세기 이후로, 작품의 담론을 형성하는 중심 인물과 풍자의 층위에 따라 곤욕·애정·징치 후일담의 부분 또는 전체 서사가 개편 및 변형되면서 창극, 마당놀이, 연극 등으로 재탄생되어 왔다.[199]

〈옹고집타령〉은 옹고집이라는 반인륜적이고 반사회적인 인물로 인해 야기되는 문제를 다룬 작품이다. 옹고집은 욕심 많고 심술궂으며, 불도佛道를 멸시하여 동냥 온 중에게 행패를 부린다. 그러다 중이 신통력을 주입한 가짜 옹고집의 출현으로 제 집에서 쫓겨나 갖은 고생을 한 끝에 개과천선하여 다시 집에 돌아온다는 내용이다.

이 작품은 송만재의 〈관우희〉(1843)에서 언급되었지만, 불과 반세기를 미처 지나지 못하고 창을 잃은 채 필사본으로만 전승되었다. 이유원의 〈관극팔령〉(1871)에 이미 〈옹고집타령〉은 탈락되어 있었다. 〈옹고집타령〉을 잘 불렀다는 명창에 대해 전하는 이야기도 없는 것으로 보아, 매우 일찍부터 실창 및 소설화의 길을 걸었으리라 짐작해볼 수 있다. 〈옹고집타령〉의 서사는 변화하는 시대의 새로운 인간형을 보여주기보다 기존의 이념을 재확인하고, 기존의 낡은 이념을 강압적으로 제시한 측면이 있었다. 옹고집의 반성보다는 가옹의 훈계가 가득하고, 진옹의 변화가 가옹의 삶과 크게 다를 것없이 수동적이었다는 점은 판소리로서의 매력

---

199. 이문성, 「배비장타령」, 앞의 책, 412~413쪽.

을 떨어뜨리는 요인이 되었을 것이다. 다만 소설본의 일부 계열에 속하는 작품들에 판소리투의 문체가 강하게 남아있는 점으로 보아, 꽤 오랜 시간 동안 판소리의 영향 하에 유통되었던 것도 분명한 사실이다. 한편 〈옹고집타령〉의 전승과 관련해서는 그 지역적 배경도 주목할 만한 사안이다. 실제 지역적 배경이 그 지역 판소리와 연관될 가능성이 많다는 점에서, 〈옹고집타령〉은 경상도에서 주로 불린 판소리였을 수 있다.[200]

〈강릉매화타령〉은 지방관아를 배경으로 하며, 지방수령과 관련된 인물이 여색을 탐하다 골계적인 사건을 겪는다는 점에서 〈배비장타령〉과 유사하다. 강릉부사의 책방 골생원이 기생 매화를 만나 즐겁게 지내던 중 서울에 와서 과거를 보라는 부친의 편지를 받는다. 서울에 온 골생원이 과거 시험 답안에 매화를 그리워하는 시를 써내고 낙방하여 강릉으로 돌아오자, 강릉부사는 매화가 죽었다고 거짓말을 한다. 황혼 무렵 강릉부사의 명에 따라 귀신인 체 하고 골생원을 만난 매화는 그를 벌거벗겨 경포대로 유인한다. 골생원은 매화와 함께 자신들의 넋을 위로하는 풍악에 맞추어 춤을 추다가 사또에 의해 자신이 속았음을 깨닫게 된다는 내용이다.

이 작품은 19세기 이후 점차 불리지 않게 되다가 실전失傳되었으며, 독서물화 된 이본 〈매화가라〉와 〈골싱원젼이라〉를 통해 사설이 전하고 있다. 그러나 소리로 불리지 않게 되기 전부터 이미 골생원은 '음탕지정淫蕩之情'을 대표하는 꼴불견, 색골, 색한 정

200_ 최혜진, 「옹고집타령」, 같은 책, 394~398쪽.

도로 그 형상이 제한된 인물이었다. 매화의 육체만을 갈구하는 골생원의 인물 형상은 시정의 가벼운 조롱거리나 풍자거리, 웃음거리에 불과했을 것이다. 게다가 매화도 강릉사또의 분부에 따라 골생원을 망신주는 데 조력하는 수동적인 인물로 그려졌기에, 이러한 골생원과 매화를 주인공으로 하는 〈강릉매화타령〉은 조선후기의 변화하는 시대상과 향유층의 정서, 기호에 지속적으로 대응하기에는 부족함이 있었을 것으로 보인다.[201]

〈무숙이타령〉의 주인공 김무숙은 서울 상인층으로 추정되는 왈짜로, 18세기 이래 서울의 도시적 유흥 속에서 형성된 전형적인 탕아이다. 온갖 놀음과 청루 출입으로 세월을 보내던 김무숙은 기생 의양을 보고 첫눈에 반해 살림을 차린다. 그러나 그가 여전히 허랑방탕한 생활을 계속하자 보다 못한 의양이 무숙의 본처, 노복 막덕이, 대전별감 김철갑, 다방골 김선달, 평양 경주인 등과 공모하여 그를 개과천선하게 한다는 내용으로 되어 있다.

한편 무숙이의 선유놀음 장면에 우춘대, 김성옥, 고수관, 권삼득, 모흥갑, 신만엽, 주덕기 등 수많은 판소리 명창들의 이름과 장기가 거론되고, 판소리 명창을 비롯해 여러 연희자들에게 주어졌던 보수에 관한 언급이 있는바, 판소리 〈무숙이타령〉 사설의 정착본이라 할 수 있는 〈게우사〉는 판소리 사료로서도 중요한 의미를 갖는다. 그리고 이 〈무숙이타령〉이 서울·경기 지방의 시정 인물과 유흥 환경을 다룬 전형적인 작품이고, 정노식이 『조선창극사』에서 이 작품의 창자로 소개한 김정근이 충남 강경 출신의

201_ 이문성, 「강릉매화타령」, 같은 책, 465~467쪽.

중고제 명창이라는 점에서, 이 작품은 경기·충청권을 중심으로 전승권을 형성했던 중고제와 관련이 깊다고 하겠다.

〈가짜신선타령〉은 판소리 열두 마당 중 유일하게 창唱과 사설이 모두 전하지 않는 작품으로, 그 자세한 내용까지는 알 수 없으나 송만재의 〈관우희〉(1843) 및 안서우安瑞羽의 〈금강탄유록金剛誕游錄〉(1687)을 참조하여 보면, 자기도 신선이 될 수 있다는 헛된 망상을 지닌 광풍이 금강산에 들어가 노승에게 그 방법을 묻고자 했으나, 그의 허황됨을 눈치챈 인물들이 가짜 신선을 등장시켜 그를 속이는 내용일 것으로 추측된다. 이 작품에는 현실을 현실로 보지 못하고, 실재하지 않고 관념으로만 존재하는 선계라는 대안의 세계를 동경하는 비정상적인 인물의 허황함에 대한 풍자가 나타나 있다.

희극미와 골계미 일변도의 〈가짜신선타령〉은 다른 작품에 비해 비교적 이른 시기에 실전失傳된 것으로 보인다. 그래서 1940년에 발간된 정노식鄭魯湜(1891~1965)의 『조선창극사』에서는 〈가짜신선타령〉이 아닌 〈숙영낭자전〉을 열두 마당의 하나로 제시했다.

이들 실전 7가에 나타난 공통점으로, 주인공이 부정적인 인물로 그려져 있다는 점, 세태를 다룬 작품이라는 점, 골계 위주로 되어 있다는 점 등을 꼽을 수 있다. 주인공들이 가지는 부정적인 성격은 뒤틀림과 경직성의 두 종류로 대별되는데, 〈배비장타령〉, 〈강릉매화타령〉 등 경직된 인물을 풍자한 작품일수록 골계미 일변도로 치우치는 경향을 보이며, 〈변강쇠타령〉, 〈장끼타령〉처럼 뒤틀린 인물을 주인공으로 삼은 작품들의 경우 골계미 외에 기괴미나 비장미와 같은 미적 특질을 구현하는 것이 특징이다.

3) 창작판소리

창작판소리의 주요 작품으로 〈열사가〉를 비롯하여, 〈판소리 예수전〉, 〈오적〉, 〈소리 내력〉, 〈똥바다〉, 〈그날이여 영원하라〉, 〈오월 광주〉 등을 들 수 있다. 그런데 이들 작품은 2000년대 이전에 선보인 것이며, 2000년대 이후에는 비교적 짧은 기간임에도 불구하고 그 수를 헤아리기 어려울 만큼 다수의 창작판소리 작품이 출현했다. 여기서는 2000년대 이전에 나온 주요 작품의 주제와 특징을 살펴보고[202] 2000년대 이후에 선보인 창작판소리 작품의 주제와 특징에 대해 논하고자 한다.

(1) 열사가

〈열사가〉에는 '인물치레사설'이나 '죽고타령'[203]과 같이 전통 판소리에서 보이는 표현수법을 이용하여 짜여진 사설이 들어 있다. 그리고 이준이 자결한 뒤 나오는 축문[204]도 전통판소리에서 확인되는 것이다.[205] 문체는 대체적으로 4음보가 연속적으로 이

---

202 2000년대 이전에 나온 주요 창작판소리 작품의 주제 및 특질에 대한 논의는 다음의 글에 기반을 뒀다. 김기형, 「창작판소리 사설의 표현특질과 주제의식」, 『판소리연구』 5, 판소리학회, 1994, 108~119쪽.

203 "오합지졸이 도망하다 넘어지고 뛰어넘다 밟혀 죽고 오다가다 우뚝 서서 꼼짝없이 타서 죽고 불에 탄 숯덩치가 더럽게 직살케 죽을 적에"

204 사설은 "대한국 한양성 거하신 이준 선생, 만리 화란 복명하여 영결종천 슬프다. 쏟는 눈물 피가 되고, 구곡간장 타는 가슴 구천지에 사모치니, 오호 통재 원통함을 어느 때나 풀어보리, 구천지하 다시 만나 미진한 국사를 선생님전 아뢰리라."로 되어 있어, 전통적인 축문형식은 갖추지 않고 있다.

205 〈적벽가〉 중 공명이 동남풍을 비는 대목과 〈수궁가〉 중 별주부가 토끼를 찾아 육지에 와서 토끼를 잡게 해 달라고 산신제를 지내는 대목에 축문이 나온다.

어지는 가사체로 되어 있어 단조로운 느낌을 준다.

이 작품은 국가를 위하여 목숨을 바친 인물의 행적을 영웅적으로 기술하고 있어, 인물의 영웅성을 드러내는 사설이 많은 비중을 차지하고 있다. 그리고 그러한 영웅적 면모는 '당당함'과 '비장함'을 자아내는 방향에서 구현되어 있다. '당당함'은 인물의 외양이나 행위를 묘사하는 데서 특히 잘 나타난다.

> ○ 표표한 그 걸음은 군자의 절개로다. 명명수참 그 얼굴은 애국충신이 깊었구나. (이준 열사가)
>
> ○ 뜻밖에 어떤 사람이 권총을 손에 들고 번개같이 달려들어, 기세는 추상같고 심산맹호 성낸 듯 왜진중으 해치고 이등 앞으로 우루루루루. (안중근 열사가)
>
> ○ 손을 번쩍 들다가 왜놈 헌병에게 붙들렸구나, "허나 아무렇든 나 할 일 다 했으니 네놈들 맘대로 하여라." 만족한 웃음을 씩씩하게 웃고 기운차게 "대한독립만세"를 불러놓으니. (윤봉길 열사가)
>
> ○ 계룡산수 창한 기운 지령리에 어려있고, 금강수 흐르난 물은 낙화암을 돌고 돌아 삼천궁녀 후인인듯, 귀인자태 아름답고, 월궁항아 환생허니 뚜렷한 그 얼굴은 의중지심이 굳고 굳어, 미간에 가 어렸으니, 일대영양이 분명쿠나, (유관순 열사가)

〈유관순 열사가〉에는 유관순이 일본 검사와 문답하는 대목이 있는데, 유관순의 당당하고 의연한 모습과 아울러 비장함마저 자아낸다. 이 장면은 춘향이 변학도의 수청 요구를 거부하며 항거하는 모습을 연상시킨다.

인물의 영웅적 면모가 '비장함'을 자아내는 대목 또한 여러 군데서 확인할 수 있다. 이준이 인천항을 떠나는 장면, 안중근이 옥에 갇혀 있을 때 면회 온 어머니를 만나는 장면, 윤봉길이 폭탄 투척을 위해 길을 떠나며 김구와 이별하는 장면, 유관순이 일본 헌병에게 끌려가는 장면 등이 이에 해당하는 대목들인바, 여기서 주인공의 모습이 자아내는 비장은 '영웅적 비장'이라고 할 수 있다. 그런데 '영웅적 비장'에 대비되는 범인적 비장'이 나타나는 경우도 있다.[206] 안중근의 어머니와 김구 그리고 유관순의 설움사설에서 그러한 모습을 확인할 수 있다.

> ○ "아이고 이 자식아. 너의 의열은 장커니와 늙은 어미는 어쩌라고 네 말대로 허였느냐, 너를 나서 기를 적에 특재 총명이 하늘로 떠오르기로, 쥐면 클까 불면 날까 금옥같이 길렀더니, 오늘날 만리타국에 와서 모자영별이 웬일이냐, 야이 흉칙한 왜놈들아, 너이를 짝짝 찢어서 사지를 갈라놔도 내가 이 원수를 언제 다 갚을거나." 주먹을 쥐여서 가슴을 뚜다리며 복동단장으로 울음을 울다. (안중근 열사가)
>
> ○ 김구선생이 바라보시더니, 섰던 자리에 버썩 주저 앉으며, "슬프고나 우리 나라, 광명 올 날이 어느 땐고, 영별하고 가

206_ '영웅적 비장'과 '범인적 비장'의 개념과 미적 특질에 대해서는 김흥규, 「판소리에 있어서의 悲壯」, 『구비문학』 3, 한국정신문화연구원 어문학연구실, 1980, 4~19쪽을 참조.

는 동지 잡지못할 일이어든 울어 무엇하랴마는, 구곡간장

흐르난 눈물 금할 수가 전혀 없네, 국운이 이러하니 우리

가 살아 무엇허리, 동지는 앞에 먼저 가면 나도 또한 기회

를 보아 따라 가오리다." 두 눈에 눈물이 듯거니 맺거니 그

저 퍼버리고 울음을 운다. (윤봉길 열사가)

○ 관순이 기가 막혀 섰다. 절컥 버썩 주저앉으며, "아이고 이게

누구여, 원통허네. 나라 잃은 몸이 부모까지 이별허고, 형제

는 각기 감금되니 어린 동생들을 어이허리, 아이고 이 일을

어찌를 헐끄나" 복통단장으로 울음을 우니, (유관순 열사가)

그러나 이처럼 모자간에 혹은 동지간에 혹은 가족 간에 느끼
는 인간애를 직설적으로 토로함으로 해서 야기된 '범인적 비장'은
작품 전체에서 큰 비중을 차지한다고 볼 수는 없다.

〈열사가〉는 '일제에 대한 항거'를 공통적인 주제로 하는 이야
기가 결합된 작품이다. 작품을 지배하는 주된 미적 특질은 비장
미이며, 부분적으로 장중미가 나타난다. 이는 전통판소리가 골계
미와 비장미의 교직으로 이루어진 것과는 다른 양상이라 할 수
있다.

(2) 판소리 예수전

〈판소리 예수전〉은 예수의 탄생과 활동 그리고 죽음과 부활
을 서사적으로 엮은 이야기이다. 성경에 입각하여 사설을 짰는데,
판소리화 하는 과정에서 생겨난 몇 가지 특질이 있다. 우선 전라

도 사투리를 사용했다는 점이다. 이는 본래 판소리가 호남지역을 중심으로 전승되었고, 사설 또한 전라도 사투리로 되어 있기 때문인 것으로 생각된다. 서술자의 논평이나 설명이 개입하는 경우도 자주 발견되는데, 한국적 상황과 연관지어 진술하는 방식을 취하고 있다.

○ 때는 기원전 5년 우리나라로 치면 백제 태조 온조대왕이 도읍을 한산에 옮겨놓고 한강 서부 쪽에다 성을 쌓던 그 때이라.

○ 비가 쏟아지는디 꼭 우리나라 육칠월 장마쁜으로 쏟아지던 것이었다. 복음에 보면 이 날 비가 왔다는 말은 안썼지만 비오는 철에 그 소외양간이야 대강 짐작이 가지 않느냐.

○ 골고다라 하는 곳은 우리말로 해석을 하자면 공동묘지 해골터라.

그런데 무엇보다도 이 작품의 가장 큰 특징은 결말이 '축제의 분위기'로 되어 있다는 점이다. 즉 예수가 부활했다는 소식을 들은 사람들이 모여, "얼씨구나 절씨구, 얼씨구나 절씨구, 얼씨구나 절씨구, 지화자 좋을씨구, 이런 경사가 또 있는가, 할렐루야, 할렐루야, 우리 주님 부활했네, 세상 사람 이말 듣소, 이런 경사가 또 있는가, 우리 주님 부활하셨네, 얼씨구 좋구나 지화자 좋다."라고 하면서 덩실덩실 춤추고 노래하는 것으로 결말을 삼고 있다. 이러한 '축제적 결말'은 전통판소리의 모든 작품이 지닌 중요한 특징인 것이다.

이 작품의 내용을 검토해 보면, 예수의 탄생과정이 상당히 자세히 기술되어 있는 점을 확인할 수 있다. 〈마태오 복음〉에는 이 장면이 아주 간략하게 기술되어 있다.[207] 그런데 〈판소리 예수전〉에서는 이 장면이 길게 부연되어 있는 것이다. 그리고 이어서 예수의 활동·죽음·부활이 기술되는데, 이 중에서 예수의 활동은 그다지 부각되어 있지 않다. 그러니까 〈판소리 예수전〉은 '예수의 일대기 형식'으로 되어 있으면서 하느님의 아들이라는 점은 잘 부각되고 있는데, 예수가 인간에게 전한 메시지는 별로 드러나지 않고 있다. 예수교가 우리나라에 들어온 지 200년 이상이 되어 어느 정도 토착화가 이루어졌다고 할 수 있을지 모르나, 신앙을 달리하는 사람에게는 예수교 역시 '많은 종교 가운데 하나'일 뿐이다. 그렇다면 이 작품 역시 예수의 활동에 초점을 맞추어 서술하는 편이 보편적인 공감을 불러일으키는 데 유리했을 것이다. 이러한 이유에 따라, 이 작품은 판소리의 소재를 넓혔다는 점에서 의의가 있으나, 기독교를 신봉하는 신자가 아닌 사람에게까지 공감을 얻기에는 기본적으로 한계가 있다고 평가할 수 있다.

그리고 〈루가 복음〉에는 탄생과정이 비교적 자세히 나와 있는데, 〈마태오 복음〉에는 이 장면이 아주 간략하게 기술되어 있다. 〈판소리 예수전〉이 〈마태오 복음〉을 바탕으로 하여 짠 것이라고 하지만, 예수의 탄생부분은 〈루가 복음〉을 많이 참조한 것으로 보인다. 그렇다 하더라도 〈루가 복음〉의 그것과 또 다르게

---

[207] 4대 복음서 가운데 예수의 탄생과정을 언급한 책은 〈마태오 복음〉과 〈루가 복음〉뿐이다.

훨씬 부연되어 있다.

(3) 오적

〈오적〉은 서두가 "시를 쓰되 좀스럽게 쓰지말고 똑 이렇게 쓰랏다"로 시작되는데, 이는 박문서관본 〈홍부전〉의 서두인 "북을 치되 잡스러이 치지 말고 쪽 이렇게 치랏다. 만리장성은…"과 닮아있다. 마치 명창이 고수에게 말을 거는 것처럼 하면서 이야기를 전개하는 것과 마찬가지로, 〈오적〉은 뭐든 쓰고 싶어 견딜 수 없어 "내 별별 이상한 도둑 이야길 하나 쓰것다"라고 하면서 독자에게 이야기를 들려주는 형식으로 시작하고 있다. 작품의 내용은 크게, ① 다섯명의 도적인 재벌, 국회의원, 고급공무원, 장성, 장차관이 벌이는 재물쌓기 도둑시합, ② 오적을 잡으려는 포도대장이 위세 부리며 전라도 갯땅 쇠 피수를 문초, ③ 오적의 호화찬란한 생활상, ④ 포도대장이 꾀수를 무고 죄로 입건, 이렇게 네 개의 단락으로 이루어져 있다.

오적이 차례로 나와 자기 자랑을 하는 ①단락은 반복과 나열의 형식으로 되어 있다.

첫째 도둑 나온다. 재벌이란 놈 나온다. … 둘째 놈이 나온다. 국회의원이 나온다. … 또 한 놈이 나온다. 고급공무원 나온다. … 넷째 놈이 나온다. 장성 놈이 나온다. … 마지막 놈 나온다. 장차관이 나온다.

이와 같은 사설 구성방식은 〈적벽가〉의 '군사설움타령'이나 〈홍보가〉의 '홍보 자식들 음식타령 대목'과 '박 속에서 초라니패 등이 나오는 대목' 그리고 〈변강쇠가〉의 '거사와 사당이 나오는 대목' 등에서도 보이는 바다. ②단락은 포도대장이 꾀수를 오적으로 잡아들이려 하자 꾀수가 자기는 오적이 아니라고 변명하는 내용인데, 전형적인 '정체확인형사설'로 되어 있다. '정체확인형 사설'은 구비문학 전반에 걸쳐 흔히 발견되는 사설로, 문맥에 따라 상이한 기능을 수행한다.[208] 여기서는 〈수궁가〉에서 용궁에 잡혀 간 토끼가 나졸들에 의해 정체확인 당하는 장면과 흡사하게 전개되고 있다. ③단락은 오적의 호화로운 생활상이 다소 과장되게 묘사되어 있는데, 비슷한 품목이 병렬적으로 나열·제시되어 있다. 작품의 결말 역시 박문서관본 〈홍부전〉의 결말과 유사한 사설로 되어 있는데, 비교해 보면 다음과 같다.

○ 〈오적〉 : 이런 행적이 백대에 민멸치 아니하고 人口에 회자하여
날같은 거지시인의 귀에까지 올라 길이길이 전해오것다.[209]

○ 박문서관본 〈홍부전〉 : 그 후 亽름들이 홍보에 어진 덕을
칭숑ㅎ야 그 일홈이 빅대에 인밀치 아니홀 뿐더러 광딕의
가사의까지 올나 그 사적이 천빅대의 전ᄒ오더라.[210]

208_ 이에 대해서는, 전경욱, 『춘향전의 사설형성원리』, 고려대 민족문화연구소, 1990, 74~80쪽 참조.
209_ 김지하, 「오적」, 『말뚝이 이빨은 팔만사천개』, 동광출판사, 1991, 90쪽.
210_ 『홍부전』, 박문서관, 1917, 60쪽.

이처럼 〈오적〉은 그 표현 수법이 전통판소리의 그것에 맞닿아 있고, 고전소설에서 이야기를 엮어나가는 표현까지 수용하고 있음을 알 수 있다.

〈오적〉이 보여주는 핵심적인 의미는 모든 것이 거꾸로 된 '가치의 전도'이다. 사회의 상층을 이루고 있는 사람들이 오적으로 규정되는 상황부터가 그렇다. 정의를 지켜야 할 포도대장은 도적이 되지 못한 것을 후회하고, 오적이 만들어준 개집에 살면서 오적의 안위를 지켜주는 '충견'으로 전락한다. 결국 죄없이 당하는 것은 전라도 갯똥쇠 꾀수로 대변되는 힘없는 민중들이다.

(4) 소리내력

〈소리내력〉은, 이농민인 안도가 서울에 올라와 되는 일 없이 지내다가, "개같은 세상"이라는 말 한마디 했다는 이유로 유언비어 뱉어낸 죄로 몸뚱아리만 남고 모두 잘린 채 옥에 갇혀, 몸을 벽에 부딪쳐 쿵 쿵 소리를 낸다는 이야기이다.

이 작품 역시 판소리의 표현방식을 많이 수용하고 있음을 확인할 수 있는데, 서두에 나오는 '쿵 소리'의 정체를 밝히는 사설은 〈흥보가〉의 '화초장타령'과 유사한 표현방식으로 되어 있으며, '안돼 사설'은 반복의 형식으로 되어 있다. 그리고 안도를 유언비어 유포죄로 처벌하는 재판 판결문에는 가당치 않은 죄명이 난해한 한문구로 표현되어 있어, 지배층의 경직되고 위선적인 태도와 민중에 대한 부당한 억압을 효과적으로 드러내고 있다.

〈소리내력〉은 안도로 표상되는 이농민의 비애를 비장하게 그려내고 있다. 특히 안도가 몸뚱아리만 남은 채 옥에 갇혀 토해내는 울분은 처절한 느낌마저 준다. 아울러 이 작품은 안도가 유언 비어 유포죄로 고초를 겪는다는 상황 설정을 통해 권력층의 부당한 횡포를 보여 주고 있다.

(5) 똥바다

〈똥바다〉는 대대로 조선 땅에서 똥 때문에 죽은 어느 일본인 가문의 자손이 그 원수를 갚기 위해 잔뜩 먹기만 하고 똥을 참았다가 관광단의 일원으로 한국에 입국하여 여자들과 놀아난 뒤, 드디어 이순신 동상에 올라가 참았던 똥을 내싸지르다가 그만 새똥에 미끄러져 자기가 싸놓은 똥바다에 빠져 죽는다는 이야기이다. 이야기의 기본 골격이 비현실적인 데다가 일본인이 주인공이라는 점 등에서 다른 작품과 구별된다.

이 작품에는 전통판소리에서 보이는 표현방식을 이용하여 짜여진 사설이 많이 확인된다. 일본인이 한국에 와서 술집을 찾아가는 과정이 노정기 형식으로 되어 있으며, 일본인 똥을 쌀 때 열거되는 '똥 사설'과 그 똥에 빠져 죽는 사람을 열거하는 사설은 〈적벽가〉의 '죽고타령'과 유사한 표현방식으로 되어 있다.

〈똥바다〉에서 '똥'은 다양한 의미망을 지니면서 작품 전체를 지배하고 있다. 일본인이 참고 있다가 조선에 와서 싸는 '똥'은 조선을 지배하려는 일본으로 표상되는 외세의 야욕을 의미하며, 금오야·권오야·무오야가 그러한 일본인의 똥 냄새가 향기롭다고 하는 데서의 '똥'은 조선 정계와 재계 상층부의 외세 의존적 지향을 폭로하는 의미를 지닌다. 조선 참새의 '똥'은 일본의 조선 지배 야욕을 허망하게 무산시켜 버리는 의미가 있고, 일본인이 자신이 싸놓은 똥바다에 빠져 죽을 때의 '똥'은 무모하게 조선을 잡아먹으려 하다가는 스스로 파멸할 수도 있다는 사실을 일본(외세)에 경고하는 의미를 지니고 있는 것이다. 그리고 똥바다에 빠져 죽어야 할 것은 일본뿐이 아니다. "일본 놈과 쑤근쑤근 흉계 꾸미는 놈, 일본 놈과 돈 몇푼에 몸 거래하는 년, 일본 놈 붙어 먹을라고 일본말 배우는 놈, 일제 때가 좋았다고 흰소리 하는 놈, 일본 놈한테 땅 팔고 이민 갈 채비 하는 놈"이 또한 "똥물에 튀겨 죽일 연놈들"인 것이다.

그런데 이 작품에 나타난 사건의 설정이나 문제 해결방식은 대단히 비현실적이다. 일본인을 주인공으로 하여 이야기가 전개되며, 그에 대한 대항세력의 형상은 짤막하게 제시된다. 일본인이 이순신 동상에서 똥을 싸지르고 난 뒤의 장면에 다음과 같은 사설이 나온다.

웬 학생놈들이 공돌이 공순이 농사꾼 날품팔이 등과 함께 어울려 잔뜩 떼를 지어 가지고 뭐라고 소리를 지르고 삼촌대에게 돌을 던지고 마구 욕을 해봤더니 삽 작대기 책 가래 판장 할 것 없이 닥치는 대로 들고 열심히 열심히 똥을 치우고 있것다.

결국 외세에 맞서는 세력으로 학생 · 노동자 · 농민 · 일용노동자가 제시되어 있지만, 작품 전편을 통해 적극적인 대항세력으로 부각되지 못하고 단면적인 저항의 모습만을 보일 뿐이다. 그것은 이 작품이 문제의 해결 전망을 제시하기 보다는 문제적 현실을 비현실적 수법을 통하여 풍자하는 데 목적을 두었기 때문인 것으로 생각된다.

(6) 그날이여 영원하라

〈그날이여 영원하라〉는 사설의 면에서 본다면 판소리적 요소를 거의 갖추고 있지 않은 작품이다. 판소리에 서정적 요소가 없는 것은 아니나, 기본적으로 판소리는 서사적 골격을 지닌 이야기로서의 성격이 강하다. 그런데 이 작품은 시적인 표현으로 일관되어 있을 뿐, 서사적 요소를 갖추고 있지 않다. 사설은 10개의 독립된 노래로 구성되어 있는데, ① 서사, ② 승리의 노래, ③ 광주여, 우리나라 십자가여, ④ 연정아 내 자식아, ⑤ 오빠를 위하여, ⑥ 누이를 위하여, ⑦ 민중의 창이 되어, ⑧ 진혼가, ⑨ 부활의 노래, ⑩ 진군가가 그것이다. 이들 사설을 통해 광주민중항쟁에서 경험했던 승리의 환희와 계엄군에 의해 무참히 짓밟힌 시민들의 좌절감 그리고 광주민중항쟁의 투쟁성과 미래에의 낙관적 전망을 담아내고 있으나, 전반적으로 비장한 분위기가 작품의 전편을 지배하고 있다. 특히 ④ · ⑤ · ⑥은 계엄군에 의해 자식과 형제를 잃은 가족들의 절규를 통곡의 목소리로 전하고 있어, 비장감을 한층 고조시키고 있다.

(7) 오월 광주

〈오월 광주〉는 광주민중항쟁이 일어났던 열흘간의 사건들을 서사적으로 엮은 이야기이다. 전통판소리의 표현방식에 입각하여 짜여진 사설은, 학생들이 금남로로 해서 도청으로 집결하는 과정에 삽입된 노정기 형식의 사설이나 나열의 방식을 이용하여 시위에 참가하는 대학을 열거한 사설 등에서 확인될 뿐이며, 전체적으로는 이야기체에 가깝다. 이는 판소리의 생명을 이야기에서 찾는 임진택의 판소리관에서 기인한 현상으로 보인다.

〈오월 광주〉에서 보이는 가장 커다란 특징은 구호·운동가요·가두방송 연설·전단 등과 같은 '시위문화'의 요소를 많이 수용했다는 데 있다.[211] 이러한 '시위문화'의 요소는 작중 상황의 현장감을 잘 살려주고 있는데, 구호·가두방송·연설·전단은 주장하는 바를 여과 없이 전달함으로써 작품의 교술적 성격을 강화하고 있으며, 운동 가요는 그 가요가 삽입된 상황의 분위기나 정서를 고조시켜 감정을 고양시키는 기능을 수행하고 있다.

이 작품의 내용은 ① 계엄포고의 확대와 공수부대의 만행, ② 광주시민의 시위 합세와 도청 탈환, ③ 투쟁파와 투항파의 대립, ④ 수습위의 해체와 도청을 사수하던 항쟁지도부의 장렬한 죽음으로 이루어져 있다. 이야기가 진행되는 과정에서 항쟁 주체의 변모가 확연히 제시되고 있으며, 또한 투항파에 대한 작가의 비판적 시각이 명확하게 드러난다. 시장상인·가게점원·요식업소 종업원·회사원·가정주부·할머니·술집 아가씨 등이 거리로 쏟아져 나왔다고 함으로써 항쟁에 전 계층이 참여했음을 밝히고 있는데, 특히 '술집 아가씨들이 헌혈하는 대목'을 통해 이 점을 효과적으로 부각하고 있다. 그런데 항쟁의 주체는 학생에서 시민으로

---

211. 가두방송 2회, 전단 1회, 연설 4회, 최규하 대통령 담화문 1회, 계엄군측 선무방송 2회 나온다. 그리고 운동가요로는 '오월의 노래', '광주출정가', '남도의 비', '광주천', '임을 위한 행진곡' 등이 삽입되었다.

시민에서 노동자를 주축으로 한 민중세력으로 바뀌어 간다.

그리고 이 과정에서 투항파와 투쟁파의 갈등이 생겨나는 데, 투항파는 '총 들고 찾아온 고등학생의 이야기'를 통해서 신랄하게 비판되고 있다. 결국 투쟁파는 끝까지 도청을 사수하다가 산화해 갈 것을 다짐하고 장렬한 최후를 마친다. 이 작품은 광주민중항쟁이 일어났던 열흘간의 일을 인물 중심이 아니라 사건 중심으로 기술하고 있어, 몇몇 인물이 등장하기는 하지만 뚜렷한 형상을 획득하지 못하고 있다. 그런데 결말 부분에서 도청 사수를 결심하는 윤상원의 모습을 통해 항쟁지도부로서의 결단과 인간적인 고뇌를 잘 형상화함으로써, 광주민중항쟁의 비장한 최후와 그 역사적 의의를 효과적으로 부각하고 있다. 마지막에 "광주의 죽음이 청사의 길을 여는 죽창으로 부활하는 그날까지, 일어서라! 투쟁하라! 쟁취하라! 산 자여 따르라!"라는 시가 낭송되고 이어 80년대의 운동가요 가운데 최고의 서정성을 지닌 '임을 위한 행진곡'이 나온다. 이러한 결말처리로 인해 항쟁의 비극성은 한껏 고조되며, 그 비장한 분위기가 오랜 여운으로 남아 있게 된다.

지금까지 〈열사가〉 이후 90년대까지 있었던 주요 창작판소리의 주제와 작품 특질에 대해 살펴보았다. 2000년대에 들어와 이전과 비교할 수 없을 정도로 많은 창작판소리 작품이 등장하는데, 소재나 주제적인 측면에서 분류해 보면 다음의 세 부류로 나누어 볼 수 있다.[212]

---

[212] 2000년대 이후에 나온 주요 창작판소리 작품의 주제 및 특질에 대한 논의는 다음의 글을 토대로 하였음을 밝힌다. 김기형, 「창작 판소리의 사적 전개와 요청적 과제」, 『구비문학연구』 18, 한국구비문학회, 2004, 18~21쪽.

① 전래설화·소설에 기반한 이야기

김정은 〈혹부리 영감〉, 류수곤 〈햇님 달님〉, 정유숙 〈눈면 부엉이〉, 최용석·박애리 〈토끼와 거북이〉 등이 여기에 해당한다. 정유숙의 〈눈면 부엉이〉는 고전소설 〈황새결송〉을 바탕으로 짠 것이며, 그 외 작품은 전래설화에 기반을 둔 것이다. 이들 작품은 청중 대부분에게 친숙한 이야기 구조로 되어 있다는 점에서 보편적 공감을 얻기에 유리한 조건을 지니고 있다. 사설의 짜임 방식도 전통판소리의 그것에 매우 근접해 있다. 〈토끼와 거북이〉를 예로 들어보면, 〈산토끼〉의 노랫말인 "산토끼 토끼야 어디를 가느냐 깡충깡충 뛰면서 어디를 가느냐"가 자진모리로 불리는데, 이는 일종의 삽입가요에 해당한다고 할 수 있다. 꿈속에서 이긴 토끼가 아이스크림을 고르는 장면에 나오는 "망고탱고, 체리 쥬빌레, 슈팅스타, 베리베리 스트로베리, 피스타치오, 아몬드 봉봉 이야 신난다!"와 같은 표현은 여러 가지 사물을 나열하며 주워섬기는 판소리적 표현방식이다.

전래설화를 판소리화하는 작업은 아동을 위한 판소리라 할 수 있는 이른바 '동가童歌' 혹은 '아해가', '아이소리'의 정립을 목표로 진행되고 있기도 하다. 앞으로도 어린이를 위한 판소리 창작이 지속해서 이루어질 것으로 기대되며, 이는 교육적 측면에서도 매우 유용한 의미를 지닐 수 있을 것이다.

② 소시민적 꿈과 아픔을 다룬 작품

김명자의 〈수퍼댁 씨름출정기〉와 이덕인의 〈아빠의 벌금〉 등이 여기에 해당한다.

〈수퍼댁 씨름 출정기〉에서 작품의 중심인물인 수퍼 댁은 말 그대로 수퍼를 운영하면서 남편과 자식을 뒷바라지하며 살아가는 평범한 주부이다. 김치냉장고가 있으면 사시사철 가족들이 맛난 김치를 먹을 수 있겠지만 집안이 넉넉하지 못해 마련하지 못하고 있던 터였는데, 마침 일등 상품으로 김치냉장고를 내건 씨름대회가 있다는 사실을 알게 된다. 그때부터 체력보강훈련을 하고 마침내 대회에 출전해서 선전했지만, 결승전에서 전주댁에게 져 김치냉장고 대신 컴퓨터를 상품으로 받는다는 내용으로 되어 있다. 〈수퍼댁 씨름 출정기〉는 소시민적인 소박한 꿈을 골계적으로 표현한 작품으로, 약 15분 소리 분량으로 짜여 있다.

〈아빠의 벌금〉은 소시민적 삶을 살아가고 있는 이우연이라는 주인공이 안전벨트 미착용으로 벌금을 물게 되자 이 문제를 해결하려다가 도리어 더 많은 벌금을 물게 되어 결국에는 감옥까지 가게 된다는 이야기로, 이우연의 딱한 사정이 방송을 통해 알려지자 많은 사람들이 후원금을 내어 결국 주인공이 석방되는 것으로 결말을 맺고 있다. 전통판소리 사설 짜임의 방식을 활용하여, 박봉으로 근근이 살아가는 주인공이 현실 세계의 완강한 질서와 맞서다 상처만 받게 되는 상황을 잘 그려내고 있다. 다만 상황 설정이 다소 비현실적이고, 마지막을 교훈적 결말로 맺음으로써 작품의 주제의식이 뚜렷하게 형상화되지 못하고 있다는 점이 아쉽다.

전형적 인물의 구체적 형상화와 보편적으로 공감할 수 있는 서사적 갈등의 설정을 통해 우리 시대 소시민의 꿈과 아픔이라는 주제를 잘 구현해 낼 수 있다면 창작판소리로 성공할 가능성이 매우 크다고 생각한다.

③ 시대적·정치적 풍자의 성격이 강한 작품

이규호의 〈똥바다 미국버전〉, 이자람의 〈구지 대한민국〉, 박성환의 〈미선이와 효순이를 위한 추모가〉와 〈백두산 다람쥐〉 등이 이에 해당한다. 이규호의 〈똥바다 미국버전〉은 임진택이 이미 부른 바 있는 김지하 원작 〈똥바다〉를 개작한 것이다. 미국버전이라는 제목에서 알 수 있듯이, 일본인 '좃도마떼' 대신 미국 대통령인 '조지 부시'를 주인공으로 내세워 미국의 제국주의적 행태를 신랄하게 풍자한 것이다. 이자람의 〈구지 대한민국〉은 여성과 남성의 성차별문제를 다룬 작품으로, 작중 상황이 다소 안이하게 설정되어 있다는 문제점이 있으나 연극적 기법을 적극 활용하여 모놀로그 방식으로 공연한 실험정신이 돋보인다. 박성환의 〈미선이와 효순이를 위한 추모가〉는 미군 장갑차에 치여 죽음을 당한 미선이와 효순이의 원혼을 달래는 내용으로 되어 있는 작품이다. 그리고 〈백두산 다람쥐〉는 일종의 우화적인 작품으로, 우리 민족을 백두산 다람쥐, 미국을 늑대로 상정하여 결국 늑대가 궤멸된다는 내용으로 되어 있다.

이밖에, 현대문명의 상징이라 할 수 있는 컴퓨터 게임을 소재로 한 박태오의 〈스타대전 중 '저그 초반 러쉬 대목'〉, 이외수의 자전적 작품을 판소리화한 김수미의 〈나는 또라이인지도 모른다〉 등이 주목할 만하다.

2000년대 이후 선보인 창작판소리 가운데 가장 주목할 작품은 이자람의 〈사천가〉와 〈억척가〉이다. 〈사천가〉와 〈억척가〉는 초연 이후 지금까지 지속적으로 공연되고 있으며, 공연할 때마다 전석이 거의 매진될 정도로 인기를 누리고 있다. 그리고 소리꾼이자람은 판소리 공연뿐만 아니라 뮤지컬, 연극 작품에까지 활동 반경을 넓히고 있고, 여러 상을 수상한 바 있다. 그러면 이자람이 일련의 창작판소리 공연을 통해 이른바 스타로 부상하게 된 이유는 무엇일까?

이자람은 전통판소리를 비교적 충실히 공부한 학습꾼으로, 기초를 탄탄히 닦았다. 그리고 '타루'라는 단체를 이끌며 연기력을 키우고 실험적인 작업을 지속해 온 바 있다. 이자람은 타루 활동 외에도 개인적으로 진작부터 창작판소리 작업을 시도했다. 〈구지가〉가 그 대표적인 예이다.

작품 수준이 높다는 점도 중요하다. 주제의식, 사설의 짜임, 표현 방식 등의 측면에서, 〈사천가〉와 〈억척가〉는 일정 수준 이상의 성과를 보여 주고 있다. 두 작품은 모두 브레히트의 희곡을 한국적으로 변용하여 원작과 구별되는 독자적인 작품 세계를 지니고 있다. 〈사천가〉는 브레히트의 희곡 〈사천의 선인들〉을 각색하여, 외모와 학력 그리고 물질에만 집착하는 세태를 풍자한 작품이다. 줄거리는 이러하다. 사천시에 나타난 신들은 그곳에서 가장 착한 여자를 찾아다닌다. 우여곡절 끝에 찾아낸 여인은 '사천의 천사'라 불리는 뚱녀 '순덕'이었다. 신들은 자신들에게 기꺼이 좁은 방을 내어준 순덕에게 감동해 돈을 주고 떠난다. 순덕은 그 돈으로 분식집을 차리고, 온갖 거지와 사기꾼들을 다 보듬어준다. 그러다 순덕은 우연히 사랑에 빠지게 된다. 하지만 그 남자마저 순덕을 이용하려 들 뿐이다. 순덕은 더 이상 착하게 살 수 없음을 깨닫고, 사촌오빠인 '남재수'로 변장해 무자비한 사업가로 성공한다. 그리고 마침내 순덕은 신들 앞에서 재판을 받게 된다.

〈억척가〉는 브레히트의 〈억척어멈과 그 자식들〉을 각색한 작품이다. 전쟁 속에서 살길을 구하는 억척스러운 사람들의 이야기로 한 명의 소리꾼과 악사들의 소리와 표정과 몸짓을 통해 전쟁의 표정을 역동적으로 전달하는 동시에 오늘을 사는 억척스러운 사람들의 애환을 담아낸 것이다. 〈억척가〉의 줄거리는 이러하다. 전남 시골 마을의 여인 '김순종'은 사소한 오해로 소박을 맞는다. 이후 연변을 거쳐 중국 한나라에 도착하고 아비가 다른 세 명의 자식을 둔 김순종은 그들을 먹여 살리기 위해 전쟁 상인이 된다. 착하고 순박했던 이 여인은 전쟁의 소용돌이를 겪으며 거짓 상술로 가득 찬 억척스러운 여인이 되어 자식의 죽음도 모른체하는 비정한 어미로 변모해간다. 전쟁이란 극한 상황에서 인간이 느끼는 공포, 연민, 죽음, 분노, 슬픔 등 여러 감정들을 판소리 특유의 풍자와 해학으로 담아낸다. 이를 통해 '사람을 사람답게 만들지 못하고 억척스러워야만 살아남을 수 있게 만드는 것은 무엇인가?'를 질문한다. 이 작품은 이자람이 1인 15역을 소화하는 일인모노드라마이다.

원작이 지닌 작품성을 훼손하지 않으면서, 등장인물이나 공간 배경 등을 한국적 상황에 맞게 재설정하여 지금 이곳의 청중들에게 전혀 낯설지 않게 다가갈 수 있게 한 것은 두 작품의 커다란 장점이다.

이자람 개인의 역량이 차지하는 비중도 크지만, 그를 떠받치고 있는 기획, 제작의 힘도 매우 중요한 요소로 작용하고 있다. 판소리 만들기 '자'는 판소리를 토대로 새로운 작품을 창작, 공연하는 단체다. 청중과의 소통을 중시하는 판소리의 공연 문법을 잘 살리면서, 판소리의 양식적, 미학적, 서사적 요소를 바탕으로 하여 새로운 공연예술작품을 창작하는 데 관심을 집중하고 있는 것이다. 판소리 만들기 '자'는 2007년 서울 정동극장에서 공연되었던 "숨쉬는 판소리 이자람: 판소리 브레히트 〈사천가〉"를 계기로 결성됐다. 판소리 만들기 '자'는 음악, 연극, 무용 등 다양한 분야에서 활발하게 활동하고 있는 젊은 예술가들로 구성되어 있다. 이 단체에서 이자람은 대본, 작창, 소리를 담당하며 리더로서 활동하고 있다. 또한 연출가 남인우는 한국전통설화를 토대로 한 아동청소년 연극 〈가믄장 아기〉로 세계적 호평을 받은 바 있다.

〈사천가〉와 〈억척가〉는 일인다역의 공연예술인 판소리의 본질적 특질을 이으면서도 극적 표현력을 보태어 일인모노드라마 양식이 보여줄 수 있는 재미를 최대한 발휘함으로써 동시대 청중들의 호응을 이끌어 냈다. 결국 전통판소리에 담겨 있는 예술적 표현 요소(성음, 미학, 표현 특질, 주제의식 등)를 제대로 익히는 데서 출발했을 때, 재창조 작업의 성공 가능성이 커진다고 할 수 있다. 여기에 더해 기획과 연출 그리고 행정력 등의 조직적 뒷받침이 결합될 필요가 있는 것이다. 이자람은 우리 시대에도 판소리가 살아있는 예술로 충분히 거듭날 수 있음을 보여준 대표적인 사례라고 생각한다.

이자람 외에, 전문적 역량을 지닌 소리꾼으로서 창작판소리 영역에서 일정한 성과를 보여주고 있는 사례는 점점 많아지고 있다. 오영지는 전통판소리뿐만 아니라 전통에 기반을 둔 판소리의 현대적 재창조 작업에도 많은 관심을 기울이며 실천적인 작업을 해오고 있는 소리꾼이다. 그의 〈운수좋은 날〉은 현진건 원작 소설을 판소리적 화법으로 작품화한 것이다. 가야금을 두드리는 것으로 고수의 역할을 삼고, 상여소리 부분에서는 음악적 효과를 위해 가야금 병창으로 구성한 것이 특징이다. 〈이제사 꽃이 보인다〉는 김서령 원작 '여자전'(2007) 중 고계연 할머니의 이야기를 바탕으로 한 작품이다. 백화점집 막내딸이 지리산 빨치산으로 도망 다니게 된 사연을 이야기함으로써, 기구한 한 여자의 운명과 근현대의 아픔을 판소리화한 것이다.

이봉근은 '앙상블 시나위'를 조직하여 활동하고 있는바, 전통적인 판소리에 능할 뿐만 아니라 폭넓은 음색으로 대중적 취향의 소리를 매력적으로 부르는 역량 있는 소리꾼이다.

김봉영의 〈눈 먼 사람〉은 판소리 〈심청가〉를 각색한 작품이다. 다양한 악기들로 반주함으로써 음악적 다양성을 추구했으며, 영상을 활용하여 심봉사의 감정을 섬세하게 표현함으로써 입체적인 표현을 시도했다. 이야기꾼의 시선으로 〈심청가〉를 재해석한 〈눈 먼 사람〉은 이 시대의 아버지상을 새롭게 모색하고 자본주의 사회와 욕망의 문제를 해학적으로 그리고 있다는 점이 특징이다.

이 시기 창작판소리는 전통적인 판소리 공연 방식, 즉 한 명의 소리꾼과 한 명의 고수가 판을 짜나가는 방식을 지양하고 새로운 공연 방식을 추구하는 면모를 보이고 있다. 극적 양식의 지향, 여러 악기 구성을 통한 음악적 풍성함 추구, 판소리를 비롯한 다양한 음악 어법 수용 등이 그것이다.

21세기에 들어와 '갑자기'라고 해도 좋을 만큼 전대와는 비교할 수 없을 정도로 많은 새로운 판소리의 정립과 확산을 위한 노력들이 쏟아져 나오고 있는 것은 판소리의 위기를 역설적으로 반영하고 있는 현상으로, 새로운 길을 찾지 않고 전통 작품만 고수해서는 판소리가 이 시대의 살아있는 예술로 살아남을 수 없다는 절박한 문제의식의 산물인 셈이다.

그런데 새롭게 소개되고 있는 창작판소리의 수가 많아지고 있는 것과 비례하여 작품의 수준이 전반적으로 높다고 말하기는 어렵다. 말하자면 현재 다각적으로 이루어지고 있는 실험적인 작업들은 가능성과 한계를 동시에 지니고 있는 것이다. 시대정신을 담아내고 청중과의 교감을 중시해야 한다는 문제의식은 매우 소중하다. 판에서 마주하게 되는 청중의 적극적인 반응은 신기성에 대한 호기심 혹은 사설을 알아들음으로써 형성되는 공감대에서 비롯되는 측면이 크다. 이자람을 비롯하여 전문적 역량을 가진 실기인들이 시도하고 있는 일련의 창작 작업은 창작판소리의 가능성을 충분히 보여주고 있다고 판단한다. 결국 창작판소리의 성패는 동시대 청중의 기대 지평에 얼마나 호응하는가 하는 점과 작품의 예술성과 완성도가 어떠한가 하는 점에 달려 있다고 할 수 있다.

2. 동아시아 강창예술 작품의 주제와 특징

1) 중국 설창說唱 작품의 주제와 특징

(1) 당대唐代의 설창 작품
① 압좌문 「고원감대사이십사효압좌문故圓鑒大師二十四孝押座文」
: 효를 통해 불덕佛德을 이루어야 한다는 대중 교화적 색채가 짙

은 작품이다. 돈황의 강창 텍스트 가운데는 이처럼 불법佛法의 홍
포弘布를 위해 유교적 효 윤리를 매개로 삼은 작품들이 많은 편이
다. 이러한 작품들의 존재는, 중세의 보편 이념이라 할 수 있는
유교와 불교의 두 지배이념이 자신의 사회적 가치와 지위를 강화
하기 위해 자연스럽게 결합한 산물이라 할 수 있다. 1~10구까지
는 효의 공덕을 찬양하는 내용, 11구 이하는 목련目連, 순자舜子,
왕상王祥, 곽거郭巨, 노래老萊 등 역대 중국의 효자들을 나열하며
그들의 효행을 칭송하는 내용으로 구성되어 있다. 이 텍스트에서
주목할 특색은 다음과 같다. 첫째, 불교와 중국 고유 사상 간 결
합이라는 차원에서 유교의 효 윤리로 이야기 소재가 확대 변이되
어 있다. 둘째, 역사 고사와 비유담을 많이 서술함으로써 교술
적·이념적 색채가 약화되고 서사적 이야기로의 발전 혹은 연계
가능성을 내포하게 되었다. 셋째, 「고원감대사이십사효압좌문」이
라는 제목을 볼 때, 이 자체가 독립적인 작품으로 불렸을 가능성
이 크다. 이 압좌문에서 볼 수 있는 소재 확대, 서사화 가능성,
단독 작품으로의 독립이라는 세 가지 특징은, 이후에 출현하는 사
문詞文 장르의 연원과 형성 과정을 압좌문과 연계해 추적할 수 있
는 단서가 된다.[213]

② 강경문 「유마힐경강경문」 : '㉠「유마힐경강경문」(1) 경문의
시작 부분→㉡「유마힐경강경문」(2) 사리불舍利弗 이야기→㉢「유
마힐경강경문」(4) 광엄光嚴 이야기→㉣「유마힐경강경문」(5) 지세
持世 이야기→㉤「유마힐경강경문」(6) 문수文殊 이야기→㉥「유마힐

213_ 전홍철, 『돈황 강창문학의 이해』, 소명출판, 2011, 104~105쪽, 175쪽.

경강경문」, 선덕先德 이야기'[214]-로 내용이 구성되어 있다. 『유마힐경』의 서두 부분을 강설한 다음, 각 사권에서 『유마힐경』에 등장하는 인물인 사리불, 광엄, 지세, 문수, 선덕 등을 차례로 다루는 방식이다. 이러한 구성으로 볼 때, 같은 날 한 자리에서 연속적으로 강설한 것이 아니라, 강설자가 여러 번에 나누어 이야기를 진행했으리라는 추정이 가능하다. 그리고 이러한 방식은 후대 장편 장회소설에서 긴 편폭을 적당히 분절하여 이야기를 끌어갔던 체제적 특징과 매우 유사하다.[215]-

③ 불교고사계 변문 「목련연기目連緣起」: 목련고사를 이야기한 불교고사계 변문 중 완정한 체제를 갖추고 있는 텍스트로 평가된다. 「목련연기目連緣起」의 이야기는 발단 - 전개 - 절정 - 대단원의 단계로 구조화 되어 있으며, 'ⓐ목련의 집안 소개 및 인물 성격 묘사→ⓑ지옥의 편력→ⓒ어머니 상봉 및 어머니 구하는 방법→ⓓ중국 역대의 효자를 들며 목련의 효를 찬양'하는 내용으로 전개된다.[216]-

④ 중국고사계 변문 「오자서변문伍子胥變文」: 중국고사계 변문의 제재와 주제를 면밀히 고찰해보면, 사회현실에 대한 비판정신이 담긴 '현실비판형' 작품과 시대적 보편이념을 강조하는 '이념 강조형' 작품으로 나뉜다. 「오자서변문」 등은 황제의 실정과 무지

214- 조명화에 따르면, 「유마힐경강경문」 (3)의 경우 『유마힐경(維摩詰經)』의 불국(佛國品)과 방편품(方便品) 두 품을 각각 34구와 36구의 운문(韻文)으로만 약송(略頌)한 것이기에 설창 양식에 속한다고 보기 어렵다. 전홍철, 같은 책, 108쪽.
215- 전홍철, 같은 책, 109~110쪽.
216- 같은 책, 115쪽.

에 대해 비판을 가하고 있다는 점에서 전자에 속한다. 현존하는 것은 잔본殘本이며 원래 제목이 없어「오자서소설」혹은「오자서시화」라고 불리기도 한다. 역사계 변문 중 가장 장편으로, 문학성도 매우 뛰어나다고 평가된다. 전체 줄거리는 '㉠집안내력→㉡부형의 죽음→㉢도망→㉣망명→㉤복수→㉥누명으로 인한 위기→㉦죽음→㉧오국吳國의 멸망→㉨백공白公 승勝의 죽음→㉪사마천司馬遷 찬贊'으로 구성된다. 그 상세한 내용은 다음과 같다. 오자서의 집안은 대대로 초왕楚王을 섬겼으나, 비무기費無忌의 농간으로 오자서의 아버지와 형이 죽고 오자서만 오나라로 도망간다. 오자서는 어부의 도움으로 강을 건너 오나라에 망명한다. 이때 오나라에서는 공자 광光이 요왕僚王을 시해하고 왕이 되었으니 그가 합려闔閭이다. 오왕 합려는 오자서를 불러 국사를 의논하고, 오자서와 손무孫武의 도움으로 초나라에 쳐들어간다. 오자서는 초나라의 수도 영郢에 입성하여 초평왕의 시체를 무덤에서 꺼내 채찍질한다. 그후 합려의 뒤를 이어 부차夫差가 왕에 즉위하는데, 그는 오자서를 멀리한다. 오왕 부차가 제齊나라를 치려할 때, 오자서는 월越나라를 먼저 쳐야 한다고 간언한다. 그러나 부차는 간신 백비伯嚭의 모함에 속아 오자서에게 자결할 것을 명한다. 오자서는 자신의 눈을 성의 동문에 매달아 오나라의 멸망을 먼저 볼 수 있게 해달라는 유언을 남기고 죽는다. 9년 뒤, 오나라는 월나라에 의해 끝내 멸망하고 부차와 백비 모두 죽음을 맞게 된다. 초나라 태자 건建의 아들 백공 승은 반란을 도모하다 산으로 달아나 자살하고, 섭공葉公은 석걸石乞을 삶아 죽인 다음 혜공惠公을 왕으로 세운다. 이에 대한 태사공의 찬은 다음과 같다. "오자서는 참고 견디어 공

명을 이룬 열대부烈大夫다. 백공도 임금만 되려 하지 않았다면 성
공했을 것이다."[217]

　⑤ 중국고사계 변문「왕소군변문王昭君變文」: 중국고사계 변문
가운데 충의, 절개, 효 사상 등 시대적 보편이념을 주제의식으로
강조하는 '이념강조형' 작품에 속한다.「왕소군변문」은 상하 두
권으로 되어 있으며,「오자서변문」처럼 원래 제목이 적혀 있지 않
아 '왕소군변문'이라고 가제假題를 붙였다. 그 줄거리는 다음과 같
다. 왕소군은 선우單于를 따라 흉노匈奴에 도착하여 원제元帝를 그
리워하며 우울한 날들을 보낸다. 선우는 왕소군을 연지황후煙脂皇
后에 봉하여 극진히 대우하는데, 하루는 그의 마음을 달래주고자
소군을 동반해 사냥을 나서지만 오히려 그의 향수를 자극하여 결
국 죽음에 이르게 한다. 선우는 그녀의 장례를 성대히 치러주고,
한漢의 애제哀帝는 사신을 보내 선우를 위로한다. 그리고 귀국길
에 소군의 무덤에 제사를 올리는데, 제문을 통해 왕소군의 공로와
희생으로 한과 흉노가 우의友誼를 회복하게 되었음을 칭송한다.
왕소군의 이 이야기는『한서漢書』「흉노전匈奴傳」에 보이며, 원元
잡극雜劇〈한궁추漢宮秋〉, 명明 전기傳奇〈화융기和戎記〉, 잡극〈소
군출새昭君出塞〉 등도 왕소군의 고사를 제재로 한 작품이다. 다만
왕소군이 새북塞北에서 투신자살하는 것으로 죽음을 다르게 묘사
한 것이 특징이다.[218]

　⑥ 화본 구도흥句道興『수신기搜神記』: 중국고사계 화본의 대

217_ 전홍철, 앞의 책, 130쪽.
218_ 같은 책, 같은 곳.

표작으로, 돈황의 강창문학 텍스트 가운데 작자의 이름을 표기한 유일한 작품이기도 하다. 구도홍은 대체로 당대唐代 또는 그 이전의 인물일 것으로 추정되며, 『수신기』에 수록된 이야기도 대부분 당대 이전의 고사로 여겨진다. 구도홍본 『수신기』에 수록된 이야기 중 가장 장편에 해당하는 전곤륜田崑崙 이야기의 줄거리를 소개한다. 전곤륜은 백학으로 변해 목욕하는 천녀의 옷을 감춰 부부가 되고, 전장田章이란 아들을 낳는다. 천녀는 전장을 낳은 뒤 시어머니로부터 천의天衣를 돌려받아 입고 하늘로 돌아간다. 아들은 동중董仲 선생의 도움으로 하강한 천녀 모친을 만나게 된다. 함께 하늘로 올라가 천서 여덟 권을 얻어 해박한 지식을 얻은 전장은 지상에 내려와 관리가 된다. 전곤륜이 선녀의 옷을 감추어 하늘로 날아가지 못하게 하는 것은 민간고사에도 자주 보이는 모티브이다.[219]

⑦ 사문 「착계포전문일권捉季布傳文一卷」: 「착계포전문일권捉季布傳文一卷」에는 '계포를 체포하는 이야기'라는 뜻의 제목 외에 "대한大漢 3년 초나라 장수 계포가 한나라 진영에 욕을 하니 한왕漢王은 여러 신하에게 수치스러워 군마軍馬를 거둔다는 이야기"라는 설명이 붙어 있고, 끝에 "대한삼년계포매진사문大漢三年季布罵陣詞文"이라는 미제尾題도 있다. 전편이 7언구이며, 640구가 일운도저一韻到底[220]로 되어 있다. 강창 텍스트 가운데 드물게 장편 서사

219_ 같은 책, 140-141쪽; 이지희, 「만·몽 시조신화의 천녀 시조모 기원과 전승」, 『중국문학연구』 58, 한국중문학회, 2015, 55쪽.
220_ 중국의 고시에 쓰던 압운(押韻) 법칙(法則)의 하나로, 처음부터 끝까지 같은 운(韻)을 다는 것이 특징이다.

시의 체제를 따랐다. 그 줄거리는 다음과 같다. 초나라와 한나라 사이에 전쟁이 벌어져 초나라의 장수 계포季布가 유방劉邦에게 욕을 하는 계책을 써서 그의 군대를 물리친다. 그러나 진영을 다시 정비한 유방에 의해 초는 멸망하고 항우項羽는 도망치다 자결한다. 유방은 자신에게 욕한 계포를 체포하라는 명령을 내리고, 계포는 옛 친구 주씨周氏의 도움을 받아 숨어 지낸다. 한왕漢王이 계포를 숨겨주는 자의 육친을 멸하리라는 포고문을 내리니, 계포가 꾀를 내어 유방의 특사 주해朱解에게 스스로 팔려 간다. 주해에게 자신이 계포임을 고하고 주연酒宴을 베풀게 한 다음, 주연에 온 조정의 중신重臣 하후영夏侯嬰과 소하蕭何에게 한왕에게 상소를 올려달라 부탁한다. 상소를 받은 유방은 계포 체포령의 폐해에 대해 듣고 그에 대한 체포를 중단하는 것은 물론 천금까지 하사한다. 계포와 대면한 한왕은 옛 생각에 계포를 체포하려 하지만, 이 일이 후대의 비난거리가 될 수 있다는 계포의 말에 그를 사면하고 태수라는 관직을 제수한다. 계포는 주해를 찾아가 보답하고 득의양양하게 귀향한다.[221]

⑧ 민간부 「공자항탁상문서孔子項託相問書」: 돈황 강창 텍스트 가운데 가장 많은 13종의 초사본抄寫本이 남아 있는 작품으로, 이를 통해 당시 공자孔子와 항탁項託 이야기가 널리 유행했으리라는 추정이 가능하다. 봉건사회의 이념적 지주인 성인聖人 공자孔子를 어리석고 교활한 인물로 풍자한 현실비판형 작품이다. 안사安史의 난 이후 소외된 공동체 속에서 팽창하고 있던 민중적 저항의식과

---

[221] 전홍철, 앞의 책, 152쪽.

유교적 권위의 퇴색을 엿볼 수 있는바, 공자가 '가해자, 치자治者, 악자惡者, 유가적 치세관, 부패한 관리'를 비유한다면, 그와 대립하여 갈등을 빚는 항탁이 비유하는 대상은 '피해자, 피치자被治者, 선자善者, 반유가 치세관, 정직한 백성'이라 할 수 있다. 작품 전반부는 문답으로 짜여진 강부講部, 후반부는 7언 56구의 창부唱部로 구성되어 있으며, 전반부는 희극적 색채, 후반부는 비극적 색채를 띤다.

그 줄거리는 다음과 같다. [전반의 문답부] 공자가 유람하던 중 한 소년을 만난다. 공자가 소년 항탁에게 다른 아이들은 모두 장난을 하는데 왜 하지 않느냐고 묻자, 손해만 되는데 왜 하겠느냐고 반문한다. 공자가 항탁에게 흙성에 앉아 수레를 피하지 않는 이유를 묻자, 성이 수레를 피한다는 말을 들은 적이 있냐고 반문한다. 공자는 항탁이 총명하다고 칭찬하는데, 항탁은 천지자연의 이치일 뿐인데 왜 우열을 따지느냐고 핀잔을 준다. 이에 공자가 여러 가지 어려운 수수께끼를 내보는데, 항탁이 모두 맞춘다. 공자는 그에게 같이 천하를 주유하자고 권하지만, 항탁은 집에서 어른들께 순종하고 동생을 가르쳐야 한다고 거절한다. 공자가 주사위 도박을 하자고 권하지만 항탁은 무익한 일을 무엇하러 배우느냐고 거절한다. 공자가 함께 천하를 평등하게 만들자고 권하지만, 항탁은 천하가 평등해질 수 없는 이유를 말한다. 공자가 낸 수수께끼를 항탁은 다시 모두 맞춘다. 공자가 부부와 부모 중 어느 쌍이 친하냐고 묻자 항탁은 부모가 친하다고 답한다. 공자는 부부가 더 친하다고 주장하지만, 항탁은 색시는 다시 얻을 수 있지만 부모는 다시 얻을 수 없으므로 부모가 더 친하다는 논리로 공자의 주장을 뒤엎는다. 거꾸로 항탁이 묻는 질문에 공자가 답하지만, 항탁은 그 답이 틀린 이유를 조목조목 댄다. 공자가 또 어려운 문제를 내지만 항탁이 모두 맞춘다. 공자는 후생가외後生可畏라며 한탄하고, 자신보다 총명한 항탁에게 살의殺意를 느낀다. [후반의 창부] ㉠말재주가 뛰어난 7세 소년 항탁이 학문 수양을 위해 입산한다. ㉡공자는 항탁의 부모에게 약초를 맡기고, 건망증이 있는 항탁의 부모는 공자가 맡긴 약초를 태워 버린다. ㉢약초를 찾으러 온 공자는 보상 대신 항탁의 소재를 알아낸다. ㉣공자는 항탁을 찾아가 칼로 그를 난도질한다. ㉤항탁은 죽어가며 부모에게 자신의 피를 보관해달라고 부탁한다. ㉥부모가 항탁의 피를 대나무에 쏟아붓자 대나무가 대장군으로 변해 공자와 재결투한다. ㉦항탁이 죽자 마을에서는 그를 묘당에 안치하고 제사를 지내준다.[222]

(2) 송宋·원대元代의 설창

① 제궁조『서상기제궁조西廂记诸宫调』:『서상기제궁조』는 모두 193개의 노래를 삽입하여 당 전기『앵앵전』의 스토리를 대폭 늘린 장편 작품이다.『앵앵전』의 비극적 결말을 해피엔드로 바꾸고 중간에 많은 에피소드를 삽입했으며 각 인물들의 성격을 새로이 개조하여 공연용 오락물로 만들었다. 그 줄거리는 다음과 같다. 서생 장군서張君瑞는 천하를 유람하다가 보구사普救寺라는 절에 들러 우연히 최앵앵崔鶯鶯을 만나 사모하게 되지만 접근할 방

---

[222] 전홍철, 앞의 책, 160쪽, 202~210쪽.

법이 없던 중, 때마침 반란을 일으킨 손비호孫飛虎의 난을 진압하는 계책을 제시하여 위기에 빠진 앵앵의 일가를 구출한다. 그러나 앵앵의 어머니 최씨 부인은 앵앵과 혼인시켜 주겠다던 애초의 약속을 어기고 둘 사이를 남매 관계로 제한한다. 두 남녀는 이를 극복하여 심야에 밀회하며 운우지정을 즐기지만, 결국 앵앵의 어머니에게 발각되어 장군서의 과거급제를 담보로 혼인 허락을 받아 내고, 장군서는 장안으로 떠난다. 장군서가 장안에서 과거에 급제하여 돌아오기 직전, 애초에 앵앵과 가문끼리의 혼약이 있었던 정항鄭恒이 나타나 장군서를 모함하고 앵앵을 차지하려고 한다. 위기에 빠진 장군서는 다시 친구인 두확杜確 장군의 도움으로 정항의 계략을 물리치고 앵앵과 대단원을 이룬다.[223]

② 제궁조『유지원제궁조劉知遠諸宮调』:『유지원제궁조』는 오대 후한의 고조였던 유지원의 출세기에 해당한다. 이 역시 12권으로 이루어진 초장편이나 현재는 중간 부분이 전해지지 않고 서두와 결말 부분의 5권이 전한다. 정사인『구오대사舊五代史』중『한서漢書』의 기록과는 별도로 민간에서 전승되어 온 유지원에 대한 이야기는『유지원제궁조』이외에도『전상오대사평화全相五代史平話』중 〈한사평화漢史平話〉와 남희『유지원백토기劉知遠白兎記』에도 전하는데 이 세 작품의 줄거리를 종합하면 다음과 같다. 후한 고조 유지원은 개가한 어머니를 따라 계부의 밑에서 살았으나 원만하지 못한 가족 관계로 인하여 집을 나와 방랑하던 중 사타촌沙陀村의 부호 이삼전李三傳의 집에 고용되어 들어가 이삼전의

223_ 김영구 외, 앞의 책, 77쪽.

딸 이삼랑李三娘과 혼약한다. 장인 장모가 죽은 뒤 그의 아들 이홍의李洪義·홍신洪信 형제의 핍박을 견디지 못한 유지원은 임신한 아내를 버려두고 군대에 지원하여 당시 군벌들의 패권 다툼에 뛰어들게 된다. 집에 홀로 남은 삼랑은 두 오빠의 모진 박해를 받으며 고생 끝에 아들을 낳아 유지원에게 보낸다. 유지원은 석경당石敬瑭을 보필하여 후진後晋을 세우는 공로를 세우고, 나중에 후진과 거란의 불화로 후진이 멸망하자 공백 상태인 중원을 차지하고 후한을 세운다. 출세한 뒤 유지원은 고향으로 돌아와 고생하는 아내를 구한다. 『유지원제궁조』에서는 유지원이 사타촌에 들어가 이삼랑과 결혼하여 살다가 두 처남의 모함과 살해 음모에 시달리다가 마침내 집에서 나와 군대에 투신하는 장면까지가 권1과 권2에 전해지고, 권11과 권12에서는 출세한 유지원이 집에 돌아와 두 오빠에게 핍박당하는 아내 이삼랑을 구출한다는 이야기가 전해진다.[224]

　　③ 사화『화관색전花關索傳』:『화관색전』은 〈화관색출신전花關索出身傳〉, 〈화관색인부전花關索認父傳〉, 〈화관색하서천전花關索下西川傳〉, 〈화관색폄운남전花關索貶雲南傳〉의 네 편으로 되어 있다. 각 편의 앞머리에는 원래 "신편전상설창족본新編全相說唱足本"이란 수식어가 덧붙여져서 〈신편전상설창족본화관색출신전新編全相說唱足本花關索出身傳〉 등의 긴 제목을 이루고 있다. 『화관색전』의 내용은 다음과 같다. 유비, 관우, 장비가 도원결의를 맺은 뒤 유비가 다른 두 형제가 가족들로 인해 천하의 대업을 소홀히 할까 두려

<hr />

[224] 같은 책, 78쪽.

위하자 장비가 관우의 부탁으로 관우의 권속을 몰살한다. 임신 3개월이던 관우의 처 호금정胡金定은 친정으로 피신하여 관색關索을 낳는다. 장성하여 자신의 출생과 부친의 사연을 들은 관색은 서천으로 아버지를 찾아 떠난다. 태행산太行山을 지나던 관색은 열 명의 장수를 거두어 의형제를 맺고, 포가장鮑家莊을 지나다가 포씨 일족에게 승리를 거두고 포삼랑鮑三娘과 혼인을 맺는다. 마침내 서천에 도착한 관색은 아버지 관우와 상봉하고 유비를 살해하려던 조조의 자객 여고呂高를 살해한다. 유비가 촉한蜀漢을 칭한 뒤로는 아버지 관우와 함께 형주荊州를 지킨다. 관색은 유풍劉豊과 불화가 있어 운남雲南으로 폄적해 가게 되는데, 이때 오나라 육손陸孫과 여몽呂蒙이 형주로 진공하자 관우는 패전하여 자결하고, 장비 또한 낭주閬州에서 시해된다. 유비는 관색을 불러 형주를 수복하고자 하나 두 아우의 죽음을 애통해하다가 오래지 않아 병사한다. 제갈량은 대세가 이미 그르쳐졌음을 알고 와룡강臥龍崗으로 돌아가고 관색도 마침내 병사한다. 관색은 역사서에서는 찾아볼 수 없는 인물이고, 『삼국연의』에서도 만력본萬曆本을 제외한 다른 판본에서는 관색이 제갈량을 따라 남쪽을 정벌했다라는 짤막한 기록만이 남아 있을 뿐 그에 대한 자세한 기록을 찾아볼 수 없다. 오히려 관색은 명대 이후로 민간전설 속에서 자주 그 모습을 드러내며, 운남성이나 귀주성貴州省의 민간신앙에서는 지금도 대단히 중요한 위치를 차지하는 인물이다.[225]

---

225. 같은 책, 83~84쪽.

(3) 명明·청대淸代 및 그 이후의 설창 작품

① 보권『향산보권香山寶卷』:『관음제도본원진경觀音濟度本願眞經』이라고도 불린다. 송대의 보명선사普明禪師가 지은 것이다. 이 작품은 관세음보살이 한 왕국의 공주로 현신했다 갖은 박해를 참으며 불법에 귀의하고 자신의 손과 눈까지 보시하는 자비행을 통해 마침내 향산에서 관세음보살로 성불한다는 내용이다. 묘선妙善 공주 설화와 관련이 있다고 본다.

② 탄사『진주탑珍珠塔』: 소주탄사蘇州彈詞에서 가장 유명한 공연 목록 가운데 하나다. 건륭 연간 이후 몇 가지 판본이 전승되었으며, 한국에서도 19세기 후반『진쥬탑』이라는 제목으로 번역된 필사본이 유통되었다. 작품의 줄거리는 다음과 같다. 명나라 때 하남河南 땅에 사는 서생 방경方卿은 재상 집안 출신이나 집이 몰락하여 매우 가난했다. 모친의 명에 따라 양양襄陽 땅에 사는 고모부 진련陳璉에게 도움을 청하기 위해 찾아가지만, 고모인 방부인의 박대에 화가 나서 돌아가기로 한다. 이때 사촌 누이인 진취아陳翠娥가 하녀 채평采苹을 보내 방경에게 도시락을 건네주었는데, 받아 보니 그 속에 진주탑珍珠塔이 들어 있었다. 방경은 길을 떠나 구송정九松亭에 도착했고, 그곳까지 뒤쫓아온 고모부 진련은 딸 취아와 방경의 혼사를 허락한다. 그러나 방경은 귀가하던 도중 강도 구육교邱六橋를 만나 진주탑이 든 도시락을 빼앗기고 눈보라 속에 기절해버리고 만다. 방경은 무관 필운현畢雲顯에 의해 구조되어 남창南唱에 가서 지내게 되었다. 필운현은 방경으로 하여금 과거 공부를 하도록 독려하고, 자신의 누이동생 필수금畢繡金을 아내로 삼아달라고 부탁한다. 그 사이 구육교가 진련의

마을에 도착하여 훔쳤던 진주탑을 전당포에 맡기고, 진련은 이로 인해 방경이 험한 일을 당했음을 알게 된다. 진련은 백방으로 방경을 찾지만 간 곳을 알 도리가 없다. 이때 방경의 모친은 아들이 돌아오지 않자 양양으로 가서 아들의 소식을 듣게 된다. 실의에 빠져 자살하려던 모친은 백운암白雲庵 스님에 의해 구조되어 그곳에서 지내다가 불공을 드리러 온 취아를 만난다. 방경은 그사이 이름을 필정畢定으로 바꾸고 과거에 응시하여 장원급제한다. 감찰어사가 되어 양양으로 가던 방경은 도사로 위장하여 진련의 마을에 도착하여 고모를 조롱하는 노래를 부른다. 취아는 방경을 알아보고 질책하는데, 필운현이 동생 수금을 보내와 혼인을 치르게 하면서 방경의 정체가 드러난다. 방경은 모친을 만나고, 취아, 수금, 채평 등과 혼인한다. 위의 내용을 간략히 요약하면, 주인공 방경이 갖은 난관을 극복하고 장원급제한 후 결국 세 명의 부인을 맞이하여 부귀를 누린다는 통속적인 이야기라 할 수 있다. 물론이 이야기가 당시 환영받았던 것은, 당시 남성 관객들의 정서와 인식을 반영했기 때문이라고 볼 수 있다.[226]

③ 탄사 『필생화筆生花』:『필생화』는 구심여邱心如가 쓴 32회 총 120만 자 분량의 장편 여성 탄사이다. 이 작품은 1857년에 처음 출간되었는데, 처음부터 필사본이 아닌 간행본으로 유통되었다. 당시 『재생연』이라는 작품이 출판된 후 여성들에게 널리 읽히고 있었는데, 『필생화』의 작가인 구심여 역시 그 독자였다고 밝

---

[226] 이정재, 「청대탄사(淸代彈詞)의 서사적성격(敍事的性格)과 극적성격(劇的性格)」, 『중국문학』 60, 한국중국어문학회, 2009, 149~150쪽; 민관동·유승현, 『韓國所藏 中國古典戱曲(彈詞·鼓詞) 版本과 解題』, 학고방, 2012, 173~174쪽.

히면서, 글쓰기 솜씨 자체는 뛰어나나, 주인공 맹려군孟麗君이 불충불효하고 유교적 부덕婦德에 어긋나게 행동했다는 점에 대해서는 비판적인 견해를 제시했다. 지은이의 이러한 이념적 성향이 『필생화』에도 드러나, 인물 형상이 경직화되어 있고 권선징악의 교훈적 내용이 지나치게 두드러지는 면이 있다. 반면 기교적인 면에서는 인물의 심리묘사가 잘 되어있고, 서사구조에도 곡절이 풍부하며, 구성도 치밀하다. 작품의 배경은 명대 정덕正德 연간에서 가정嘉靖 연간에 이르는 시기이다. 여주인공 강덕화姜德華는 부모의 뜻에 따라 이종사촌 문소하文少霞와 약혼한다. 그녀의 아버지는 간신 백존인栢存仁이 정혼을 요구하자 이를 거절하여 모해를 당하고, 강덕화는 결국 궁녀로 뽑혀 궁에 들어가야하는 처지가 된다. 이에 그녀는 물에 빠져 자살하려다 결국 구출되고, 여우요정狐精이 대신 강덕화로 변신해 궁으로 들어간다. 강덕화는 남장하고 과거에 응시해 장원급제하고 공을 세운다. 문소하는 강덕화와의 혼인을 포기하고 처첩을 들이고, 후에 과거에 급제한다. 강덕화와 문소하는 이렇게 우여곡절을 겪고 마침내 결혼하여 자손 대대로 부귀영화를 누린다.[227]

④ 고사『대옥장화黛玉葬花』: 왕윤평王允平의 매화대고梅花大鼓『대옥장화黛玉葬花』는 모두 창사唱詞로 구성된 작품이다. 『홍루몽』에서 임대옥이 꽃을 장사지내는 내용은 총 두 번에 걸쳐 등장하는데, 고사『대옥장화』는 원작의 두 번째 부분인 27회와 28회 앞

227_ 민관동·유승현, 『韓國所藏 中國古典戲曲(彈詞·鼓詞) 版本과 解題』, 학고방, 2012, 200~201쪽.

부분 내용을 기초로 개작한 것이다. 제27회 〈적취정에서 설보차는 나비를 희롱하고, 꽃무덤에서 임대옥은 낙화에 눈물짓네滴翠亭楊妃戏彩蝶 埋香冢飞燕泣残红〉 끝부분과 제 28회 〈장옥함은 보옥에게 비단띠를 선물하고 설보차는 귀비로부터 홍사주를 선사받다蒋玉菡情赠茜香罗薛宝钗羞笼红麝串〉 시작 부분이 내용적 토대가 되는 바, 전날 보옥이 거처하는 이홍원에 갔다가 몸종들의 오해로 문전박대를 당한 대옥은 보옥에 대한 오해와 조실부모하고 의지할 데 없는 자신의 처지 때문이라고 여기며 슬픔에 빠진다. 한편 이를 알 리 없는 보옥은 대옥의 화를 풀어주려 하지만 외면당하고, 떨어진 꽃잎을 보며 전날의 일을 떠올리고 대옥을 대신해 꽃을 묻어주려고 꽃무덤을 찾아갔다가 대옥이 슬픔에 차 부르는 〈장화사葬花詞〉를 듣게 된다는 줄거리이다. 전체적으로 매화대고본 〈대옥장화〉는 청중들에게 원작의 내용을 충실히 전달하면서도 강창으로서 대고의 특징을 십분 발휘한 작품으로 평가된다.[228]

2) 일본 조루리淨琉璃 작품의 주제와 특징

(1) 고조루리

① 『조루리고젠 모노가타리』: 비파법사의 헤이쿄쿠 레퍼토리였던 다이라 집안의 몰락 이야기는 점차 매너리즘에 빠지는 한편 하층 계급을 떠나 상류 계급의 전유물이 되어버렸다. 이를 대신

228_ 임미주, 「中國 講唱文學 中〈黛玉葬花〉 小考」, 『中國語文學誌』 41, 중국어문학회, 2012, 51~68쪽.

할 만한 새로운 소리에 대한 열망이 강렬했고, 그 가운데 최고의 인기를 얻은 것이 『조루리고젠 모노가타리』였다. 그 줄거리는 다음과 같다. 우시와카마루는 동국東國으로 내려오는 도중 산슈三州 (아이치 현)에 있는 화살 만드는 사람의 숙소에서 호족豪族의 딸 조루리공주와 하룻밤 인연을 맺는다. 그러나 다음 날 아침, 여행을 나선 우시와카마루가 급작스럽게 병사하고 만다. 그러나 우시와카마루는 쇼하치만正八幡 신의 은혜와 공주의 정성 어린 병 간호 덕분에 다시 살아나 여행을 계속한다. [229]

② 『조센다이헤키朝鮮太平記』: 에도시대에는 조선통신사의 일본 방문도 있었는데, 이를 바탕으로 탄생한 조루리도 있다. 고조루리인 『조센다이헤키朝鮮太平記』(1713)는 도요토미 히데요시豊臣秀吉(1536~1598)의 조선 침략을 주제로 하는 다이코키물太閤記物의 전통도 지니고 있지만, 『오도기보코』로부터 괴이담 및 이향 방문담을 삽입한 군기모노가타리적 요미혼조루리의 성격을 보인다. [230] 당시 대중에게 조선인의 방일은 이국 문물을 접할 중요한 기회였기 때문에 정치적 목적보다는 교류에 초점이 있었다고 해도 과언이 아니며, 조루리 작가는 이를 조루리에 반영했던 것으로 보인다. 지카마쓰 몬자에몬도 조선통신사를 다룬 조루리 『다이쇼쿠칸大職冠』(1711)을 창작했다. 여기에서는 종래의 보물과 함께 이국적인 동물, 상상 속의 인물과 동식물을 나열하며 이국적 정취를 높이고 있다. 출판사에서는 조선통신사의 방일에 맞춰서 행렬의

229_ 가와타케 도시오, 최경국 역, 『가부키』, 창해, 2007, 232~233쪽.
230_ 박찬기, 「에도시대의 조선통신사와 일본문학」, 『일본어문학』 34, 일본어문학회, 2007, 291~293쪽 참조.

모습을 담은 행렬기를 간행하기도 할 정도로 대중의 관심이 높았다.[231] 에도시대의 조루리는 당시 대중의 흥미를 즉각적으로 반영할 수 있는 제작환경을 갖고 있었다. 따라서 조루리를 통해 당대의 역사적 사실을 유추해 볼 수 있는데, 조루리가 인기를 끌었던 에도의 모습에 대한 연구[232]와 조루리를 통한 언어학적 연구[233]도 있다.

(2) 신조루리

① 『슛세카게키요出世景清』(1686) : 서사시풍의 소리였던 조루리가 극시劇詩로서의 성격을 확립하게 되는 기념비적인 작품으로, 고조루리와 신조루리의 경계에 위치한다. 1685년 2월, 오사카 다케모토 극장에서 초연되었으며, 지카마쓰 몬자에몬이 다케모토 기다유의 '출세'를 기원하며 새로 쓴 작품이었다. 그 줄거리는 다음과 같다. 호용무쌍豪勇無雙한 다이라노 카게키요平景清는 겐페이 전쟁에서 간신히 살아남아, 다이라 집안과 연고가 있는 아쓰다 신궁熱田神宮의 궁사大宮司에 의탁하여 숨어 살며 원수 요리토모賴朝를 암살하기 위한 기회를 엿본다. 그 사이 외동딸인 오노노 공주小野の姬와 계약 부부가 된다. 요리토모가 도다이사東大寺 재건 때

---

231. 박려옥, 「조선통신사와 일본근세연극」, 『일본어문학』 64, 일본어문학회, 2014, 224~225쪽 참조. 추가 논의는 박려옥, 「지카마쓰 조루리 작품과 조선통신사」, 『일본문화논총』 11, 愛知教育大學, 2011, 45~68쪽 참조.
232. 한경자, 「일본 근세 희곡의 에도(江戶) 표상연구」, 『일본사상』 15, 한국일본사상사학회, 2008, 181~208쪽.
233. 민승희, 「세와조루리(世話浄瑠璃)와 곳케본 · 닌교본(滑稽本 · 人情本)에 나타나 있는 대칭 대명사의 비교」, 『일본문화연구』 7, 동아시아일본학회, 2002, 475~495쪽.

온다는 소식을 들은 카게키요는 공사장 인부로 변장하여 잠입했다 발각되지만, 구사일생으로 목숨을 건진 후 교토 시미즈淸水에 살던 유녀 아코야에게로 도망친다. 아코야는 카게키요와의 사이에 두 사내아이를 두고 있는 여인이다. 아코야의 오빠인 주조十藏가 현상금에 눈이 멀어 카게키요를 신고하려 하나 아코야는 이를 필사적으로 막는다. 주조는 카게키요에게는 오노노 공주가 있지 않느냐며 외치고, 아코야가 그 말은 소문일 뿐이라며 오빠에게 매달린다. 바로 그때 오노노 공주로부터 애절한 사랑의 편지가 도착하고, 이것을 읽은 아코야는 질투심에 불타 이성을 잃고 주조의 의견에 따르기로 한다. 카게키요는 토벌대에게 습격당하지만 이번에도 목숨을 건진다. 그러나 요리토모 측은 오노노 공주와 그 아버지를 인질로 잡아 고문을 가하고, 카게키요는 장인과 아내에게는 죄가 없다며 스스로 포승에 묶여 감옥에 들어간다. 오노노 공주와의 면회가 끝나고, 곧이어 아코야가 두 아이를 데리고 찾아와 그를 고발한 죄를 뉘우치지만 카게키요는 용서하지 않는다. 결국 아코야는 두 명의 아이를 차례로 찔러 죽이고 자결한다. 관음보살의 주문呪文으로 포승을 자르고 감옥을 부순 카게키요는 밖으로 나와 아코야의 오빠인 악당 주조를 거꾸로 매달아 죽인다. 하지만 아내와 장인이 고통받을 것을 염려해 다시 감옥으로 들어가고, 요리토모는 그의 목을 베게 한다. 그러나 카게키요는 죽지 않고, 관음보살의 목이 떨어져 피가 흐른다. 이 기적을 본 요리토모는 부처마저 감응할 정도의 인격을 가진 카게키요에 감동하여 그를 살려주고 휴가日向 지방을 하사한다. 카게키요도 요리토모의 마음에 감동해 휴가 지방으로 떠난다. 이 작품의 특색은 남녀의 정이 세세하게 그려져 있다는 데서 찾을 수 있다. 오노노 공주의 순애보나 남편을 사랑하면서도 질투에 눈이 멀어 이성을 잃은 아코야의 여심女心, 자식을 찔러 죽이는 장면에서의 모자母子 간 애정 등 인간 보편의 정이 강조되어 있다. 카게키요의 경우 기존의 작품들에서는 무사의 무용武勇만을 앞세워 오로지 호쾌한 인물로만 형상화되었으나, 이 작품에 와서 비로소 피가 흐르는 인간이 되었다고 평가된다. 고조루리『카게키요景清』에서는 고와카부교쿠幸若舞曲[234]에 의거한 영웅 '카게키요'를 그려냈지만, 조루리『숫세카게키요』에서는 지카마쓰의 상상력에 의해 새로운 인물 '카게키요'가 탄생했다는 것이다. 지카마쓰는 전승의 틀에 갇혀 있던 인물을 해방시켰으며, 이를 통해 전승에서 허구로 향하는 근세로의 극적 전개가 열렸다고 볼 수도 있다. 이것이 당조루리當淨瑠璃의 성립이며,『숫세카게키요』가 큰 성공을 거둔 이유이기도 하다.[235]

　②『소네자키신주』: 1703년, 소네자키 숲에서 실제로 발생한 남녀 동반 자살 사건心中[236]을 다룬 작품이다. 이 작품은 지카마쓰가 교토에서 오사카로 가는 길에 사건에 대해 듣고 조루리로 만든 것이라고 한다. 이전 작품이 실제 사건을 관찰하는 경향을 보였다면, 지카마쓰의 세와조루리에서는 주인공의 시점에서 극이 진행된다는 점이 특징이다. 또한 당대의 이야기를 배경으로 했기

234_ 고와카부쿄쿠(幸若舞曲)는 이야기와 음악을 동반하는 무곡(舞曲)이다.
235_ 가와타케 도시오, 최경국 역,『가부키』, 창해, 2007, 236~238쪽.
236_ 정사(情死). 처음에는 손님에게 기녀가 두 마음을 갖지 않겠다는 의미로 쓴 서약서에서 시작한다. 그런데 이 서약이 신체를 훼손하여 이를 증명하는 방식으로 나아갔고, 결과적으로 동반자살로 확대된 것으로 보인다. 정순희,「인형 조루리(人形 淨瑠璃) - 허구로서의 의리」,『일본인의 미의식과 정신』, 보고사, 2007, 275쪽.

에, 관객이 실제로 겪고 있는 문제를 반영하여 극화했다는 점에서 매우 인기가 있었다. 그 줄거리는 다음과 같다. 히라노야의 차인 差人이며 주인의 조카인 도쿠베는 유녀 오하쓰와 정교를 거듭하는 사이이다. 그런데 도쿠베는 주인의 처조카 딸과 결혼 약조가 되어 있었고, 도쿠베가 모르는 사이에 이미 시골에 있는 탐욕스러운 계모가 지참금을 받고 있었다. 만약에 도쿠베가 결혼을 거절하면 빌린 돈을 주인에게 갚아야 하고, 오사카에서 쫓겨나게 되는 상황이었다. 겨우 계모로부터 돈을 돌려받게 되지만, 불량배 아부라야 구헤이지에게 속아 빌려 주게 되는데 이것이 화근이 된다. 구헤이지는 돈을 빌린 적도 없으며 빚 증서는 구헤이지의 잃어버린 도장으로 날조한 가짜 증서라고 으름장을 놓는다. 이 일로 도쿠베가 구헤이지와 그 패거리들에게 폭행을 당하는 모습을 본 오하쓰는 유곽으로 돌아오고, 거기에 도쿠베가 몰래 찾아온다. 오하쓰는 옷자락 속에 도쿠베를 숨기고는 집으로 데리고 오는데 때마침 불량배 패거리들이 들이닥친다. 구헤이지는 도쿠베를 몹시 욕하고, 마루 밑에서 이를 갈며 분해하는 도쿠베를 오하쓰는 발로 지그시 누른다. 오사카에서 쫓겨나면 오하쓰와 만날 수도 없고, 거기다 협잡꾼이라는 누명까지 쓰게 된 도쿠베에게 남은 길이란 죽음으로써 모든 것으로부터 벗어나는 일밖에 없게 된다. 마루 아래 위의 두 남녀는 마음속으로 죽음을 다짐한다. 유곽도 겨우 고요해진 모두가 잠들 무렵, 도쿠베와 오하쓰는 서로의 손을 잡고 집을 빠져 나와 삶의 마지막 시간을 아끼면서 소네자키텐진의 숲에 당도한다. 그리하여 연리지連理枝에 몸을 단단히 매고 스스로 목숨을 끊는다.[237]

Ⅵ. 판소리의 현재적 전승 양상

1. 판소리의 현재적 전승 양상

1) 전통판소리의 현재적 전승

전통사회에서 판소리는 민중을 기반으로 하여 형성되었지만, 이후 높은 수준의 예술성을 추구하면서 20세기에 들어와 흥행예술로 거듭났다. 그렇지만 다른 전통예술과 마찬가지로 판소리 또한 영상매체를 비롯하여 서구에서 유입된 다양한 대중문화의 성장 앞에서 점차 대중들로부터 유리되는 과정을 겪게 된다.

1960년대에 들어와 민족문화의 정체성에 대한 고민이 심각하게 제기되면서, 전통에 대한 관심도 이전보다 현저하게 제고되기 시작했다. 이러한 상황에서 1962년에 문화재보호법을 제정 공포하여 문화재를 보존 관리하는 방안의 하나로 무형문화재 제도가 시행된 것은 전통문화예술의 안정적 전승기반을 구축하기 위한 제도적 장치를 마련한 것이라는 점에서 매우 중요한 의미를 지닌다.[238]

판소리가 무형문화재로 지정되기 시작한 것은 1964년부터이다. 판소리가 무형문화재로 지정된 이유는 문화재관리국에서 발간한 무형문화재조사보고서에 나타난 판소리 다섯 마당의 '무형

---

[237] 김학현, 『분라쿠 : 三味線과 唱이 어우러진 人形劇』, 열화당, 1995, 55~57쪽.
[238] 문화재를 유형문화재, 무형문화재, 기념물, 민속자료 등 4종류로 분류하여 문화재 보존관리 체계를 갖추었다.

문화재 지정 이유서'에 잘 드러나 있는데, 그 요점을 정리하여 제
시하면 다음과 같다.

(1) 1964년 〈춘향가〉 (박헌봉, 유기룡 조사)

문화재 보호육성책이 결여되어 있으며, 판소리가 소멸의 위기
에 직면해 있다. 기성의 대가들이 자꾸 세상을 떠나고 있다. 판소
리를 녹음하여 보존과 아울러 장차 육성의 자료로 활용하고자 한
다. 가능한 한 옛 명창제가名唱諸家의 더늠을 되살려 각자 소장所
長을 녹음케 했다.

(2) 1968년 강산제 〈심청가〉 (박헌봉, 홍윤식 조사)

강산제는 보성이라는 특정 지역에서 정권진 가문을 중심으로
이어져 온 법통있는 소리로, 특히 〈심청가〉에 한하여 그 더늠의
전통이 유지되고 있다. 강산제 〈심청가〉의 특수성과 전통성 그리
고 예술적 가치를 보존할 필요가 있다.

(3) 1970년 〈수궁가〉 (강한영, 유기룡 조사)

전통적인 명창의 더늠과 체계적인 전편을 보유하고 있는 사람
은 세 사람뿐으로, 보존에 대한 전망이 극히 위태롭다. 항간에서
교습하고 있는 소리는 전통성이 없는 소리, 단편적인 소리가 대부
분이다. 일반적으로 다른 판소리에서는 들어볼 수 없는 희귀한
'중고제'와 '경제'가 〈수궁가〉에서 많은 비율을 차지하고 있다. 따
라서 '중고제'와 '경제'를 보존하기 위해서 뿐만 아니라, 이것을

연구하는 자료로서 중요한 가치가 있기 때문에 무형문화재로 지정할 필요가 있다. 〈수궁가〉에는 다른 판소리에서는 볼 수 없는 많은 동물과 어패류가 등장하는데, 이는 판소리의 작곡, 작사, 발전에 중요한 자료가 되는 것이다. 또한 〈수궁가〉는 다른 판소리에서 일반적으로 보이는 계면조와 진양장단 대신 경쾌한 장단이 주를 이루고 있는데, 이런 점에서 판소리의 작곡 면에서 중요한 자료라 할 수 있다.

(4) 1971년 〈적벽가〉 (유기룡, 강한영 조사)

〈적벽가〉는 동편제의 대표적인 작품으로, 동편제를 지켜나가기 위해서뿐만 아니라 이를 연구 자료로 삼기 위해 보존할 필요가 있다. 작곡가풍作曲歌風이나 성량면聲量面에서 남성에게 적합한 난곡難曲으로, 4-5인에 불과한 남창男唱이 소멸되지 않도록 보존할 필요가 있다. 판소리의 원형과 남아있는 5마당을 보존하기 위해서도 〈적벽가〉를 무형문화재로 지정해야 한다.

(5) 1971년 〈흥보가〉 (홍현식, 정화영 조사)

고악古樂을 소외疎外하는 시류로 인해 〈흥보가〉의 전승이 위태로운 상태에 있다. 〈흥보가〉는 무대, 인물, 풍속에 있어 다른 판소리에서 보기 어려운 한국적 토착성과 서민의 체취가 넘쳐나는 작품이다. 3대 판소리의 하나로, 풍자와 해학이 돋보이고 전통적 창제와 탁월한 짜임새와 세련미가 있다.

판소리 전승 5가가 모두 무형문화재로 지정된 셈인데, 이러한 이유를 근거로 하여 1964년 김연수, 박록주, 김소희, 김여란, 정광수, 박초월이 〈춘향가〉 무형문화재 예능보유자로 처음 인정되었다. 판소리가 무형문화재로 지정되어야 하는 이유가 개별 작품마다 조금씩 다르게 제시되어 있지만, 공통된 인식은 판소리는 보존할만한 작품적 가치를 지닌 민족의 문화유산임에도 불구하고 여타의 전통문화예술과 마찬가지로 전승이 단절될 위기에 처해있다는 점이다. 특히 대가 명창의 소리를 잇고 있는 당대의 소리꾼들 대부분이 50대 이상의 연배에 속해 있기 때문에 보존을 서두르지 않을 경우 인멸될 가능성이 크다는 우려를 하지 않을 수 없는 상황도 무형문화재 지정의 필요성을 높이는 주요인으로 작용했다. 무형문화재제도가 시행된 이후 판소리 예능보유자로 인정된 명창의 현황을 제시하면 다음과 같다.[239]

성 명	생 년	성 별	예 능	스 승	지정연도	기타
정용훈 (정광수)	1909	남	수궁가	유성준	1964	2003년 해제
김순옥 (김소희)	1917	여	춘향가	정정렬, 송만갑, 정응민	1964	1995년 해제
박명이 (박록주)	1905	여	흥보가	김정문	1964	1979년 해제
김분칠 (김여란)	1906	여	춘향가	정정렬	1964	1983년 해제

---

[239] 고법은 1978년 중요무형문화재 제59호로 지정되었다가, 1991년에 판소리에 통합되었다. 그 동안 김명환(1978), 김영수(1985), 김성래(1991), 정철호(1996)가 무형문화재로 지정되었으며, 현재 정철호가 보유자로 활동하고 있다.

김연수	1907	남	춘향가	정정렬	1964	1974년 해제
박삼순 (박초월)	1917	여	수궁가	유성준, 임방울	1964	1983년 해제
정권진	1927	남	심청가	정응민	1970	1986년 해제
박동진	1916	남	적벽가	조학진	1973	2003년 해제
박봉술	1922	남	적벽가	박봉래, 김동준	1973	1989년 해제
한갑주 (한승호)	1924	남	적벽가	김채만	1976	2010년 해제
강맹근 (강도근)	1918	남	흥보가	김정문	1988	1996년 해제
성창순	1934	여	심청가	정응민, 성우향	1991	2017년 해제
오정숙	1935	여	춘향가	김연수	1991	2008년 해제
조상현	1939	남	심청가	정응민	1991	2008년 해제
박정자 (박송희)	1927	여	흥보가	박록주	2002	2017년 해제
성판례 (성우향)	1935	여	춘향가	정응민	2002	2014년 해제
송순섭	1939	남	적벽가	박봉술	2002	
한귀례 (한농선)	1934	여	흥보가	박록주	2002	2002년 해제
신영희	1942	여	춘향가	김소희	2013	
남해성	1935	여	수궁가	박초월	2013	
정순임	1942	여	흥보가	박송희	2020	
이난초	1961	여	흥보가	강도근	2020	
김영자	1951	여	심청가	정권진	2020	
정회석	1963	남	심청가	정권진	2020	

참고로, 지방 무형문화재 판소리 예능 보유자로 인정된 명창 현황을 제시하면 다음과 같다.

구분	예능	생년	보유자	지정연도	스승	기타
서울 특별시	흥보가	1946	이옥천	2004	박록주	/
	수궁가	1947	정의진	2013	정광수	
대전 광역시	춘향가	1957	고향임	2013	오정숙	
대구 광역시	흥보가	1946	이명희	1992	김소희	
경상북도	흥보가	1942	정순임	2007	박록주	
경상남도	수궁가	1936	선동옥	1985	박봉술	1998년 해제
전라북도	수궁가	1921	홍웅표 (홍정택)	1984	이기권	2012년 해제
	심청가	1936	이옥희 (이일주)	1984	오정숙	
	흥보가	1927	성점옥 (성운선)	1984	장판개	1998년 해제
	춘향가	1931	김유앵	1987	김연수	2009년 해제
	춘향가	1931	최난수	1987	박초월	2013년 해제
	춘향가	1937	최채선 (최승희)	1992	김여란	
	적벽가	1928	정병욱 (정미옥)	1992	박봉술	
	춘향가	1941	조소녀	1996	오정숙	
	적벽가	1944	성준숙 (민소완)	1996	오정숙	
	흥보가	1933	강광례 (강행선)	1996	최난수	1012년 해제
	수궁가	1927	박복남	1998	박삼룡	2004년 해제
	흥보가	1948	이순단	2001	박록주	
	심청가	1948	유영애 (유영해)	2001	성우향	

지역	종목	출생	이름	지정	스승	비고
	수궁가	1947	박양덕	2003	박초월	
	흥보가	1946	김명신	2005	오정숙	
	춘향가	1935	이용길	2013	정권진	
광주광역시	흥보가	1924	한애순	1974	박동실	2014년 해제
	심청가	1921	박옥심 (박춘성)	1976	정응민	1995년 해제
	춘향가	1924	안채봉	1989	정응민	1999년 해제
	수궁가	1930	박화순	1993	임방울	
	심청가	1941	이임례	1998	성창순	
		1942	한해자	2002	성창순	
	춘향가	1943	정춘실	1998	성우향	
	춘향가	1948	방야순 (방성춘)	2000	이일주	
	수궁가	1941	박정자	2005	조통달	
전라남도	흥보가	1911	공대일	1974	공창식	1990년 해제
	흥보가	1925	박정례 (박향산)	1996	박록주	2004년 해제
	흥보가	1955	김향순	2006	박록주	
	춘향가	1943	안부덕 (안애란)	2002	성우향	
	수궁가	1949	박방금 (박금희)	2008	박양덕	
	흥보가	1945	김순자	2009	박록주	

　무형문화재 예능보유자로 인정된 이들은 모두 전통적인 도제식 학습과정을 거쳐 명창의 반열에 올랐다는 공통점을 지니고 있다. 그러나 그렇다고 해서 이들이 스승과 똑같은 소리를 했던 것은 아니다. 각 명창은 스승의 소리를 그대로 잇는 것이 아니라 자

기화, 개성화 과정을 거쳐 자기만의 독자적인 소리 세계를 지닌 개체적 존재였다. 이는 현장성, 즉흥성을 본질로 하는 판소리의 속성에 비추어 볼 때, 매우 자연스러운 현상이라 하겠다.

판소리가 무형문화재로 지정된 과정을 보면 매우 흥미로운 사실을 발견할 수 있다. 처음에 '더늠' 중심으로 무형문화재로 지정하던 방식이 '바디' 중심으로 바뀌었다는 점이 그것이다. 〈춘향가〉가 가장 먼저 무형문화재로 지정된 것은, 전승 5가 가운데 전통사회에서 현대에 이르기까지 가장 인기 있는 작품이었다는 사실이 고려된 결과인 듯하다. 그런데 이 경우, 김연수, 박록주, 김소희(본명 : 김순옥), 김여란, 정광수, 박초월 명창의 더늠을 모아 교합본을 만들고 각 명창의 더늠을 무형문화재로 지정한 것이다. 전통사회에 있어서 판소리의 일반적인 연창演唱 방식은 '토막소리'(부분창)였다. 다시 말하면 명창마다 특장이 있어서 이를 그 명창의 더늠이라고 했는바, 더늠 중심의 공연이 주를 이루었던 것이다. 처음부터 끝까지 부르는 '완창'의 방식은 1968년 박동진의 〈흥보가〉 완창 공연 이후 일반화되기 시작한 것이라 할 수 있다. 그러니까 무형문화재로 지정하기 시작한 1964년 무렵만 해도 여전히 '토막소리'(부분창)로 부르는 것이 일반적인 판소리 공연 방식이었으며, 이러한 문화적 관습을 반영하여 더늠 중심으로 무형문화재를 지정한 것이라고 본다. 그러던 것이 1967년 이후 특정 명창의 특정 바디 전체를 무형문화재로 지정하는 방식으로 바뀌게 된 것이다.

이와 함께 유파 혹은 법제에 대한 강조가 두드러지게 나타나기 시작한다. 1968년에 〈심청가〉를 무형문화재로 지정할 때에는 강산제에 한정했으며, 〈적벽가〉는 동편소리를 대표하는 소리이기 때문이라는 것이 지정의 주된 이유의 하나였다. 법통 있는 소리일수록 보존할만한 가치가 크다는 인식이 반영된 결과 지정된 바디에 법제가 명시되었다. 판소리 〈적벽가〉를 지정할 때, "박봉술 - 송만갑 〈적벽가〉 후계자, 박동진 - 조학진 〈적벽가〉 후계자, 한 승호 - 김채만 〈적벽가〉 후계자"라고 밝힌 것이 그 대표적인 사례이다. 그런데 본래 판소리에서의 유파는 소리 스타일의 차이를 유형화하는 과정에서 설정된 것으로, 실질적 의미를 갖는다기보다는 이념적인 성격을 갖는다고 보는 편이 온당하다. 가령, 박봉술은 송만갑과 같은 동편제에 속하는 명창이긴 하지만, 그렇다고 해서 박봉술이 송만갑의 소리를 직접적으로 전승했다고 보기는 어렵다. 박봉술은 그의 아버지 박만조와 둘째 형 박봉채로부터 소리의 대부분을 배웠으며, 송만갑에게서 소리를 직접 배운 기간은 매우 짧다. 그러니까 박봉술은 '송흥록으로부터 송만갑에까지 이어져 내려오는 송문 일가의 소리와 구별되는 이른바 '박씨 가문'의 소리를 이은 것으로 보는 편이 정확하다. 물론 송만갑에게서 전혀 배우지 않은 것은 아니기 때문에 '송만갑 - 박봉술'로 계보를 설정했을 때 그것이 아주 근거 없는 것은 아니지만, 이런 정황을 고려할 때, 박봉술은 송만갑과 구별되는 독자적인 소리 세계를 구축한 소리꾼이었다고 할 수 있는 것이다.

2) 창작판소리의 현재적 전승

오늘날 창작판소리의 현재적 전승 양상을 살펴보는 데 있어,

먼저 2000년대 이전에 등장한 창작판소리 작품 가운데 현재도 지속적으로 불리고 있는 경우에 주목할 필요가 있다. 해방을 전후한 시기에 창작된 것으로 알려진 〈열사가〉는 3·1절이나 8·15 해방과 같이 주로 국가적인 기념일과 관련한 행사에서 여전히 불리고 있다. 박동진이 불렀던 〈판소리 예수전〉은 그의 제자 김양숙 명창과 고한돌 등에 의해 여전히 전승되고 있는데, 주로 종교적인 성격이 강한 행사에서 공연되는 경우가 많은 것이 특징이다. 임진택이 부른 〈오월 광주〉 또한 특히 광주 5·18민주화운동과 관련된 행사 등에서 주기적으로 공연되고 있으며, 윤진철 명창과 같은 전문적인 소리꾼이 전승에 동참하는 모습도 보인다.

2000년대에 들어와 이전 시기와 비교할 수 없을 정도로 많은 창작판소리가 등장했지만, 어떤 면에서 보면 실험적인 성격이 강한 작품이 많은 비중을 차지하고 있었다고 해도 과언이 아니다. 작품은 대부분 단형물의 형태로 되어 있으며, 사설이나 음악적 측면에서의 완성도 또한 그다지 높은 편은 아니었다.

그런데 2007년 이후 전문적인 소리꾼들에 의한 창작판소리가 본격적으로 등장하기 시작하면서 창작판소리는 질적으로 한 단계 도약하는 양상을 보인다. 그리고 이는 곧 예술성을 지닌 수준 높은 작품이 출현하고 있음을 의미한다. 이러한 성과를 보여주는 대표적인 소리꾼이 바로 이자람이다. 어떻게 보면 창작판소리의 역사는 '이자람 이전과 이후로 구분된다'고 할 수 있을 정도로 이자람의 활동상은 단연 돋보이는 데가 있다. 그가 부른 〈사천가〉나 〈억척가〉는 일회성으로 그치지 않고 지속적으로 공연되고 있으며, 작품 또한 단형서사물이 아니라 비교적 길이가 길고 완성도가 높은 것이 특징이다. 이자람 외에 바닥소리, 오영지, 박인혜, 이봉근, 김봉영, 김나니 등 전문적인 기량을 지니고 있는 전문적인 소리꾼/집단이 활발하게 활동하며 창작판소리의 미래를 한층 밝게 하고 있다.

한 사람의 소리꾼과 한 사람의 고수가 판을 짜나가는 전통판소리의 양식과 달리, 극적 성격이 강해서 '창작판소리'의 범주에 포함하는 것이 적절한지 따져 보아야 할 작품이 상당수 등장한 것도 현재적 양상의 특징 가운데 하나이다. 이른바 '국악 뮤지컬' 혹은 '판소리 뮤지컬' 등의 이름으로 공연한 작품이 이에 해당한다. 이들 작품들은 대부분 판소리의 음악 어법에 기반하여 창작되었으나, 양식의 문제에 대해서는 별도로 심도 있는 논의가 필요하다고 생각한다.

3) 타 장르로의 변용

판소리는 시대를 넘어 재해석될 수 있는 보편적 주제의식을 지니고 있기에, 연극·영화·오페라·창극·뮤지컬·무용·현대시·소설 등 다양한 갈래로 변용되며, 새로운 작품으로 거듭나는 양상을 보여주고 있다.

특히 〈춘향가〉는 그 명성에 걸맞게 끊임없이 지속적으로 현대적 변용 작업이 이루어져 왔다. 그리고 현대적 재창조 작업의 중심에는 주인공 '춘향'이 자리 잡고 있다. 요조숙녀로서의 춘향과 에로틱한 춘향, 기생 춘향과 기생이기를 거부한 춘향, 자유연애주의자로서의 춘향과 정숙한 춘향, 애교 넘치는 춘향과 야무지고 당찬 춘향 등등 춘향은 그야말로 '천의 얼굴'을 지니고 있는 매력적인 인물이다. 이처럼 춘향은 다양한 얼굴을 지닌 매력쟁이로, 늘 새롭게 재해석 되면서 시대와 호흡하는 인물로 그려지고 있다.

방자는 그 매력적인 캐릭터의 성격에 힘입어, 원전에서와는 달리 조연이 아닌 주연으로 거듭나기도 했다. 1985년 제5회 MBC 마당놀이 〈방자전〉, 2010년 김대우 감독이 제작한 영화 〈방자전〉, 2011년 간행된 박상률 저작 소설 〈방자房子 왈왈曰曰〉 등이 그 대표적인 사례이다. 이 가운데 영화 〈방자전〉은 이도령보다 더 매력적인 방자가 춘향과 가연을 맺는다는 식으로 이야기를 전개함으로써 센세이션을 일으킨 바 있다. 고전의 패러디 허용 범위가 어디까지인가에 대한 논란에 휘말리기도 했지만, 고전의 현대적 변용 혹은 재창조의 영역을 넓혀 주었다는 점에서 의의가 있다고 할 수 있다.

〈심청가〉는 창극·악극·연극·뮤지컬·영화·발레 등 다양한 갈래로 공연되었으며, 소설로도 재창작되었다. 최인훈의 희곡 〈달아 달아 밝은 달아〉(1978)에서, 심청은 홍등가에 몸이 팔린 유곽의 여성으로 그려지고 있다. 낭만적·환상적 낙관주의 대신 냉정하고 차가운 현실 논리에 입각하여 심청이 재탄생한 것이다. 이러한 시각은 근래에 발간된 황석영의 소설 〈심청〉(2003)에서도 지속되고 있다. 심청은 가난 때문에 중국으로 팔려가 연화蓮花라는 이름으로 살아간다. 근대 전환기에 중국 - 대만 - 류쿠를 떠돌며 파란만장한 삶을 살아가는 심청, 아니 렌카蓮花는 비록 몸을 팔고 온갖 곡절을 겪지만 진정한 사랑이 무엇인지를 온몸으로 보여주는 인물로 거듭나고 있다. 대부분의 고전이 그러하듯이, 〈심청가〉 또한 관점에 따라 다양하게 재해석될 수 있는 여지를 풍부하게 지니고 있다. 심청에게는 신화의 문맥과 현실의 문맥 혹은 역사의 문맥이 공존하고 있는 것이다.

심청과 같은 이념형적 인물이 일관된 형상적 특징을 보이는 데 비해, 현실과 윤리 사이를 오가는 심봉사는 판본에 따라 비교적 편폭이 큰 형상적 특징을 지니고 있다. 그럼에도 불구하고 그에 관한 현대적 변용이나 재창조 사례가 그리 많은 편은 아니다. 그 가운데 주목할 만한 성과는 채만식의 소설 〈심봉사〉와 희곡 〈심봉사〉이다. 채만식은 심청이 용궁에서 돌아와 왕후가 되는 내용을 삭제하고, 부녀상봉을 통한 행복한 결말 대신 비극적 결말을 택했다. 그리고 심봉사의 세속적 욕망을 더욱 또렷하게 부각하여 형상화했다.

〈심청가〉에 등장하는 삽화적 인물이라 할 수 있는 뺑덕어미 또한 장르 변용을 통해 새로운 작품으로 거듭나는 모습을 보여주고 있다. 윤리적인 면에서 뺑덕어미는 비난받아 마땅하지만, 공연예술의 측면에서 뺑덕어미는 청중들에게 호응을 얻을 수 있는 매력을 적지 않게 지니고 있다. 외모가 출중하지는 않지만 온갖 애교와 감언이설로 심봉사의 마음을 사로잡는 팜므파탈적 모습, 과장과 해학이 어우러지는 가운데 일탈한 세속적 욕망을 표출하는 장면 등에서 청중들은 웃음과 오락적 즐거움을 얻을 수 있기 때문이다.

판소리 〈심청가〉에서 뺑덕어미가 등장하는 부분은, "심봉사와 결연 - 가산 탕진 - 황봉사와의 일탈된 사랑 - 심봉사와 황성 올라가는 대목 - 황봉사와 야반 도주 - 황봉사, 한쪽 눈만 뜨는 대목"
으로 정리할 수 있다. 이러한 이야기 구조는 그 자체만으로도 독
립적인 작품으로 전환될 수 있는 극적 요소를 지니고 있다. 뺑덕
어미를 주인공으로 삼은 마당놀이나 창극 작품이 그동안 꾸준히
공연됐는데, 뺑덕어미의 호인 뺑파를 내세운 〈뺑파전〉이 그 대표
적인 예이다. 〈뺑파전〉은 앞에서 제시한 이야기 구조를 바탕으로
하면서, 황봉사에 해당하는 황칠이를 뺑파의 상대역으로 부각시
켜 일정하게 시대상을 반영하면서 해학적인 웃음을 유발하는 데
목적을 두고 구성된 작품이다. 〈뺑파전〉은 김일구 명창이 국립극
장 단원으로 재직할 당시 허규 선생의 제안으로 공간사랑·세실
극장 등에서 공연하여 흥행에서 대성공을 거두었다. 그런 점에서
이 작품은 김일구, 김영자 부부 명창 주연의 대표작이라 할 수 있
다. 그렇지만 이들 외에도 뺑파 역을 맡은 배우는 대개 해학적인
몸짓과 극적 표현에 능한 소리꾼이 담당해 왔다. 전주에서 활동
하고 있는 이순단 명창과 국립창극단 단원인 김금미 명창, 서정금
명창 등이 그 대표적인 예이며, 탤런트 전원주도 마당놀이 〈뺑파
전〉에서 뺑파 역을 담당한 바 있다.

　〈흥보가〉의 장르 변용을 통한 재창조 작업은 주로 '놀보'를
중심으로 이루어져 왔다. 놀보는 기본적으로 악인형 인물이지만,
놀보가 지니고 있는 현실주의자의 면모를 보다 적극적으로 해석
하여 근면함으로 부를 축적한 근대적 인간형 혹은 자본주의적 인
간형으로 재평가하는 시각도 있다. 이러한 시각은 특히 20세기
이후 더욱 확산되었는데, 놀보를 주인공으로 삼은 소설이나 연극
그리고 마당놀이 작품이 꾸준히 이어져 온 현상이 그 점을 잘 보

여준다. 채만식의 〈태평천하〉에 등장하는 주인공이 놀보와 닮아 있거니와, 1966년 최인훈은 〈놀부뎐〉을 출간했다. 김기팔의 〈놀부전〉(1970), 최인훈 소설을 각색하여 무대에 올린 김영렬 연출의 〈놀부전〉(1972)과 허규 연출의 〈놀부뎐〉(1973, 1977, 1979), MBC창사 22주년 기념 마당놀이로 공연된 〈놀부전〉(1983) 등은 현대의 관점에서 놀보를 새롭게 조명하여 작품화한 대표적인 예이다.

놀보에게서 긍정적인 측면을 발견하려는 시각인 이른바 '놀보예찬론'은 물질적 가치를 중시하는 세태와 밀접한 관련이 있다. 심성이 착하지만 무능한 흥보보다는, 욕심 많고 인색하지만 근면함으로 부를 축적한 놀보야말로 우리 시대에 필요한 인간상이라는 인식이 기저에 놓여 있는 것이다. '놀부보쌈'이나 '놀부부대찌개' 등의 상호에서도 그 점이 잘 나타나 있다. 그렇지만 자본이 지배하는 시대, 욕망이 극대화되고 끝없이 팽창하는 이 시대에, 과연 우리에게 행복은 무엇이며 우리가 추구해야 하는 바람직한 인간상은 어떤 모습인가? 놀보는 이러한 물음에 대한 반성적인 사유를 우리에게 던져주고 있다.

국립창극단에서 브레히트의 제자 아힘 프라이어가 연출을 맡아 창극 〈수궁가〉를 무대에 올려 세간의 주목을 받은 바 있다. 이 작품은 판소리 언어의 묘미를 잘 살리고 창의적인 무대 장치와 의상 등을 통해, 창극이 우리 시대에도 매력적인 공연양식일 수 있음을 보여주었다. 그리고 동물이 등장하는 우화 〈수궁가〉에 인간세계의 정치 현실을 대입하여 효과적으로 형상화함으로써 선명한 주제의식을 구현한 점도 주요한 특징이라 할 수 있다.

장르 변용을 통한 〈적벽가〉의 재창조 작업은 지금까지 그렇게 활발하게 이루어졌다고 보기는 어렵다. 창극 〈적벽가〉와 마당놀이 〈삼국지〉가 판소리 〈적벽가〉의 장르 변용을 통한 재창조 사례에 해당한다. 일제강점기에 〈적벽가〉가 창극으로 공연된 사례를 보면 다음과 같다.

○ 〈화용도〉 : 3막 5장. 1941년 8월 13일~8월 28일. 창극좌 공연
○ 〈삼국지〉 : 1941년 9월 28일~12월 18일. 4막 11장. 이운방 각색
○ 〈삼국지〉 : 1942년 2월 2일~2월 6일. 4막 14장. 이운방 각색. 박진 연출. 동양극장 공연

그렇지만 이 시기 창극 공연의 대본이나 공연 관련 기록이 거의 남아 있지 않아 그 구체적인 공연 내용이나 방식에 대해서는 알 수가 없다.

해방 이후 국립창극단과 남원국립민속국악원 등에서 〈적벽가〉를 창극으로 공연한 적이 있지만, 그 횟수는 많지 않다. 지금까지 공연된 창극 〈적벽가〉를 보면, 판소리 〈적벽가〉의 음악 어법을 거의 그대로 수용하여 소리를 짰다. 물론 창극소리화되는 과정에서 극적인 요소가 강화되기는 했으나, 새로운 소리 대목이 첨가되지 않은 것은 물론 소릿길의 변용을 통한 창작적 요소는 보이지 않는다. 창극이 판소리에서 배태된 갈래이고 기존의 판소리의 수준을 뛰어넘을 수 있는 작창을 하기가 어렵기 때문에, 어쩌면 이는 당연한 현상이라고 생각한다.

창극 〈적벽가〉에서는 공명이나 조조 그리고 관우와 같은 영웅적 인물이 작품의 중심축을 이루고 있다. 〈적벽가〉가 비록 〈삼국지연의〉를 모태로 하여 생성되었기 때문에 영웅적 인물이 매우 중요한 비중을 차지하고 있는 것은 사실이지만, 군사들을 비롯하여 방자형 인물로 변용된 정욱의 존재야말로 〈적벽가〉의 독자성을 잘 보여주는 개성적인 인물들이라 할 수 있다. 따라서 작품 내에서 이들의 역할이나 비중을 높여 극을 짜보는 것도 창극 〈적벽가〉 재창조의 한 방식이라고 할 수 있는데, 이러한 면모를 보여주는 작업은 아직 없다.

2005년 극단 미추 마당놀이에서 공연된 〈삼국지〉[240]는 배삼식이 극본을 쓰고 손진책이 연출을 맡았으며, 윤문식과 김종엽 그리고 김성녀 등 마당놀이 전문배우들이 출연한 작품이다. 극본을 쓴 배삼식은 대본을 작성하는 과정을 다음과 같이 밝히고 있다.

이 대본은 판소리 사설 〈적벽가〉를 바탕으로 한 것입니다. 이 대본을 쓰는 데에는 선학들의 도움이 컸습니다. 판소리 사설로는 임방울 선생과 김연수 선생의 창본, 소설에서는 이문열 선생과 황석영 선생의 평역, 만화로는 고우영 선생의 〈삼국지〉를 참고했으며, 이 분들의 작품 중 주옥같은 부분들은 빌어 쓰기도 했습니다. 또 영화 〈황산벌〉의 욕싸움 장면도 참고했습니다. 그 출처를 일일이 밝히지 못하는 점, 너그러이 양해해 주시기 바랍니다.

---

[240] 1월 21일~2월 23일, 상암월드컵 경기장 북측광장 마당놀이 전용극장에서 공연되었다.

판소리 〈적벽가〉에 기반을 두고 있다고 밝힌 사실에서 알 수 있듯이, 제목을 〈삼국지〉라고 했다 하더라도 중국 소설의 그것은 아니다. 서두와 뒷풀이를 제외하고 모두 12장으로 구성되었는데, 기본적으로 판소리 〈적벽가〉에 해당하는 부분으로 이루어져 있다. 다만 11장 '화용도, 관우가 조조 놓아주는 마당'에 이어진 12장 '제갈공명 탄식마당'이 덧붙어 있는 점이 다르다. 공명이 죽은 영혼들을 위무하는 내용의 만두에 얽힌 고사를 삽입한 후에, 이승에서는 치열하게 싸우던 유비, 관우, 장비, 조조, 주유가 혼령이 되어서는 함께 알까기를 하면서 화해하는 모습으로 결말을 맺고 있는 것이다.

이상에서 살펴본 데서 알 수 있듯이, 판소리는 지속적으로 다른 장르로 변용되며 새로운 작품으로 거듭나는 모습을 보여주고

도판 34. 국립창극단 《(안드레이 서반의) 다른 춘향》(2014) 공연 장면

있다. 당대적 의의를 획득하는 데 그치지 않고 시대에 따라 늘 재해석되면서 새로운 작품으로 거듭날 때 진정한 고전이라 할 수 있다. 판소리가 고전인 이유가 여기에 있다.(도판 34)

2. 동아시아 강창예술의 현재적 전승 양상

1) 중국 설창說唱의 현재적 전승

앞에서 언급한 바와 같이 중화인민공화국 성립 이후인 1949년 7월, 북경에서 소집된 '중화전국문학예술계공작자대표대회中華全國文學藝術界工作者代表大會'에서는 '중화전국곡예개진회中華全國曲藝改進會'를 건립하고 '곡예曲藝'라는 새 용어를 해당 분야의 예술 활동을 지칭하는 말로 선정할 것을 결의했다. 이로부터 중국의 각종 설창 예술은 '곡예'로 통칭되어오고 있으며, 중국 정부에서는 전통 곡예를 수집·정리하고 전국 각지에 전문 곡예단을 설립하는 등 정책적으로 곡예의 전승을 적극적으로 뒷받침하고 있다. 현재 전승되는 곡예의 범위는 상성相聲, 고곡鼓曲, 쾌판快板, 평서評書의 네 유형으로 구분되며, 이 가운데 이 책에서 지금까지 살핀 설창의 특성에 부합하는 것은 고곡이다.[241]

고곡은 곡예 가운데 그 종류가 가장 많아 전체 곡예의 80% 정도를 차지하며, 기본적으로 대고大鼓, 어고魚鼓, 탄사彈詞, 금서琴

---

[241] 권응상, 『중국공연 예술의 이해』, 신아사, 2015, 228~229쪽.

書, 패자곡牌子曲, 잡곡雜曲, 주창走唱의 일곱 가지 유형으로 대별된다. 이상의 유형마다 많은 곡종曲種이 존재하는데, 예를 들어 대고류大鼓類에 동북대고東北大鼓, 경운대고京韻大鼓, 서하대고西河大鼓, 산동대고山東大鼓 등이 포괄되는 식이다. 고곡은 이처럼 곡종이 많고 서로 차이도 있지만, 다음과 같은 공통점을 지닌다.

첫째, 노래를 위주로 하고 음악 반주가 수반되며, 삼현三絃, 비파琵琶, 대고大鼓, 간판簡板, 양금揚琴 등의 악기가 수반된다.

둘째, '창단唱段', 즉 한 단락의 완전한 곡조에 해당되는 소가곡小歌曲 또는 아리아aria가 비교적 짧은 편이다. 한 창단은 100~200구로 구성되며, 한 창단을 한 번 공연하는 데 소요되는 시간이 10분에서 20분을 넘지 않는다.

셋째, 지역색이 농후하다. 일반적으로 지방 곡조와 강조腔調가 사용되기 때문에 주로 그 지역에서만 유행한다. 예를 들면, 경운대고京韻大鼓에 사용되는 것은 북경강北京腔으로 주로 북경과 천진 일대에서 유행하고, 동북대고東北大鼓에 사용되는 것은 동북강東北腔으로 주로 동북 지역에서 유행하는 식이다.[242]

다음은 1~4차에 걸쳐 발표된 중국 비물질문화유산 일람표로, 이를 통해 현전하는 중국 설창예술의 현황을 살펴볼 수 있다.[243]

242_ 같은 책, 230~231쪽.
243_ 国家名录 - 中国非物质文化遗产网〈http://www.ihchina.cn/5/5_1.html〉(접속일: 2018.12.2.)

序号	名称	类别	申报地区或单位
237	苏州评弹 (苏州评话, 苏州弹词)	曲艺	江苏省
238	扬州评话	曲艺	江苏省
239	福州评话	曲艺	福建省
240	山东大鼓	曲艺	山东省
241	西河大鼓	曲艺	河北省
242	东北大鼓	曲艺	辽宁省, 黑龙江省
243	木板大鼓	曲艺	河北省
244	乐亭大鼓	曲艺	河北省
245	潞安大鼓	曲艺	山西省
246	京东大鼓	曲艺	天津市
247	胶东大鼓	曲艺	山东省
248	河洛大鼓	曲艺	河南省
249	温州鼓词	曲艺	浙江省
250	陕北说书	曲艺	陕西省
251	福州伬艺	曲艺	福建省
252	南平南词	曲艺	福建省
253	绍兴平湖调	曲艺	浙江省
254	兰溪摊簧	曲艺	浙江省
255	贤孝 (凉州贤孝, 河州贤孝)	曲艺	甘肃省
256	河南坠子	曲艺	河南省
257	山东琴书	曲艺	山东省
258	锣鼓书	曲艺	上海市
259	绍兴莲花落	曲艺	浙江省
260	兰州鼓子	曲艺	甘肃省
261	扬州清曲	曲艺	江苏省
262	锦歌	曲艺	福建省
263	常德丝弦	曲艺	湖南省

序号	名称	类别	申报地区或单位
264	榆林小曲	曲艺	陕西省
265	天津时调	曲艺	天津市
266	新疆曲子	曲艺	新疆维吾尔自治区
267	龙舟说唱	曲艺	广东省
268	鼓盆歌	曲艺	湖北省
269	汉川善书	曲艺	湖北省
270	歌册(东山歌册)	曲艺	福建省
271	东北二人转	曲艺	辽宁省，吉林省，黑龙江省
272	凤阳花鼓	曲艺	安徽省
273	答嘴鼓	曲艺	福建省
274	小热昏	曲艺	浙江省
275	山东快书	曲艺	山东省
276	乌力格尔	曲艺	内蒙古自治区，辽宁省，吉林省
277	达斡尔族乌钦	曲艺	黑龙江省
278	赫哲族伊玛堪	曲艺	黑龙江省
279	鄂伦春族摩苏昆	曲艺	黑龙江省
280	傣族章哈	曲艺	云南省
281	哈萨克族阿依特斯	曲艺	新疆维吾尔自治区
282	布依族八音坐唱	曲艺	贵州省
740	相声	曲艺	中央，北京市，天津市
741	京韵大鼓	曲艺	北京市，天津市
742	单弦牌子曲（含岔曲)	曲艺	北京市
743	扬州弹词	曲艺	江苏省
744	长沙弹词	曲艺	湖南省
745	杭州评词	曲艺	浙江省
746	杭州评话	曲艺	浙江省
747	绍兴词调	曲艺	浙江省

序号	名称	类别	申报地区或单位
748	临海词调	曲艺	浙江省
749	四明南词	曲艺	浙江省
750	北京评书	曲艺	北京市，辽宁省
751	湖北评书	曲艺	湖北省
752	浦东说书	曲艺	上海市
753	讲古	曲艺	福建省
754	湖北大鼓	曲艺	湖北省
755	襄垣鼓书	曲艺	山西省
756	萍乡春锣	曲艺	江西省
757	三弦书（沁州三弦书，南阳三弦书）	曲艺	山西省，河南省
758	莺歌柳书	曲艺	山东省
759	平湖钹子书	曲艺	浙江省
760	宁波走书	曲艺	浙江省
761	独脚戏	曲艺	上海市，浙江省
762	大调曲子	曲艺	河南省
763	湖北小曲	曲艺	湖北省
764	南曲	曲艺	湖北省
765	秦安小曲	曲艺	甘肃省
766	徐州琴书	曲艺	江苏省
767	恩施扬琴	曲艺	湖北省
768	四川扬琴	曲艺	四川省
769	四川竹琴	曲艺	四川省，重庆市
770	四川清音	曲艺	四川省
771	金华道情	曲艺	浙江省
772	陕北道情	曲艺	陕西省
773	朝鲜族三老人	曲艺	吉林省
774	南京白局	曲艺	江苏省

序号	名称	类别	申报地区或单位
775	武林调	曲艺	浙江省
776	绍兴宣卷	曲艺	浙江省
777	温州莲花	曲艺	浙江省
778	山东落子	曲艺	山东省
779	说鼓子	曲艺	湖北省
780	广西文场	曲艺	广西壮族自治区
781	车灯	曲艺	重庆市
782	眉户曲子	曲艺	陕西省
783	韩城秧歌	曲艺	陕西省
784	金钱板	曲艺	四川省
785	青海平弦	曲艺	青海省
786	青海越弦	曲艺	青海省
787	青海下弦	曲艺	青海省
788	好来宝	曲艺	内蒙古自治区
789	哈萨克族铁尔麦	曲艺	新疆维吾尔自治区
1121	莲花落	曲艺	山西省
1122	长子鼓书	曲艺	山西省
1123	翼城琴书	曲艺	山西省
1124	曲沃琴书	曲艺	山西省
1125	泽州四弦书	曲艺	山西省
1126	盘索里	曲艺	吉林省，辽宁省
1127	永康鼓词	曲艺	浙江省
1128	唱新闻	曲艺	浙江省
1129	渔鼓道情	曲艺	安徽省
1130	三棒鼓	曲艺	湖北省
1131	祁阳小调	曲艺	湖南省
1132	粤曲	曲艺	广东省

序号	名称	类别	申报地区或单位
1133	木鱼歌	曲艺	广东省
1134	四川评书	曲艺	重庆市
1135	洛南静板书	曲艺	陕西省
1136	南音说唱	曲艺	澳门特别行政区
1137	河州平弦	曲艺	甘肃省
1138	端鼓腔	曲艺	山东省
1289	数来宝	曲艺	北京市东城区
1290	梅花大鼓	曲艺	天津市
1291	弹唱	曲艺	山西省吕梁市离石区
1292	浦东宣卷	曲艺	上海市浦东新区
1293	丽水鼓词	曲艺	浙江省丽水市莲都区
1294	客家古文	曲艺	江西省于都县
1295	永新小鼓	曲艺	江西省永新县
1296	山东花鼓	曲艺	山东省菏泽市
1297	跳三鼓	曲艺	湖北省石首市
1298	湖南渔鼓	曲艺	湖南省
1299	桂林渔鼓	曲艺	广西壮族自治区桂林市
1300	宁夏小曲	曲艺	宁夏回族自治区银川市
1301	托勒敖	曲艺	新疆维吾尔自治区尼勒克县

2) 일본 조루리淨琉璃의 현재적 전승

각 조루리 부시별로 전승 현황을 살펴보면, 대부분 스조루리素淨瑠璃를 기본으로 하는 한편, 분라쿠, 가부키, 일본무용의 배경음악으로 전승되고 있다. 가장 큰 세력을 가진 기다유부시義太夫

節는 분라쿠 전체의 음악을 담당하고 있으며, 가부키 음악에서도 큰 세력을 가지고 있다. 도키와즈부시常磐津節, 기요모토부시清元節, 신나이부시新内節도 왕성하게 활동 중이며, 방송에서도 종종 찾아볼 수 있다. 이들은 홈페이지를 개설하여 자신들의 활동을 알리고 있다.[244] 각 홈페이지에서는 각 조루리의 역사와 현재 활동내용을 찾아볼 수 있다. 또한, 공연 현황과 일반인을 대상으로 한 수업 정보도 찾아볼 수 있다.

　일본에서는 각 부시별로 조루리를 무형문화재로 지정하여 보호하고 있다. 도키와즈부시는 17대 당주인 9대 도키와즈 모지타유常磐津文字太夫(1947~)가 이끌고 있으며, 기요모토부시는 7대 기요모토 엔쥬다유清元延寿太夫(1958~)와 2대 당주이자 4대 기요모토 우메키치清元梅吉(1932~)가 함께 이어나가고 있다. 기요모토 엔쥬다유(본명 岡村菁太郎)는 어려서부터 가부키와 TV드라마에 아역 배우로도 출연했다. 신나이부시는 11대 당주인 3대 쯔루가 와카사노죠鶴賀若狭掾新内節(1938~)가 활발한 활동을 하고 있다. 그는 하치오우지쿠루마닝쿄우八王子車人形라는 도쿄지방의 인형극 공연과 해외활동을 하고 있다. 그러나, 고쿄쿠古曲로 묶여 오기에부시荻江節와 함께 전승을 논의하는 잇추부시一中節, 가토부시河東節, 미야조노부시宮薗節처럼 명맥 자체가 위태로운 조루리도 있다. 특히 도미모토부시富本節는 전승자가 없는 실정이다.

244_ 기다유 협회(義太夫協會) 홈페이지 http://www.gidayu.or.jp/
　　도키와즈 협회(常磐津協会) 홈페이지 http://www.tokiwazu.jp/
　　기요모토 협회(清元協會) 홈페이지 http://www.kiyomoto.org/
　　신나이 부시 11대 쯔루가 와카사노죠(鶴賀若狭掾新内節) 홈페이지 http://www.shinnai.com/index.html

조루리의 내용과 형식이 재창조된 예도 있다. 에도시대 말기에 유행했던 소설 장르인 장편 풍속소설인 닌조본人情本의 원조인 다메나가 슌스이為永春水의 작품에서도 조루리의 흔적을 찾아볼 수 있다. 닌조본의 여러 작가는 대개 조루리 중 신나이부시新內節에서 모티브를 얻거나, 내용을 차용했었다. 다메나가 슌스이도 처음에 이를 따랐으나, 신나이를 차용한 닌죠본이 더 이상 인기를 끌지 못할 것이라 여기고, 조루리를 그대로 차용하는 것이 아니라 부분적으로 다루되 "패러디를 통한 변화"[245]를 시도했다.

최태화는 슌스이가 조루리를 그대로 가져오는 기존의 방식 대신 새로운 시도를 보인 작품으로『봄의 매화梅之春』(1838)와『그 노래, 사랑의 무라사키其小唄戀情紫』(1836)를 꼽는다.『봄의 매화』는 조루리 중 신나이부시가 아닌 기요모토부시淸元節의『봄의 매화梅の春』(1827)의 제목을 차용한 것인데, 스토리 자체를 따라가는 기존의 방식이 아닌 '미메구리 신사의 영험'을 복선으로 사용했다.『그 노래, 사랑의 무라사키』는 나카무라좌中村座의 정월교겐正月狂言『히요쿠노초 하루노 소가기쿠比翼蝶春曾我菊』(1816)의 조루리 장면에 사용된 노래『그 노래, 꿈의 요시와라其小唄夢廓』의 제목을 사용한 것이다. 그런데 작품의 내용에서『그 노래, 꿈의 요시와라』는 인물의 이름과 정몽正夢 구조를 제외하고는 슌스이의『그 노래, 사랑의 무라시키』와는 큰 관련이 없다.[246] 에도시대 말기는 대중문화의 장르 간 소통이 이루어진 시기로, 판소리와 판소

245_ 최태화,「슌스이닌죠본(春水人情本)과 조루리(淨瑠璃)」,『일본학보』100, 한국일본학회, 2014, 361쪽.
246_ 최태화, 앞의 글, 359~370쪽 참조.

리계 소설의 관계와 유사하게 조루리를 바탕으로 한 소설 창작이 있었음을 짐작할 수 있다.

역사적 사건을 다룬 지다이조루리로 지금까지 활발하게 재생산되는 것으로는 아코사건赤穂事件를 꼽을 수 있다. 1702년 아코번赤穂藩의 무사 47인이 번주인 아사노 나가노리浅野長矩의 복수를 위해 기라 요시나카吉良義央의 저택을 습격해 기라의 목을 베고, 이에 대해 막부가 내린 할복자살 명령에 따라 전원 할복자살한 사건이 발생한다. 이들의 행동은 당시에 큰 공감을 일으켜 '아코의사赤穂義士'라는 말이 있을 정도였다. 일본 무사는 명예롭고도 비극적인 죽음을 맞는 것을 중요하게 여기는 만큼, 이 사건은 아직까지도 일본 사람들의 사랑을 받고 있다.

1702년의 사건 직후, 조루리나 가부키를 바로 만들려는 시도가 있었으나, 막부는 이를 금지했다. 이 사건을 다룬 최초의 작품은 다케모토좌의 다케다 이즈모竹田出雲와 미요시 쇼라쿠三好松洛, 나마키 센류並木千柳가 함께한 닌교조루리『가나데혼주신구라仮名手本忠臣蔵』(1748)이다. 『가나데혼주신구라』는 '주신구라'라고 했을 때, 이를 지칭하는 것일 만큼 상징적이다.[247] 지금까지 쓰이는 '주신구라忠臣蔵'라는 단어는 닌교조루리『가나데혼주신구라』에서 유래하여, 아코사건을 다룬 조루리나 가부키를 통칭하는 말이었다. 오늘날에는 아코사건을 다루는 문화콘텐츠 전반을 의미한다.

당시의 유명한 사건이 통속소설과 조루리로 재탄생되는 과정

247_ 김현정, 「주신구라(忠臣蔵)를 활용한 일본의 문화콘텐츠 개발 현황에 관한 연구」, 『한일군사문화연구』 21, 한일군사문화학회, 2016, 203~208쪽 참조.

을 보여주는 예시이면서, 현대 영화의 바탕이 된 사례도 있다. 배경이 되는 사건은 1683년 교토京都의 카라스마烏丸에서 표구사 이순意俊의 아내 오산おさん이 하녀 오타마お玉의 소개로 정을 통했다가 발각되어 남녀와 오타마가 처벌을 당한 일이다. 이 사건을 이하라 사이가쿠井原西鶴(1642~1693)는 우키요조시浮世草子248-『고쇼쿠 고닌온나好色五人女』(1686)라는 책으로 출간했다. 지카마쓰 몬자에몬近松門左衛門(1653~1724)은 같은 사건을 배경으로 조루리『다이쿄지 무카시고요미大経師昔暦』(1716)를 집필했으며, 현대 일본의 영화감독 미조구치 겐지溝口健二(1898~1956)가 이를 각색하여 영화 〈지카마쓰 이야기近松物語〉(1954)로 제작했다.

1683년의 실제사건을 배경으로 했지만, 『고쇼쿠 고닌온나』와 『다이쿄지 무카시고요미』는 등장인물의 성격과 이야기의 구조에서 차이를 보인다. 이는 우키오죠시라는 통속 소설과 연행예술인 조루리의 장르적 차이에서 나타나는 부분도 있을 것이다. 결과적으로 『고쇼쿠 고닌온나』가 인간 내면의 성적 욕망을 긍정한 작품이라면, 『다이쿄지 무카시고요미』는 도덕적 규범을 중요하게 다른 작품이라고 할 수 있다.249- 현대의 영화 〈지카마쓰 이야기〉에서는 앞선 두 작품을 각색하여 새로운 내용과 인물상을 창조한다. 영화에서 남편인 이순은 더욱 부정적인 인물형으로 그려지며, 기존에 없었던 오산의 친오빠 '도키'는 빚을 지고 오산에게 경제적

248- 에도시대를 대표하는 소설 장르로 1682년 이하라 사이가쿠(井原西鶴)가 『호색일대남(好色一代男)』을 간행한 이후 약 100년 간 교토와 오사카 지역을 중심으로 출판된 풍속소설류를 지칭한다. 한국문학평론가협회 편, 『문학비평용어사전』, 국학자료원, 2006.

249- 김희경, 「미조구치 겐지의 『지카마쓰 이야기』(近松物語)에 대한 고찰」, 『일어일문학』 66, 대한일어일문학회, 2015, 318쪽.

도움을 요청하며 오산의 입장을 난처하게 만든다. 이에 반해 오산과 도피하는 모헤이는 충직하고 성실한 인물형으로 그려지며, 오산을 좋아하지만 끝까지 법도에 어긋나지 않도록 행동한다. 모헤이는 오산을 위해 희생하려 하나, 오산은 이를 거절하고 모헤이를 선택한다. 봉건적 질서에 묶였던 오산은 모헤이의 고백을 계기로 변화하며, 결국 두 사람이 잡혀 와 조리돌림을 당하는 상황에서도 당당하게 나아간다.250- 〈지카마쓰 이야기〉는 에도시대의 실제 사건이 각 시대와 장르에 맞게 재창조되어 오늘날까지 살아남은 중요한 사례이다.

작가인 지카마쓰 몬자에몬의 생애를 다룬 드라마 〈치카에몽ちかえもん〉(2016)251-도 살펴볼 만하다. 2016년 71회 문화청예술제에서 TV 드라마부문 우수상을 수상하여 같은 해 하반기에 재방영되기도 했다.252- 슬럼프에 빠진 지카마쓰 몬자에몬이 『소네자키 신주曾根崎心中』를 창작하기까지의 과정을 그린 작품으로, 전체적으로 비극이 많은 지카마쓰의 작품을 드라마 속에 담아내면서도 유

250- 김희경, 앞의 글, 313~330쪽 참조.

251- 일본 NHK, 〈지카에몽〉(ちかえもん), 2016.1.14.~3.3., 8부작.

252- 実際の心中事件を元にした人形浄瑠璃の傑作「曾根崎心中(そねざきしんじゅう)」を題材に、作者近松門左衛門を主人公に据えた快作。本歌取りとでも言うべきか、多重構造のストーリーが出色。時代考証がされた竹本座も魅せる。全編に渡り人形浄瑠璃と大阪に対する愛が溢れており、虚実の間を縦横無尽に駆け抜ける疾走感が見事だ。(인형조루리의 걸작 소네자키 신주는 실제 있었던 신주 사건을 모티브로 한 작품으로 드라마 〈지카에몽〉은 이 조루리 작가인 지카마츠를 주인공으로 하는 걸작이다. 혼카토리(와카(和歌) 표현법, 옛 노래의 일부를 의식적으로 자신의 와카 작품에 인용 및 내포시키는 방법)라고 부를 수 있을 것 같은 다중성 구조의 스토리가 뛰어나다. 시대 고증이 제대로 이루어진 다케모토좌도 매력적이고, 전편에 걸쳐서 인형조루리와 오사카에 대한 애정이 흘러넘치고 사실과 허구의 사이를 넘나드는 점이 훌륭하다.)
일본문화청, "平成28年度(第71回)文化庁芸術祭賞の決定について"중 〈http://www.bunka.go.jp/seisaku/geijutsubunka/jutenshien/geijutsusai/h28/index.html〉(접속일: 2018.2.10.)

쾌한 분위기로 진행되는 시대극이다. 닌교조루리를 연행하는 장면도 볼 수 있으며, 당시의 시대 상황 및 조루리의 제작환경까지도 살펴볼 수 있다.

Ⅷ. 판소리의 동아시아적 보편성과 한국적 특징

강창예술講唱藝術은 한 편의 이야기를 말과 노래를 섞어 긴 시간 연행하는 것을 주요 형식으로 삼는다. 각국의 전통 또는 연구의 맥락에 따라 연창예술演唱藝術, 구비연행서사시口碑演行敍事詩, 창도예술唱導藝術, 창도문예唱導文藝 등의 용어로도 지칭되어온 강창예술은 중세에 세계적으로 유행했던 통속적인 문예양식[253]이기도 하다. 그리고 동아시아에서는 한국의 판소리, 중국의 설창說唱, 일본의 조루리淨琉璃를 통해 그 전승 양상을 확인할 수 있다. 이들 세 나라의 연희는 양식상의 공통점에 따른 동아시아적 보편성과 함께 각기 독자성을 지니고 있다.

운·산문 혼용의 양식적 특징만을 기준으로 한다면, 서양에서는 일찍이 기원전 3세기에 시리아의 메니푸스Menippus라는 철학자가 운문과 산문을 섞어 가며 풍자의 글을 지은 일이 있고, 6세기경 로마의 기독교 사상가 보에티우스Boethius의 저작 『철학의

---

253   서유석, 「판소리 중국(中國) 강창문학(講唱文學) 기원설(起源說) 재론(再論)」, 『공연문화연구』 36, 한국공연문화학회, 2018, 117쪽에서 재인용. 원 출처는 김동욱이 NHK의 요청에 따라 일본어로 쓴 金東旭, 『朝鮮文学史』, 日本放送出版協会, 1974.

위안Consolation of Philosophy』, 13세기경 프랑스에서 지어진 연애 담인 『오카생과 니콜레트Aucassin et Nicolette』 등이 있었으며, 근대의 독일, 북유럽, 아프리카, 아랍, 페르시아, 터키, 몽골, 인도 등지에서도 광범위하게 운용되었다. 이를 통칭하는 말로 산문prose 과 운문meter의 조합을 뜻하는 프로시메트룸prosimetrum이라는 용어가 사용되기도 했다. 그러나 이러한 양식이 대부분 주로 글로 쓰이고 전승된 반면, 한국·중국·일본의 강창예술은 말과 노래가 중심이 되는 공연을 기초로 하거나 그러한 공연을 염두에 두고 문자로 기록, 전승된 것이 많다는 점이 특징이다.[254]

한국의 판소리, 중국의 설창說唱, 일본의 조루리淨琉璃의 동아시아적 보편성은 우선 '운·산문 또는 말·노래 혼용의 강창 방식'이라는 강창예술의 정체성 면에서 찾아볼 수 있겠다.

한국의 판소리는 연희자가 북 반주에 맞추어 아니리와 창을 섞어가며 비교적 장편의 서사를 연출하는데, 이때 아니리와 창이 각기 말과 노래에 해당한다. 또 강창예술에서는 말과 노래에 악樂·무無·희戱 등의 표현 요소가 통합되는 것이 특징인데, 판소리에서도 아니리와 창이 고수의 북 장단, 창자의 연기, 너름새 등과 자연스럽게 조화를 이룬다. 중국의 설창에서는 연희자가 직접 반주를 겸하기도 하고 반주자를 따로 두기도 하는데, 이때 쓰이는 악기는 북, 고판鼓板, 비파琵琶, 양금揚琴, 어고漁鼓, 대삼현大三弦, 소삼현小三弦 등이다. 이러한 악기 반주에 맞추어 역시 악곡계/시찬계의 운문, 강설에 해당하는 산문으로 구성된 사설을 연행한다.

254_ 김영구 외, 『중국공연예술』, 한국방송통신대학교 출판부, 2009, 65~66쪽 참조.

일본의 조루리는 현재 일본을 대표하는 전통 인형극으로 전승되고 있지만, 그 이전에는 인형 놀음 없이 서사적인 이야기를 비파 또는 샤미센 반주에 맞추어 말과 노래로 낭창郞唱하는 강창이 주가 되었다. 물론 현재 분라쿠에서도 다유와 샤미센 주자가 강창과 반주를 맡고 있다.

한편 한국·중국·일본의 강창예술에서 볼 수 있는 운·산문 혼용의 강창 방식은 운문 전용이나 산문 전용의 방식, 즉 노래로만 또는 말로만 구연하는 방식보다 이야기 전달에 있어 효과적이다. 말은 음성과 의미로 구성되어 있어 노래에 비해 정보 전달에 유리하고 서사 전개가 편리한 반면, 노래는 음악과 가사로 이루어져 있어 정보 전달의 측면에서는 말보다 취약하지만 서정을 담아내는 것이 가능하다는 강점이 있다. 따라서 말로만 이야기를 구연하는 방식은 이야기의 스토리 전달에 있어서는 강점이 있지만 무미건조해질 가능성이 있고, 노래로만 구연하는 방식은 작품 내의 감정을 극대화하여 연희자나 청중이 작품에 몰입할 수 있는 장점을 지닌 대신 스토리 전개의 템포가 너무 느릴 수밖에 없다. 따라서 이 두 가지 구연 방식을 결합하면 스토리 전개의 기능을 말講部이 담당하고 감정의 증폭과 작품에로의 감정이입을 노래唱部가 담당하는 방식의 효과적인 분업이 이루어지게 된다. 이것이 강창 양식이 지닌 최대의 장점이라 할 수 있다.[255] 또 한국·중국·일본의 강창예술에 나타나는 동아시아적 보편성 대부분이 이

---

255. 김우석, 『諸宮調 研究 : 연행예술적 성격을 중심으로』, 서울대학교 박사학위논문, 1996, 25~27쪽.

러한 양식적 특징에서 비롯된다고 볼 수 있다.[256]

　불교와의 밀접한 연관성도 동아시아의 강창예술에서 특히 주목할 만한 특징에 해당한다. 동아시아 전통 시대의 불교는 대중을 향한 공연 형태의 연희를 다양한 방식으로 구현하였고, 이들세 연희의 역사적 연원 및 발전 과정에서도 불교와의 관련성을 찾아볼 수 있다. 중세 동아시아는 불교사상과 한자문화를 중심으로 문화적 보편주의를 구현했다. 이에 정도의 차이는 있지만, 여러 강창예술에서 불교 전래 사설 및 불교 음악의 영향이 나타나게 된 것이다. 이후에는 관점을 확장하여 실크로드 특히 불교 루트를 따라 이동한 인도, 중앙아시아의 강창형 구비연행물과의 관련성도 심도 있게 고찰해볼 필요가 있겠다.[257]

　중국에서는 당나라 때 불교적인 색채의 이야기를 강講, 즉 이야기와 창唱, 즉 노래로 엮어 나가는 변문變文이 성립되었다. 이후 송대宋代의 고자사鼓子詞, 원대元代의 제궁조諸宮調, 명대明代의 고사鼓詞, 탄사彈詞 등으로 발전 및 전개되었는데, 주요한 양식적 토대는 불교와의 관련이 깊은 변문에서 거의 정립되었다고 볼 수 있다. 일본에서는 헤이안 시대에 정토교가 염불을 통해서 불교의 민중화를 도모하고, 많은 화찬和讚을 만들어 민중에게 염불의 가

256_ 그런 점에서 판소리의 강창문학 기원설에 대해, 중국 강창문학에서의 영향도 살펴야 함은 물론이지만, 더 넓은 시각에서 강창이라는 형식이 가지고 있는 독자적인 발전 양상과 체계를 살피는 것이 판소리 연구의 새로운 시각을 제시할 수 있다고 본 서유석의 논의를 주목할 만하다. 그는 하나의 서사를 말과 노래의 교차로 연행하는 것의 이름이 강창이 되었든, 구비 서사시가 되었든, 이는 각각의 문화권에서 확인할 수 있는 분명한 실제라고 보았다. 서유석, 앞의 글, 118~119쪽.

257_ 전홍철, 「돈황 강창문학과 판식체 희곡의 문학사적 의미」, 『중어중문학』 54, 중어중문학회, 2013, 206쪽.

르침을 알기 쉽고 외우기 쉽게 작성하여, 정토교 신앙을 깊이 침투시켰다. 그 연장선에서 불교의 승려인 비파법사가 비파琵琶를 반주 악기 삼아 『헤이케 모노가타리平家物語』를 읊고 다녔던 것이 조루리의 기원이 된다. '조루리'라는 명칭의 유래와 관련되는 『조루리고젠 모노가타리』 역시 약사여래의 영험을 설법할 목적으로 만든 이야기였다. 물론 현전하는 한국의 판소리에서는 중국이나 일본에 비해 불교적 영향이 눈에 띄게 두드러진다고 보기는 어렵다. 그러나 한국에서도 고려 시대부터 조선 시대까지 소설 형태로 기록된 한문본 「목련경目蓮經」이 광범위하게 유통되면서, 승려들이 대중을 위해 이 「목련경」을 낭랑하게 읽으며 쉽고 재미있게 해설하고 부연하는 연행이 있었음을 주목할 필요가 있다. 능숙한 구변에 뛰어난 가창력을 구비한 전문 승려에 의해 「목련경」이 일종의 강창 형식으로 구연되었고, 이에 따라 많은 이본과 이화異話가 파생되었다. 조선 초에 국역되어 국문 소설의 면모와 기능을 갖춘 국문 「목련경」 역시 전문 승려들이 연행하는 강설이나 강담, 강창 등으로 유통되었을 가능성이 크다.[258] 음력 7월 15일에 거행하는 우란분재가 불교의 2대 명절이고, 「목련경」이 우란분재와

---

[258] 송광사 성보박물관이 지난 2018년부터 1년간 진행한 소장유물 전수조사를 통해 펜글씨로 필사된 불교연극대본 한 권이 발견되었다. 이는 이장수(李長秀, 1921~1998)라는 승려가 각색한 〈목련극〉 대본으로, 1930년대에서 1940년대 사이 송광사에서 실제 공연을 위해 사용된 것으로 추정된다. 이는 대중지향적으로 저변화된 목련극 설법 또는 재담의 양상이 1인 승려 위주의 강창 외에 여러 명의 배우가 무대를 설정하여 행하는 연극의 형태로도 나타났음을 보여주는 자료로, 이로부터 전근대시기 이전부터 존재했던 불교 대중극의 계승을 확인할 수 있다. 해당 각색 대본에 관한 자세한 내용은 민순의, 「송광사 새 발견 연희대본(演戱臺本)에 대한 검토 - 『목련극각색(目連劇脚色)』의 분석을 중심으로」, 『한국불교사연구』 16, 한국불교사연구소, 2019를 참조.

관련이 깊은 경전임을 고려하면 「목련경」의 설행은 맥락상 자연스러운 일이다. 고려 승려가 원나라에 초청되어 「목련경」을 강설했다는 『박통사』의 기록[259]을 통해 승려에 의한 강창 연행 사실을 다시 한번 직접 확인할 수 있다. 이처럼 한국에서도 창도唱導, 속강俗講의 전통이 삼국시대 이래 통일신라, 고려를 거치며 본격적으로 유통되었고, 그러한 불교계 강창극이 조선조에 이르러서도 명맥을 유지했다. 따라서 이러한 흐름은 한국의 판소리에도 간접적인 영향을 주었을 것으로 생각된다. 전승5가에 속하는 〈흥보가〉, 〈수궁가〉 등도 작품의 근원설화와 주제·내용 면에서 불교적 성향이 두드러지는 작품이라고 할 수 있다. 연구자에 따라서는 판소리 〈심청가〉, 〈옹고집타령〉을 불교계 강창극으로 간주하기도 한다.[260]

동아시아 삼국의 강창예술은 민중 기반의 장르로 비롯되어 더 넓은 향유층을 아우르는 장르로 확장되었다는 역사적 전개 양상의 공통점에 따라, 다루는 주제 및 소재의 폭도 매우 다양한 편이다. 물론 서사적 관심사의 보편적 특질에 따라, 남녀 간의 애정을

259_ 기록된 내용은 다음과 같다. "7월 15일은 여러 부처님이 해하(解夏)하는 날이라 경수사(慶壽寺)에서 여러 죽은 영혼들을 위하여 우란분재를 한다기에, 나도 사람들을 따라서 구경갔다. 그곳의 단주(壇主)는 고려의 스님이었는데, 새파랗게 깎은 둥근 머리에 새하얀 얼굴을 가졌고 총명과 지혜가 남보다 뛰어난 사람이었다. 창하고 읊는 소리가 여러 사람들을 압도했고, 경률론(經律論) 삼장(三藏)에 모두 통달해 있는 정말로 덕행이 뛰어난 스님이었다. 〈목련존자구모경(目連尊者救母經)〉을 설하는데, 승니도속(僧尼道俗, 승려와 속인)과 선남선녀들이 그 수를 헤아릴 수 없을 정도로 많았으나, 모든 사람들이 두 다리를 꼬고 앉아 두 손을 들어 합장하고 귀를 기울이어 소리를 듣고 있었다."

260_ 사재동, 「佛敎系 講唱文學의 판소리적 展開」, 『불교문화연구』 3, 한국불교문화학회, 2004; 「우란분재, 목련전승 연구서설」, 『우란분재와 목련전승의 문화사』, 중앙인문사, 2000에서 관련 내용을 찾아볼 수 있다.

다룬 이야기, 역사적 사실을 직간접적인 소재로 삼은 이야기는 이들 강창예술에서 두루 발견할 수 있다.

우선 남녀 간 애정이 주된 소재가 되는 작품으로, 한국의 판소리에서는 〈춘향가〉, 〈배비장타령〉 등을 꼽을 수 있으며, 중국의 설창에서는 『옥청정玉蜻蜓』, 『진주탑珍珠塔』, 『삼소인연三笑姻緣』 등을, 일본의 조루리에서는 『조루리고젠 모노가타리浄瑠璃御前物語』, 『슛세카게키요出世景淸』 등을 들 수 있다. 역사적 소재의 측면에서는, 한국의 판소리와 비교해 중국의 설창이나 일본의 조루리가 더 풍부하게 다루고 있는 편이다. 일본 조루리의 경우, 지다이모노時代物라고 하여 나라·헤이안·가마쿠라·무로마치 시대를 배경으로 귀족과 무사들 사이에서 일어난 사건이나 역사적인 이야기를 다룬 별도의 작품군이 존재했으며, 중국 설창 가운데 고사에도 전쟁과 국가흥망을 소재로 한 『대명흥륭전大明興隆傳』, 『북당전北唐傳』 등 일련의 작품군이 있다. 한국 판소리 중에서는 〈적벽가〉를 이에 해당하는 작품으로 볼 수 있겠는데, 그 원전이 중국 나관중의 소설 『삼국지연의』이라는 점에서 중국 설창 작품 중 사화 『화관색전花關索傳』이나 고사 『삼국지三國志』와 유사한 면모를 볼 수 있다. 그 외에 한국의 판소리 〈심청가〉, 중국의 압좌문「고원감대사이십사효압좌문故圓, 鑒大師二十四孝押座文」, 변문「목련연기目連緣起」 등은 유교에서 강조하는 효행의 윤리를 다루었다는 점에서 공통된다.

한편 공연 대본이 구비문학의 형태로 전승되어온 사실도 동아시아 삼국의 강창예술에서 볼 수 있는 공통점이다. 다만 그 시기에는 차이가 있어, 한국의 판소리 공연대본이 문자 기록 형태로 정리된 것은 비교적 늦은 19세기 이후라 할 수 있다. 현전하는 판소리 창본이 거의 없는 상황에서, 신재효는 〈춘향가〉, 〈심청가〉, 〈박타령〉, 〈수궁가〉, 〈적벽가〉, 〈변강쇠타령〉 등 판소리 여섯 마당의 사설을 정리했다. 공연대본이 이른 시기에 정착되지 못했던 것은, 판소리가 서민층에서 발원한 예술이고, 그에 따라 구비 전승과 행위 전승의 방법을 통해 전해왔기 때문이다. 18세기에 유진한의 〈만화본 춘향가〉가 전하기는 하나 이는 한문 서사시로 개작한 형태이고, 여규형의 〈한문본 춘향전〉은 20세기 초 공연의 대본으로 작성되었음에도 한글이 아닌 한문으로, 희곡이 아닌 소설의 형식으로 창작되었다.

중국의 경우 훨씬 이전부터 공연대본이 기록문학의 범주에 포함되었다. 당대唐代의 변문變文, 송대宋代의 고자사皷子詞, 원대元代의 제궁조諸宮調 등 그 대본이 상류층에 의해 기록문학으로 창작되었기 때문에, 지금도 그 대본이 문자로 기록되어 남아있다. 일본 조루리의 경우 17세기경부터는 대본이 있었을 것으로 추정된다. 오사카 국립분라쿠극장 자료실에 전하는 가장 오래된 대본을 마루본丸本이라 하는데, 가장 오래된 것이 1707년에 기록된 〈슈덴도시 마구라 고토바〉라고 한다. 이 마루본을 바탕으로 한 유카본床本 대본은 1884년에 만들어졌다.[261]

말과 노래가 엇섞이는 것이 강창예술의 기본 구조이나 한국의 판소리, 중국의 설창說唱, 일본의 조루리淨琉璃를 살펴보면, 말과 노래 어느 한쪽이 강조된 특색이 발견되기도 한다. 이를 동아시

---

[261] 김익두, 『한국 공연문화의 민족 공연학적 지평』, 전북대학교 출판문화원, 2017, 296~298쪽.

아적 보편성과 각국의 독자성 측면에서 설명할 수 있다. 한국의 판소리는 그 창조와 음색들이 다양할 뿐 아니라 그 수준이 높은 편이다. 창과 아니리가 모두 중시되는 편이나, 후대로 가며 창이 보다 강조되는 경향을 보였다. 중국의 고사鼓詞/대고大鼓, 탄사彈詞/평탄評彈에서는 전통적으로 강講, 즉 이야기를 중시했고, 강은 다시 3인칭 화법의 표表와 2인칭 화법의 백白 등으로 복잡하게 발달했다. 중국의 설창에서는 '설'과 '창' 어느 쪽을 강조했는가에 따라 그 특징이 비교적 상이하게 나타나는 편이다. 일본의 조루리 강창 부분을 보면, 판소리에 못지않게 창이 발달해 있음을 확인할 수 있다. 조루리의 감상법과 관련해 "옛날에는 조루리/분라쿠를 '들으러 간다'고 했으나, 요즈음은 조루리를 '보러간다'고 하게 되었다"라는 다케모토 스미다유의 말을 보더라도, 본래 조루리에서는 창이 중요했음을 알 수 있다. 그러나 조루리는 후대로 가며 인형극 쪽으로 점차 비중이 기울었고, 현재의 분라쿠에서는 인형극으로서의 성격이 훨씬 두드러진다.[262]

　한편 동아시아 삼국의 강창예술은 반주음악이 존재한다는 점에서는 공통되나, 반주음악을 운용하는 방식 면에서는 각기 독자성을 지니고 있다. 한국의 판소리는 반주자와 연창자가 완전히 분리되어 고수만 반주음악을 연주하고 연창자는 창과 아니리에만 몰두한다. 이에 반해 중국의 고사/대고와 탄사/평탄에서는 주 공연자가 반주를 하면서 공연하고, 여기에 반주자가 다시 더해지는 경우가 많다. 일본의 조루리를 살펴보면, 연창자와 반주자가 각기

262_ 김익두, 앞의 책, 299~300쪽 참조.

분리되었다는 점에서는 판소리와 같지만 이후 여기에 인형극이 결합되면서 양식적 변화가 발생했다. 샤미센의 반주음악이 다유의 연창만이 아니라 인형의 움직임까지 보조하게 된 것이다.

또 악기의 종류를 기준으로 비교해보면, 한국의 판소리와 중국의 고사/대고 계통은 타악기인 북을, 일본 조루리나 중국의 여타 설창 연희는 현악기인 비파琵琶, 양금揚琴, 어고漁鼓, 대삼현大三弦, 소삼현小三弦, 월금月琴, 이호二湖 등을 사용한다는 독자성이 있다. 그리고 중국의 강창 양식에서는 북채가 북을 치는 데에도 쓰지만 각종 병기兵器나 도구 흉내를 낼 때 사용하기도 하고, 간단한 몸짓 연기와 함께 중요한 동작을 보조하기도 한다. 이는 음악적 기능을 넘어서는 역할이라 하겠으나, 중국 설창의 독자적인 면모로 주목할 만하다.

Ⅷ. 결론

지금까지 한국의 판소리를 중심으로 하여 중국의 설창, 일본의 조루리라는 동아시아 강창예술의 기원과 역사적 전개 양상, 연희자의 성격과 특성, 사설·음악·연기 등 연희 내용, 작품의 주제와 특징, 현재적 전승 양상 등에 대해 고찰했다. 판소리의 역사적 전개 양상에서는 판소리 기원의 문제와 판소리가 통시적으로 어떤 변모를 보이며 전승되어왔는가 하는 문제를 중심으로 논의했다. 연희자의 특징에서는 판소리의 전승 주체인 '창자唱者'의 성격적 특질과 전승 계보를 살펴보았다. 판소리는 고도의 전문성을 요하는 예술이라는 점에서, 특히 전승 주체인 창자의 역할이 절대적으로 중요하다고 할 수 있다. 이른바 '유파' 혹은 '제'로 일컬어지는 전승계보에 주목한 이유가 여기에 있다. 판소리의 연행 양상에서는 중요한 연행 요소라 할 수 있는 사설, 기예, 음악, 연행 공간, 연희 도구를 중심으로 그 특징적 양상을 논했다. 그리고 판소리의 작품세계에서는 전승 5가와 실전 7가를 비롯하여, 창작판소리 작품까지 망라하여 각 작품의 특징과 주제의식 등을 고찰했다.

판소리는 북 반주에 따라 아니리와 창을 섞어가며 비교적 장편의 서사를 연출한다는 점에서 동아시아 강창예술講唱藝術 혹은 구비연행서사시口碑演行敍事詩에 해당하는 중국의 대고大鼓・탄사彈詞 등의 설창 그리고 현재는 분라쿠로 전승되고 있는 일본의 조루리淨瑠璃 등과 비교 고찰해 볼 수 있는 여지가 많다. 이 책에서는 이러한 점에 주목하여, 중국의 설창과 일본의 조루리를 논의에 포함시켜 비교론적 관점에서 함께 서술했다.

중국 강창예술의 기원은 불교적인 색채의 서사를 이야기와 노래로 엮어가는 당대唐代의 변문變文으로 거슬러 올라간다. 송나라 때에 이르러서는 이를 보다 서민적이고 대중적인 형태로 변화시킨 좁은 의미에서의 강창講唱 양식이 성립되었고, 다시 고자사鼓子詞로 변화되었다. 이후 원대元代의 제궁조諸宮調를 거쳐 명대明代에 와서는 북부지방의 고사鼓詞와 남부 지방의 탄사彈詞로 나뉘어 각기 발전했다. 고사鼓詞는 북 반주에 맞추어 연행되며, 사설과 창이 교차되는 중장편 위주의 작품이라는 점에서 판소리와 매우 유사하다. 그러나 고사鼓詞의 일종으로 현전하는 대고서大鼓書는 창만 있고 사설은 없는 단순한 체제이다. 중국의 강창 양식에서는 무대에서 창을 하는 사람이 직접 판고板鼓를 치는 것이 보편적이며, 이때 북채는 북을 치는 데에도 쓰지만 각종 병기兵器나 도구 흉내를 낼 때 사용하기도 하고, 간단한 몸짓 연기와 함께 중요한 동작을 보조하기도 한다. 또 요즘의 주요 반주 악기는 악사가 연주하는 비파, 월금月琴, 삼현三絃, 이호二湖 등의 현악기로, 초기 형태와 달리 북 반주는 부차적인 것이 되었다.

일본의 창도예능唱導藝能, 즉 강창문화 역시 불교의 포교 수단으로 활용되면서 발전했으며, 중국으로부터 전래된 역사적·학문적 양식인 표백체창도表白體唱導와 일본 토착의 통속적·설교적인 구두체창도口頭體唱導의 두 계통으로 전승되었다. 이후 이 분야에도 직업적인 연행자가 나타나 불교적인 내용뿐만 아니라 다양한 인간 세태도 담아내기 시작했으며, 이후 조루리, 강담 등의 형태로 변모되었다. 조루리는 한 명의 창자가 부채로 박자를 맞추며 긴 서사적인 이야기를 고토바詞, 이로色, 지地로 엮어나가는 극적인 장르이다. '고토바'는 일상적인 대화에 가까운 이야기 전개로 판소리의 아니리에 상응하며, '지'는 비교적 선율성이 강한 공연 부분으로 판소리의 '창'에, '이로'는 그 중간에 속하는 부분으로 판소리의 '도섭'에 해당한다. 여기에 샤미센三味線 반주가 결합된 것이 판소리와 유사한 형태인 기다유부시義太夫節인데, 극작술과 인형의 합류 이후에는 인형극 양식인 분라쿠文樂로 정립되기에 이르렀다. 구전심수로 전해진 판소리에는 작곡자나 악보가 전하지 않지만, 기다유부시의 작품은 작곡자와 작곡연도가 명확하게 전한다. 처음부터 기록 체계에 의해 만들어지고 전승되어온 기다유부시는 판소리에 비해 가변성이 거의 없는, 고정성이 매우 강한 예술이라고 할 수 있다.

동아시아 각국의 강창예술은 중세에 전 세계적으로 유행했던 통속적인 문예양식을 기본 구조로 하면서 전래의 토착적인 무속과 연희 문화 및 외래의 불교 문화 등에 기원하여 성립되었다. 그리고 오랜 시간 시대와 사회의 변천에 따라 청중의 요구에 부응하며 연희의 내용과 양식을 발전시켜왔다. 최근에 이르러서는 국가적 보호 아래 전통적인 형태로 전승을 지속하는 한편, 내용과 양식의 전면적인 변모를 꾀하거나 현대적인 콘텐츠로 재탄생되는 등의 변화 양상을 보이고 있다.

참고문헌

| 판소리 |

1. 저서

가와다 사케토시, 이웅수 역, 『일본연극사』 上, 청우, 2001.

가와타케 도시오, 최경국 역, 『가부키』, 창해, 2007.

고신 저, 『경극의 이해』, 안말숙·윤미령 역, 박이정, 2008.

권응상, 『중국공연 예술의 이해』, 신아사, 2015.

고우회 편, 『성우향이 전하는 김세종제 판소리 춘향가』, 희성출판사, 1987.

국립중앙극장 엮음, 『세계화 시대의 창극, 연극과 인간』, 국립극장, 2002.

국립극장, 『국립극장 이야기』, 국립극장, 2003.

김기형, 『적벽가 연구』, 민속원, 2000.

_____ 외, 『박동진 명창 판소리 완창사설집 〈흥보가〉·〈수궁가〉·〈적벽가〉』,
          문화관광부·충청남도 공주시, 2007.

김대행, 『한국시가구조연구』, 삼영사, 1976.

_____, 『우리 시대의 판소리문화』, 역락, 2001.

김동욱, 『한국가요의 연구』, 을유문화사, 1961.

_____, 『증보 춘향전 연구』, 연세대학교 출판부, 1985.

김미도, 『한국 현대극의 전통 수용』, 연극과 인간, 2006.

김순전·박경수, 『한국인을 위한 일본문학 감상』, 제이앤씨, 2018.

김영구 외, 『중국공연예술』, 한국방송통신대학교출판문화원, 2018.

김영수, 『필사본 심청전 연구』, 민속원, 2001.

김익두, 『판소리, 그 지고의 신체 전략』, 평민사, 2003.

_____, 『한국 공연문화의 민족 공연학적 지평』, 전북대학교 출판문화원, 2017.

김재철, 『조선 연극사』, 학예사, 1939.

김종철, 『판소리사 연구』, 역사비평사, 1996.

_____, 『판소리의 정서와 미학 : 창을 잃은 판소리를 중심으로』, 역사비평사, 1996.

김청만 외, 『한국의 장단 II』, 도서출판 율가, 2016.

김충영, 『일본 고전문학의 배경과 흐름』, 고려대학교 출판부, 2007.

_____, 『일본 전통극의 이해』, 지식을 만드는 지식, 2013.

김태준, 『조선소설사』(증보판), 학예사, 1939.

김학성, 『한국 고전시가의 연구』, 원광대 출판부, 1980.

김학주, 『중국 문학의 이해』, 신아사, 1993.

김학현, 『분라쿠 : 三味線과 唱이 어우러진 人形劇』, 열화당, 1995.

김현주, 『판소리와 풍속화 그 닮은 예술세계』, 효형 출판, 2000.

김현주, 『연행으로서의 판소리』, 보고사, 2011.

김혜정, 『판소리 음악론』, 민속원, 2009.

민관동·정선경·유승현, 『(中國古典小說 및 戲曲) 硏究資料 總集』, 학고방, 2011.

민관동·유승현, 『韓國所藏 中國古典戲曲(彈詞·鼓詞) 版本과 解題』, 학고방, 2012.

박영산, 『구비전승문예의 비교 연구』, 한국학술정보, 2007.

박진태, 『한국 인형극의 역사와 미학』, 2017.

박 황, 『창극사연구』, 백록출판사, 1976.

_____, 『판소리 이백년사』, 사사연, 1994.

박현령 엮음, 『허규의 놀이마당』, 인문당, 2004.

배연형, 『판소리 소리책 연구』, 동국대학교 출판부, 2008.

백대웅, 『다시 보는 판소리』, 어울림, 1996.

_____, 『전통음악의 이면과 공감』, 지식산업사, 2004.

_____, 『전통음악사의 재인식』, 보고사, 2007.

백현미, 『한국창극사 연구』, 태학사, 1997.

사재동, 『우란분재와 목련전승의 문화사』, 중앙인문사, 2000.

서연호, 『한국연극사』, 연극과 인간, 2003.

서종문, 『판소리사설 연구』, 형설출판사, 1984.

_____, 『판소리의 역사적 이해』, 태학사, 2006.

_____, 『판소리와 신재효 연구』, 제이앤씨, 2008.

설성경, 『춘향전의 형성과 계통』, 정음사, 1986.

성경린, 「현대창극사」, 『국립극장 30년』, 국립극장, 1980.

성현경, 『한국 옛소설론』, 새문사, 1995.

손태도, 『광대의 가창문화』, 집문당, 2003.

신은주, 『판소리 중고제 심정순가의 소리』, 민속원, 2009.

안상복, 『명청시대 지역사회와 공연예술』, 연극과인간, 2013.

유광수 엮음, 『쟁점으로 본 판소리문학』, 민속원, 2011.

유영대, 『심청전 연구』, 문학아카데미사, 1991.

이기현, 『石北 申光洙 文學 硏究』, 寶庫社, 1996.

이국자, 『판소리 연구』, 정음사, 1987.

이정규, 『한국 국보급 국창 명창 명고 명금 사진시집(韓國 國寶級 國唱·名唱·名鼓·名琴 寫眞詩集)』, 순천사진인쇄공사.

이정재, 『중국 구비연행의 전통과 변화: 고사계강창 연구(1644~1937)』, 일조각, 2014.

이지선, 『일본 전통 공연 예술』, 제이앤씨, 2009.

이태화, 『일제강점기의 판소리 문화 연구』, 박이정, 2013.

이혜구, 『한국음악서설』, 서울대학교 출판부, 1982.

인권환 편, 『흥부전 연구』, 집문당, 1991.

_____, 『판소리 창자와 실전 사설 연구』, 집문당, 2002.

일산회, 『김명환 판소리 고법』, 국립문화재연구소, 2001.

임진택, 『민중연희의 창조』, 창작과비평사, 1990.

전경욱, 『춘향전의 사설형성원리』, 고려대 민족문화연구소, 1990.

_____, 『한국의 전통연희』, 학고재, 2004.

_____, 『한국전통연희사』, 학고재, 2020.

전통예술원 편, 『판소리 음악의 연구』, 민속원, 2001.

전홍철, 『돈황 강창문학의 이해』, 소명출판, 2011.

정노식, 『조선창극사』, 조선일보사, 1940.

정병욱, 『한국의 판소리』, 집문당, 1981.

정병헌, 『판소리문학론』, 새문사, 1998.

정병헌 외, 『판소리사의 재인식』, 인문과교양, 2016.

정양·최동현 편, 『판소리의 바탕과 아름다움』, 도서출판 인동, 1986.

정유선, 『중국설창예술의 이해』, 학고방, 2014.

정진탁, 『中國俗文學史』 上, 上海書店, 1984.

정충권, 『판소리 사설의 연원과 변모』, 도서출판 다운샘, 2001.

정하영, 『춘향전의 탐구』, 집문당, 2003.

정화영,『판소리 북 연주법(鼓法)』, 국립중앙극장, 1996.

조동일·김흥규 편,『판소리의 이해』, 창작과비평사, 1978.

조윤제 교주,『춘향전』, 을유문화사, 1957.

천이두,『한의 구조 연구』, 문학과 지성사, 1993.

최동현,『판소리 연구』, 문학아카데미사, 1991.

_____,『판소리의 바탕과 아름다움』, 인동, 1986.

_____,『판소리명창과 고수연구』, 문예연구사, 1997.

최동현·유영대 편,『판소리 동편제 연구』, 태학사, 1998.

최혜진,『판소리 유파의 전승 연구』, 민속원, 2012.

판소리학회 편,『판소리 명창론 : 20세기 판소리 명창 18人』, 박이정, 2010.

허 규,『민족극과 전통예술』, 문학세계사, 1991.

2. 논문

강한영,「신재효의 판소리사설 비평관」,『동양학』 2, 단국대동양학연구소, 1972.

강춘애,「동아시아 스토리텔링의 구조와 장르적 특성」,『공연문화연구』 30, 한국공연문화학회, 2015.

권은영,「토막창극의 공연특성에 관한 연구 - 김일구·김영자의 〈어사와 나무꾼〉을 중심으로」,『공연문화연구』 14, 한국공연문화학회, 2007.

김기형,「창작판소리 사설의 표현특질과 주제의식」,『판소리연구』 5, 판소리학회, 1994.

_____,「신재효 作 가사체 작품의 장르 귀속문제와 작가의식」, 정재호 편,『한국가사문학연구』, 태학사, 1995.

_____,「창작 판소리의 사적 전개와 요청적 과제」,『구비문학연구』 18, 한국구비문학회, 2004.

_____,「또랑광대의 성격과 현대적 변모」,『판소리연구』 18, 판소리학회, 2004.

_____,「판소리와 창극소리의 상관성」,『판소리연구』 31, 판소리학회, 2011.

_____,「판소리 언어의 중층적 성격 - 계층언어와 방언의 측면에서」,『돈암어문학』 32, 돈암어문학회, 2017.

_____,「여성 고수의 활동양상과 위상」,『판소리연구』 48, 판소리학회, 2019.

김대행,「판소리소설의 희극상과 풍자상」,『선청어문』 6, 서울대 국어교육과, 1976.

김병국,「구비서사시로 본 판소리 사설 구성방식」,『한국학보』 27, 일지사, 1982.

김석배,『춘향전 이본의 생성과 변모양상 연구』, 경북대학교 박사학위논문, 1992.

_____, 「심청가의 '범피중류(泛彼中流)' 연구」, 『문학과 언어』 14, 문학과 언어
연구회, 1993.

김석배, 「허흥식 소장본 심청가의 성격과 가치」, 『구비문학연구』 8, 한국구비문
학회, 1999.

김석배, 「박록주 〈흥보가〉의 정립과 사설의 특징」, 『판소리 연구』 21, 판소리학
회, 2006.

김석배·서종문·장석규, 「판소리 더늠의 역사적 이해」, 『국어교육연구』 28, 국
어교육연구회, 1996.

김 연, 「창작판소리 발전과정 연구」, 『판소리연구』 2, 판소리학회, 2007.

김영주, 『19세기말~20세기 판소리 변모양상 연구』, 경북대학교 박사학위논문, 2010.

김우석, 『諸宮調 硏究 : 연행예술적 성격을 중심으로』, 서울대학교 박사학위논
문, 1996.

김창진, 『흥부전의 이본과 구성 연구』, 경희대학교 박사학위논문, 1991.

김학주, 「중국의 강창문학과 판소리」, 『동아문화』 6, 서울대동아문화연구소,
1966.

김 향, 「창작판소리의 문화콘텐츠로서의 현대적 의미 – 이자람의 〈사천가〉와
〈억척가〉를 중심으로」, 『판소리연구』 39, 판소리학회, 2015.

김헌선, 「중타령 연구」, 『판소리 연구』 1, 판소리학회, 1989.

_____, 「판소리의 발생론과 영향론」, 『판소리연구』 2, 판소리학회, 1990.

_____, 「판소리의 역사적 연구」, 『구비문학연구』 5, 한국구비문학회, 1997.

김현정, 「주신구라(忠臣藏)를 활용한 일본의 문화콘텐츠 개발 현황에 관한 연구」,
『한일군사문화연구』 21, 한일군사문화학회, 2016.

김혜정, 「판소리 장단의 형성과 오성삼의 고법 이론」, 『판소리연구』 17, 판소리
학회, 2004.

_____, 「경드름의 성립과 전개」, 『경기판소리』, 경기도국악당, 2005.

김흥규, 「판소리의 이원성과 사회사적 배경」, 『창작과 비평』 31호, 창작과 비평
사, 1974.

_____, 「판소리 연구사」, 『한국학보』 7, 일지사, 1977.

_____, 「판소리의 서사적 구조」, 조동일·김흥규 편, 『판소리의 이해』, 창작과
비평사, 1978.

_____, 「신재효 개작 춘향가의 판소리사적 위치」, 『한국학보』 10, 일지사, 1978.

_____, 「판소리에 있어서의 悲壯」, 『구비문학』 3, 한국정신문화연구원 어문학
연구실, 1980.

_____, 「19세기 전기 판소리의 연행환경과 사회적 기반」, 『어문논집』 30, 민족

어문학회, 1991.

김희경, 「미조구치 겐지의 『지카마쓰 이야기』(近松物語)에 대한 고찰」, 『일어일문학』 66, 대한일어일문학회, 2015.

노복순, 「공연-미학적 관점에서 본 판소리 연구사 검토와 판소리 연구의 새로운 방향」, 『한국민속학』 44, 한국민속학회, 2015.

류경호, 『창극 연출의 역사적 전개와 유형에 관한 연구』, 전북대학교 박사학위논문, 2011.

민순의, 「송광사 새 발견 연희대본(演戲臺本)에 대한 검토 - 『목련극각색(目連劇脚色)』의 분석을 중심으로」, 『한국불교사연구』 16, 한국불교사연구소, 2019

민승희, 「세와조루리(世話淨瑠璃)와 곳케본·닌교본(滑稽本·人情本)에 나타나 있는 대칭대명사의 비교」, 『일본문화연구』 7, 동아시아일본학회, 2002.

박경신, 「무속적 제의에서 본 변강쇠가」, 서울대학교 석사학위논문, 1986.

박려옥, 「지카마쓰 조루리 작품과 조선통신사」, 『일본문화논총』 11, 愛知敎育大學, 2011.

_____, 「조선통신사와 일본근세연극」, 『일본어문학』 64, 일본어문학회, 2014.

박영산, 『『춘향가』와 『소네자키신주(曾根崎心中)』의 비교연구』, 고려대학교 박사학위논문, 2004.

_____, 「일본 가타리모노(語り物)의 양식화(樣式化)와 판소리」, 『판소리연구』 26, 판소리학회, 2008.

_____, 「한일 구비연행서사시의 희곡화 비교연구」, 『비교민속학』 48, 비교민속학회, 2012.

박전열, 「일본 인형극 흥행방식의 변천」, 『공연문화연구』 10, 한국공연문화학회, 2005.

박찬기, 「에도시대의 조선통신사와 일본문학」, 『일본어문학』 34, 일본어문학회, 2007.

배연형, 「판소리 중고제론」, 『판소리연구』 5, 판소리학회, 1994.

백대웅, 「명창과 판소리의 미학」, 정양·최동현 편, 『판소리의 바탕과 아름다움』, 인동, 1986.

백현미, 「국립창극단 공연을 통해 본 창극 공연 대본의 양상」, 『한국극예술연구』 3, 한국극예술학회, 1993.

사재동, 「심청전연구서설」, 『어문연구』 7, 어문연구회, 1971.

_____, 「佛敎系 講唱文學의 판소리적 展開」, 『불교문화연구』 3, 한국불교문화학회, 2004.

서대석, 「판소리의 전승론적 연구(서사무가와의 대비에서)」, 『현상과인식』 3, 한국인문사회과학원, 1979.

_____, 「판소리 기원론의 재검토」, 『고전문학연구』 16, 한국고전문학회, 1999.

서연호, 「창극 발전의 새로운 방향과 방법재고」, 『판소리연구』 2, 판소리학회, 1991.

_____, 「창극의 현단계와 독자적인 음악극으로서의 거듭나기」, 『판소리연구』 3, 판소리학회, 1994.

_____, 「판소리와 조루리의 현대화과정에 대한 비교연구」, 『동서 공연예술의 비교연구』, 연극과 인간, 2008.

서유석, 「연희에서 예술로: 판소리 청중의 탄생과 변모의 의미」, 『판소리 연구』 32, 판소리학회, 2011.

_____, 「판소리 중국(中國) 강창문학(講唱文學) 기원설(起源說) 재론(再論)」, 『공연문화연구』 36, 한국공연문화학회, 2018.

서종문, 「판소리의 개방성」, 정양·최동현 편, 『판소리의 바탕과 이름다움』, 인동, 1986.

성기련, 「20세기 염계달제 경드름의 변모양상 연구」, 『판소리연구』 12, 판소리학회, 2001.

_____, 『1930년대 판소리음악문화연구』, 서울대학교 박사학위논문, 2003.

_____, 「1940~50년대의 판소리 음악문화 연구」, 『판소리 연구』 22, 판소리학회, 2006.

성현경, 「판소리의 갈래 연구」, 『동아연구』 20, 서강대 동아연구소, 1990.

_____, 「이고본 춘향전 연구 – 그 축제적 구조와 의미, 문체와 작자」, 『판소리연구』 3, 판소리학회, 1992.

성현자, 「판소리와 중국 강창문학의 대비연구」, 『진단학보』 53-54, 진단학회, 1982.

손순옥, 「전통인형극 분라쿠의 아름다움」, 『일본의 문화와 예술』, 한누리미디어, 2000.

손태도, 「조선시대의 '광대'와 '판소리'에 대한 몇가지 논의들」, 『판소리연구』 36, 판소리학회, 2013.

송미경, 「창자와의 관계에서 본 판소리 고수의 공연학」, 『공연문화연구』 23, 공연문화학회, 2011.

_____, 「판소리 춘향가의 중요무형문화재 지정배경 및 지정자료〈춘향가〉(1964)의 성격」, 『구비문학연구』 41, 한국구비문학회, 2015.

_____, 「판소리 역대 명창 및 더늠에 대한 문화적 기억의 전승」, 『판소리연구』 44, 판소리학회, 2017.

신동흔, 「창작판소리의 길과〈바리데기 바리공주〉」, 『판소리연구』 30, 판소리학회, 2010.

요시오까 히로또, 「판소리와 說經節ㆍ淨瑠璃의 비교연구」, 『동아시아고대학』 6, 동아시아고대학회, 2002.

유영대, 「판소리의 무가기원설에 대한 반론」, 『한국음악사학보』 17, 한국음악사학회, 1996.

_____, 「창극의 특성과 대중화」, 『판소리연구』 9, 판소리학회, 1998.

_____, 「20세기 창작 판소리의 존재 양상과 의미」, 『한국민속학』39, 한국민속학회, 2004.

_____, 「창극의 전통과 새로운 무대-국립창극단 창극 〈청〉을 중심으로」, 『판소리연구』 27, 판소리학회, 2009.

_____, 「창극의 전통과 국립창극단의 역사」, 『한국학연구』, 고려대 한국학연구소, 2010.

이경엽, 「판소리 명창 김연수론」, 『판소리연구』 17, 판소리학회, 2004.

이동백, 한성준 대담, 「가무의 제문제」, 『춘추』 2호, 1941. 3.

이명진, 「연행 공간에 따른 판소리의 변화양상 연구」, 『민속연구』 29, 안동대 민속학연구소, 2014.

이보형, 「메나리조」, 『한국음악연구』 제2집, 한국국악학회, 1972.

_____, 「판소리 염계달 추천목론」, 『노산이은상박사 고희기념 민족문화논총』, 노산이은상박사 고희기념논문집간행위원회, 1973.

_____, 「호남지방 토속예능조사 판소리고법(鼓法)(Ⅰ)」, 『문화재』 10, 국립문화재연구소, 1976.

_____, 「호남지방 토속예능조사 판소리고법(鼓法)(Ⅱ)」, 『문화재』 11, 국립문화재연구소, 1977.

_____, 「판소리 사설의 劇的 상황에 따른 長短 調의 구성」, 『판소리의 이해』, 창작과 비평사, 1978.

_____, 「호남지방 토속예능조사 판소리기법(鼓法)(Ⅲ)」, 『문화재』 12, 국립문화재연구소, 1979.

_____, 「판소리 제에 관한 연구: 동편제ㆍ서편제ㆍ중고제 전승을 중심으로」, 『한국음악학논문집』, 한국정신문화연구원, 1982.

_____, 「창우집단의 광대소리 연구-육자백이토리권의 창우집단을 중심으로」, 『한국전통음악논구』, 고려대민족문화연구소, 1990.

_____, 「한국민속음악장단의 리듬형에관한연구」, 『민족음악학』 16, 서울대학교 음악대학 부설 동양음악학연구소 1994.

_____, 「판소리 공연문화의 변동이 판소리에 끼친 영향」, 『한국학연구』 7, 고

려대학교 한국학연구소, 1995.

_____, 「판소리 내드름이 지시하는 장단 리듬 통사 의미론」, 『한국음악연구』 29, 한국국악학회, 2001.

이유진, 「창작판소리 〈예수전〉 연구」, 『판소리연구』 27, 판소리학회, 2009.

_____, 「다블뤼 주교의 저술에 나타난 1860년 무렵 판소리의 모습」, 『판소리연구』 32, 판소리학회, 2011.

이정원, 「창작판소리 〈스타대전〉의 예술적 특징」, 『판소리연구』 36, 판소리학회, 2013.

이정재, 『鼓詞系 講唱 研究』, 서울대학교 박사학위논문, 1999.

_____, 「'講唱', '說唱', '曲藝' 개념의 재검토와 口碑演行論의 가능성」, 『중국문학』 54, 한국중국어문학회, 2008.

_____, 「청대탄사(淸代彈詞)의 서사적성격(敍事的性格)과 극적성격(劇的性格)」, 『중국문학』 60, 한국중국어문학회, 2009.

이지희, 「만·몽 시조신화의 천녀 시조모 기원과 전승」, 『중국문학연구』 58, 한국중문학회, 2015.

이헌홍, 「수궁가의 구조(Ⅱ)」, 『국어국문학』 20, 부산대 국문과, 1983.

인권환, 「토끼전의 근원설화 연구」, 『아세아연구』 25, 고려대 아세아문제연구소, 1967.

임미주, 「中國 講唱文學 中〈黛玉葬花〉 小考」, 『中國語文學誌』 41, 중국어문학회, 2012.

장주근, 「한국의 판소리와 중국의 강창문학」, 『경기어문학』 2, 경기대학교 국어국문학과, 1981.

전경욱, 「우희와 판소리·가면극의 관련 양상」, 『한국민속학』 34, 한국민속학회, 2001.

전신재, 「19세기 판소리의 연극적 형상」, 『고전희곡연구』 1, 한국고전희곡학회, 2000.

_____, 「판소리 공연학 총론」, 『공연문화연구』 23, 공연문화학회, 2011.

전인평, 「세계음악연구실 : 중국 탄사(彈詞)에 관한 고찰」, 『음악과 문화』 11, 세계음악학회, 2004.

전홍철, 「돈황 강창문학과 판식체 희곡의 문학사적 의미」, 『중어중문학』 54, 중어중문학회, 2013.

정병헌, 「이날치판 심청가의 성격과 판소리사적 위치」, 『국어교육』 53·54합집, 국어교육연구회, 1985.

_____, 「판소리 연구의 성과와 전망」, 이화여자대학교 한국문화연구원 편, 『전

통문화 연구 50년』, 혜안, 2007.

정순희, 「인형 조루리(人形 淨瑠璃) – 허구로서의 의리」, 『일본인의 미의식과 정신』, 보고사, 2007.

정원지, 「중국 고대시가 전통과 설창 예술 양식을 통해서 본 한국 판소리의 발생 배경에 관한 고찰」, 『판소리연구』 14, 판소리학회, 2002.

조동일, 「흥부전의 양면성」, 『계명논총』 5, 계명대학교, 1968.

_____, 「심청전에 나타난 비장과 골계」, 『계명논총』 7, 계명대학교, 1971.

_____, 「고대소설 · 판소리 硏究史」, 『국어국문학』 58-60, 국어국문학회, 1972.

_____, 「판소리의 장르규정」, 조동일 · 김홍규 편, 『판소리의 이해』, 창작과비평사, 1978.

_____, 「판소리의 전반적 성격」, 조동일 · 김홍규 편, 『판소리의 이해』, 창작과비평사, 1978.

채수정, 『판소리 다섯 바탕의 중모리 대목 연구』, 이화여자대학교 박사학위논문, 2008.

최기숙, 「'전승'과 '창작'의 관점에서 본 판소리 정체성의 재규정과 제언」, 『판소리연구』 34, 판소리학회, 2012.

최동현, 「판소리 문화 콘텐츠에 관한 연구」, 『판소리연구』 22, 판소리학회, 2006.

_____, 「문화변동과 판소리」, 『판소리연구』 31, 판소리학회, 2011.

최래옥, 「판소리 연구의 반성과 전망」, 『한국학보』 35, 일지사, 1984.

최진원, 「판소리 문학고」, 『대동문화연구』 2, 성대 대동문화연구원, 1966.

_____, 『춘향가의 합리성과 불합리성』, 조동일 · 김홍규 편, 『판소리의 이해』, 창작과 비평사, 1978.

최태화, 「슌스이닌죠본(春水人情本)과 조루리(淨瑠璃)」, 『일본학보』 100, 한국일본학회, 2014.

최혜진, 「판소리 명창의 비조 최선달 연구」, 『판소리연구』 45, 판소리학회, 2018.

한경자, 「일본 근세 희곡의 에도(江戶) 표상연구」, 『일본사상』 15, 한국일본사상사학회, 2008.

'유네스코 무형문화유산 분라쿠에의 초대' 홈페이지 〈http://www2.ntj.jac.go.jp/unesco/bunraku/ko/history/history3. html#a〉(접속일: 2018.12.02.)

'国家名录 - 中国非物质文化遗产网' 홈페이지 〈http://www.ihchina.cn/5/5_1.html〉

(접속일: 2018.12.02.)

기다유 협회(義太夫協會) 홈페이지 http://www.gidayu.or.jp/ (접속일: 2018.12.02.)

도키와즈 협회(常磐津協会) 홈페이지 http://www.tokiwazu.jp/ (접속일: 2018.12.02.)

기요모토 협회(清元協會) 홈페이지 http://www.kiyomoto.org/ (접속일: 2018.12.02.)

신나이 부시 11대 쯔루가 와카사노죠(鶴賀若狭掾新内節) 홈페이지
　　　http://www.shinnai.com/index.html (접속일: 2018.12.02.)

일본문화청, "平成28年度(第71回)文化庁芸術祭賞の決定について"중
　　　〈http://www.bunka.go.jp/seisaku/geijutsubunka/jutenshien/geijutsusai/
　　　h28/index.html〉(접속일: 2018.2.10.)

[판소리]

김기형 金基玎

전공분야 : 한국구비문학, 한국민속학
판소리를 비롯한 한국 전통연희, 공연예술 분야의 연구를 진행하고 있다.

고려대학교 문과대학 국어국문학과 졸업
고려대학교 대학원 국어국문학과 문학석사
고려대학교 대학원 국어국문학과 문학박사

저서
『강도근 5가 전집』, 박이정, 1998.
『판소리에 반하다‑현대판소리의 초상』, 민속원, 2019.
『판소리 유파와 명창의 세계』, 고려대 민족문화연구원, 2020.

한국전통연희총서8

판소리

초판1쇄 발행 2020년 11월 30일

지은이 김기형
펴낸이 홍종화

편집·디자인 오경희·조정화·오성현·신나래
　　　　　　박선주·이효진·최지혜·석수연
관리 박정대·임재필

펴낸곳 민속원
창업 홍기원
출판등록 제1990-000045호
주소 서울 마포구 토정로 25길 41(대흥동 337-25)
전화 02) 804-3320, 805-3320, 806-3320(代)
팩스 02) 802-3346
이메일 minsok1@chollian.net, minsokwon@naver.com
홈페이지 www.minsokwon.com

ISBN　978-89-285-1508-0
SET　978-89-285-1500-4　94380